Im Überschwang

Hannelore Elsner
Im Überschwang

Aus meinem Leben

Kiepenheuer
& Witsch

Redaktion: Stephanie Kratz

Verlag Kiepenheuer & Witsch, FSC-N001512

1. Auflage 2011

© 2011, Verlag Kiepenheuer & Witsch, Köln
Alle Rechte vorbehalten. Kein Teil des Werkes darf in irgendeiner Form (durch Fotografie, Mikrofilm oder ein anderes Verfahren) ohne schriftliche Genehmigung des Verlages reproduziert oder unter Verwendung elektronischer Systeme verarbeitet, vervielfältigt oder verbreitet werden.
Umschlaggestaltung: Rudolf Linn, Köln
Umschlagmotiv: Buchvorder- und -rückseite: © Esther Haase
Gesetzt aus der Sabon und der Antique Olive
Satz: Fotosatz Amann, Aichstetten
Druck und Bindung: GGP Media GmbH, Pößneck
ISBN 978-3-462-04230-6

Für Dominik
in seinem dreißigsten Jahr

Wie erinnern? 9

Meine Menschen 12

Die Englischen Fräulein und die Klosterschule 29

Alles sollte schön sein 39

Zwischen Ach und Weh 44

»Gib acht auf die Straß'n – kunnst leicht dein Leben laß'n« 59

I don't know anything 68

Das versteckte Kind 79

Ein Spaziergang in München 84

Erste Liebe 93

In Filmen wohnen 119

Das Helle und das Dunkle 127

»Die endlose Nacht« 136

Achtsamkeit und Leichtsinn 140

Paris 150

Tango 154

Mein wehes Herz 161

Die Reise nach Wien 168

Die Reise nach Amerika 178

Kleiner Vogel Kukuli 184

Der goldene Ring 186

Die unendliche Geschichte   200

Die Verliebung   207

Die Verschleppung   212

Eine tot-normale Frau   223

Ich brauche sowieso mehr Zeit   229

Im richtigen Blick   253

»Alles auf Zucker«   255

»Krieg und Frieden«   258

Kirschblüten betrachten   261

Alles zu verkaufen   265

»Die Unberührbare« – ein Gespräch über Kriegerinnen und Magie   270

Mein letzter Film – Verwandlungen   290

Sündenangst   294

Anfangen   299

NachgeDANKen   307

Wie erinnern?

Der Anfang ist natürlich wahnsinnig schwer. Ich frage mich, warum ich das mache, für wen ich das mache: Für mich? Für die anderen? Für ein etwas längeres Leben?

Was ist eigentlich Erinnern? Welche Arten von Erinnerungen gibt es? Ist es etwas, was aus meinem Inneren herauskommt? Oder ist es ein Erinnern an die Erzählungen anderer, also zweite Hand eigentlich? Was geht da vor sich, wenn einem ein Bild, eine Erinnerung einfällt? Ist es etwas anderes, wenn man sich bewusst zu erinnern versucht? Und sind Erzählungen anderer, an die man sich erinnert, genauso wichtig wie die Bilder, die man selbst in sich bewahrt hat?

Beim Nachdenken über dieses Buch stellen sich mir diese Fragen, sie kommen mir in den Sinn. Und viele weitere schließen sich an: Wie kann ich sicher sein, dass diese Erinnerungsbilder, ihre Farben, ihre Melodie, dem entsprechen, was sich tatsächlich ereignet hat? Spielt es überhaupt eine Rolle, ob diese Bilder wahr sind oder nicht wahr?

Sollte ich nicht vor allem davon erzählen, wie ich geprägt wurde von den Landschaften, den Menschen, den Ereignissen und meinen Träumen?

Soll ich viele kleine Geschichten erzählen oder eine große, chronologisch geordnete Lebensgeschichte? Wie soll ich von den Menschen berichten, die in meinem Leben wichtig waren und sind? Wie kann ich ihnen gerecht werden? Und ist das überhaupt wichtig?

Beim Nachdenken über all diese Fragen hat mir ein Wort, das ich schon immer besonders mochte, sehr geholfen: Zeit-

Räume. Wenn ich dieses Wort denke, dann öffnen sich in mir ganz viele Türen. Dann befinde ich mich nicht nur in der Zeit, in die ich mich erinnere, sondern auch in den dazugehörigen Räumen. Dann bin ich zum Beispiel wieder die kleine Hannelore, die als Kind durch die Räume der Klosterschule läuft.

Manchmal habe ich den Eindruck, ich sehe einen Film, wenn ich auf mein Leben schaue. Einen Film, der aber nicht ein für alle Mal auf Rollen gebannt ist, sondern der sich immer wieder verändert. Ich kann diesen Film nicht nur unterschiedlich betrachten – zum Beispiel auf der großen Leinwand oder auf der kleinen Leinwand, in Schwarz-Weiß oder in Farbe –, ich kann ihn, während ich ihn sehe, auch verändern. Ich kann ihn schneiden, während ich ihn anschaue: Durch meine Gedankenschnitte kann ich ihn komplett verändern, wenn ich will. Aber das ist nicht nur eine Freiheit, die ich da habe, sondern fast ein Zwang. Ein Zwang, der sich daraus ergibt, dass ich diesen Film überhaupt erst erschaffe, während ich ihn anschaue.

Und das Ergebnis ist jedes Mal ein anderes, auch wenn das Erlebte – das Drehbuch – vorgegeben ist. Es kommt auf die Sicht an, die ich im Moment des Erinnerns auf bestimmte Zeiten und Räume, auf bestimmte Zeit-Räume habe.

Ich muss da an den berühmten Film »Rashomon« von Akira Kurosawa denken, dessen Handlung von vier Personen und ihren jeweiligen Standpunkten aus erzählt wird. Natürlich kommen dabei vier verschiedenartige Versionen derselben Geschichte heraus. Das, was ist, das, was war, ist ja so viel mehr als nur das eine. Immer ist es sehr viel mehr. Deshalb muss man sich auch andauernd streiten: weil jeder Mensch etwas anderes wahrnimmt und empfindet. Jeder Einzelne nimmt die gleichen Dinge und Erlebnisse ganz verschieden wahr.

Jetzt bin ich selbst mal die eine, mal die andere dieser verschiedenen Personen, die mein Leben erzählt. Ich bin viele. Und weil ich so viele bin, verändere ich den Film. Ich bin ja auch als erwachsene Frau mit in diesen Räumen, in denen ich als junge

Frau, als Mädchen, als Kind unterwegs war. Ich sehe und höre mir beim Erinnern zu. Und wenn ich in diesem Buch erzähle, was ich dabei höre und sehe, kann ich beschreiben, wie und was ich als Kind oder als junges Mädchen gefühlt und erlebt habe – aber auch, wie ich mich als erwachsene Frau in diesen Räumen der Kindheit und Jugend fühle und bewege. Ich bin die Erzählerin, ich bin die Analytikerin, ich bin die Psychologin, ich bin das kleine Kind, ich bin die weise Frau, ich bin die Schauspielerin, ich bin die Frau, ich bin der Mann. Und je mehr Ichs ich bin, desto verschiedener stellt sich meine Geschichte dar, desto unterschiedlicher sehe, fühle und empfinde ich sie. Wenn Wahrheiten sich verändern, bleiben sie dennoch immer wahr. Das ist manchmal beängstigend, aber ich glaube inzwischen, dass diese Veränderungen auch etwas Schönes sind: so werden die Geschichten vielfältig und reich. Sich zu bemühen, so zu erzählen, wie es wirklich war, kann wahrscheinlich nur bedeuten, in allen Facetten zu erzählen.

Meine Menschen

Geboren bin ich mitten im Sommer in Burghausen an der Salzach, in Oberbayern, direkt an der Grenze zu Österreich, an einem heißen, schwülen Sonntagnachmittag, und – wie mir meine Mutter erzählte – ist der Himmel schwer gewesen und hatte sich verdunkelt, denn es wütete gerade ein heftiges Gewitter. Mein Köpfchen war bedeckt mit rabenschwarzem Haarflaum und ich soll ausgesehen haben wie Karl Valentin. Und weil ich so besonders lange Fingerchen hatte, sollen die bayerischen Krankenschwestern gesagt haben, *mei, die wird bestimmt a Klavierspielerin oder irgendwie a Künstlerin.*
Sonst war alles in Ordnung.

Wie ich als Baby war, weiß ich natürlich kaum. Nur, dass ich wohl ziemlich viel geschrien habe und ein totales Papakind gewesen sein soll. Meine Mutter erzählte gerne und oft die Geschichte meines Rauswurfs. Dass es ihr eines Tages zu viel wurde und sie vollkommen zermürbt und entnervt gewesen sei: »Und da hab ich dich gepackt, bin in das Zimmer deines Vaters gerannt, hab dich ihm in die Arme geschmissen und geschrien: ›Da hast du deine Tochter!‹«
Auf der Stelle sei ich still gewesen und hätte gelächelt.
Ihre andere Standardgeschichte über mich war, dass ich unheimlich süß gewesen sei mit meinen vielen, krausen Locken und ausgesehen hätte wie eine kleine Puppe: »wie ein kleines Negerpüppchen«, hat sie gesagt.
Später im Kindergarten wurden sie mir ratzeputz abgeschnitten, weil ich Läuse hatte.

Aber ich weiß vor allem, dass ich nicht allein war. Damit meine ich nicht meine Eltern: Es war mein zwei Jahre älterer Bruder Manfred, der mir alles war. Ich erinnere mich ganz tief daran, dass er der erste Mensch war, den ich wahrscheinlich richtig geliebt und wahrgenommen habe. Es war eine existenzielle Verbundenheit. Wir waren überhaupt nicht auseinanderzubringen. Auf allen Fotos, auf denen wir gemeinsam zu sehen sind, hält er mich an der Hand. Manfred war liebevoll und fürsorglich – so, wie man sich einen großen Bruder vorstellt. Sehr vertraut, sehr männlich, obwohl ich gar nicht wusste, was das ist. Aber in meiner Erinnerung kommt mir das so vor. Mein großer Bruder eben.

Vieles weiß ich vielleicht nur aus Erzählungen meiner Mutter, ich war ja erst zwei Jahre alt. Zum Beispiel die Geschichte mit dem weißen Kleid.

Meine Mutter hatte mich an diesem Nachmittag besonders schön zurechtgemacht, wahrscheinlich wollte die Familie einen Sonntagsausflug machen. Ich trug ein hübsches blütenweißes Kleid und eine weiße Schleife im Haar. Weil unsere Eltern noch nicht fertig waren, schickten sie Manfred und mich nach unten, wir sollten vor dem Haus auf sie warten. Vielleicht wurde mir langweilig und ich wollte im Dreck spielen, Batzknödel machen. Aber Manfred hat mir das nicht etwa verboten, sondern mir einfach mein weißes Kleid ausgezogen, es fein säuberlich über die Hecke gehängt und mich im Dreck spielen lassen.

Irgendwann – ich muss ungefähr eineinhalb Jahre alt gewesen sein – sind wir beide für kurze Zeit in ein Kinderheim gekommen und wurden dort voneinander getrennt. Ob es mit dem Krieg zusammenhing oder familiäre Gründe hatte – ich habe immer vergessen, meine Mutter danach zu fragen. Zum Beispiel, wo mein Vater damals eigentlich war. Ich weiß nur, dass er nicht im Krieg war.

Ich konnte schon laufen und sprechen, als Manfred und ich ins Heim kamen. Aber als wir zurückkehrten, konnte ich gar nichts mehr, da war ich wieder wie ein kleines Baby und hatte fast alles verlernt. Im Heim hatte ich mich allem verweigert, wollte nichts essen, wollte nicht spielen, wollte gar nichts, ich schrie so lange, bis man mich bei meinem Bruder im Bettchen schlafen ließ. Ohne meinen Bruder hätte ich dort wahrscheinlich nicht überlebt.

Das Bild meines Bruders ist tief in mir. In meinem Inneren weiß ich, was für ein großartiger kleiner Mensch Manfred war und wie sehr ich mit ihm verbunden war. Für mich war er alles, der ganz große Vertraute.

Bis heute habe ich diesen Traum in mir, dass Manfred und ich alleine auf einem Hügel in einem kleinen Birkenwäldchen stehen, er hält mich an der Hand und ich weiß, dass ich sterben muss, wenn er meine Hand loslässt. Ob ich das im Schlaf geträumt habe oder ob es einer meiner Tagträume war und immer noch ist oder ob ich diesen Traum wirklich erlebt habe, kann ich nicht sagen. Es scheint mir auch gar nicht mehr wichtig. Meine Seele erinnert sich.

Die Jahre mit meinem kleinen großen Bruder Manfred waren lang und hell und wunderschön. Aber viel zu kurz. Am letzten Tag des Monats März 1945 – er war noch nicht fünf, ich war noch nicht drei Jahre alt und der Krieg war fast vorbei – fuhr er wie so oft von Burghausen nach Neuötting, wo unsere Großmutter wohnte, meine Oma, die Mutter meiner Mutter. Begleitet wurde er von einer der Nachbarstöchter, die für ein bisschen Geld bei uns aushalfen. Meine Mutter nannte sie immer Dienstmädchen, aber eigentlich waren es junge Mädchen aus der Nachbarschaft, die sich ihr Taschengeld aufbesserten.

Mit einem dieser Mädchen fuhr mein Bruder mit dem Zug von Burghausen nach Neuötting. Während der Fahrt wurde der Zug von amerikanischen Tieffliegern bombardiert. Bei diesem Angriff ist Manfred getötet worden. Er wurde erschossen. Das Mädchen hatte sich aus Angst unter die Bänke verkrochen, aber der kleine Manfred war neugierig und schaute aus dem Fenster.

Warum war ich nicht dabei?

In seinem kleinen Körper fand man sechs Patronen, die meine Mutter später in einem Leinensäckchen aufbewahrte, zusammen mit zwei winzigen Holzpferchen, die Manfred immer bei sich hatte. Dieses Leinensäckchen mit den Patronen und den Pferdchen, einem schwarzen und einem hellen, besitze ich immer noch.

Und ein Foto: Mein toter Bruder im offenen Sarg, schön gekämmt, mit halb geschlossenen Lidern und gefalteten Händen. Er sieht so erwachsen aus.

Wie ich vom Tod meines Bruders erfahren habe, ob ich überhaupt schon verstanden habe, was passiert war, weiß ich nicht mehr. Es war ein unsagbarer Schmerz in der ganzen Familie. Meine Mutter war im Krankenhaus und hatte gerade meinen kleinen Bruder Berndi zur Welt gebracht. Er war zwei Tage auf der Welt, als Manfred starb. Es gibt ein Foto von der Taufe meines kleinen Bruders, das von dieser Gleichzeitigkeit von Geburt und Tod, von Freude und Trauer, Leben und Sterben erzählt.

Ob mein Vater das Foto gemacht hat?

Meine Mutter ist zu sehen, ganz in Schwarz, und schwarz verschleiert. Ihr Gesicht ist kaum zu erkennen. Neben ihr steht eine Krankenschwester, das weiße Taufkissen in den Armen, in dem das neue Baby liegt, ganz in das weiße Taufkleid gehüllt. Unter diesem Kissen stehe ich, klein und süß, mit einer weißen Schleife im Haar, und lache.

Ich habe immer gelacht.

Bis zu dem Tag, an dem mein Bruder starb, hatten wir kaum etwas vom Krieg mitbekommen. Zumindest Manfred und ich nicht. Nein, ich habe keine Bedrohung gespürt, auch keinen Mangel gelitten. Irgendwie war immer genug da. Und mein Vater und meine Mutter waren sehr oft schick angezogen. Auf Fotos sehen sie aus wie ein Paar aus dem Kino, wie Filmstars. Mein Vater wunderschön, meine Mutter wunderschön – und zwei hübsche kleine Kinder Hand in Hand unterm geschmückten Weihnachtsbaum. Auf einem Foto sitzen wir alle gemeinsam auf einer blühenden Wiese, im Hintergrund sieht man die Berge – wir sehen glücklich aus. Alles ist heil und schön und harmonisch. Doch plötzlich ist nichts mehr, wie es war, das Heile ist zerbrochen.

Eine Geschichte, an die ich mich vielleicht erinnere, die auch meine Mutter immer wieder erzählte, war, dass im Sommer, ein paar Monate nach Manfreds Tod, ein amerikanischer Offizier in unsere Wohnung kam und sie eigentlich beschlagnahmen wollte, aber dass er dann den kleinen Altar mit dem Bild meines Bruders sah, die Kerzen und Blumen und den Trauerflor – das schwarze Band neben Manfreds Gesicht, an der linken Bildecke –, und dass er dann die Wohnung nicht beschlagnahmte, sondern uns oft besuchte und uns jedes Mal kostbare Orangen mitbrachte.

Und ganz manchmal und ganz fein, vielleicht an einem Glückstag wie im Märchen, rieche ich diesen unwiderstehlichen Duft dieser kostbaren Orangen.

Im Kindergarten soll ich lange Zeit nur mit meinem toten Bruder Manfred gespielt und gesprochen haben, die anderen Kinder hätte ich völlig ignoriert, auch meinen neuen kleinen Bruder Berndi, erzählte mir meine Mutter. Ich konnte einfach nicht akzeptieren, dass Manfred nicht mehr da war. Mein Anführer, mein Begleiter, mein vertrautester Mensch, mein Halt, der Mensch, der mehr war als ich, dem ich vertrauen konnte, der mich gehalten und geführt hat – der mich getragen und am Leben gehalten hat – er war auf einmal verschwunden.

Jetzt war ich die große Schwester. Die war ich dann immer – und die bin ich bis heute geblieben. Berndi ist der »kleine« Bruder. Bald war ich diejenige, die auf jemanden aufpassen musste, die eine Hand halten musste. Aber natürlich konnte ich Berndi nicht das sein, was Manfred mir war.

Irgendwann begann ich, ich war vielleicht vier, all meine Sehnsucht und Liebe auf meinen Vater zu richten. Es war nicht nur Sehnsucht und Liebe, also normale Tochterliebe, es war ein Liebesverlangen. Dieses Verlangen – ich stand da und wusste nicht, wohin damit. Manfred war nicht mehr da. Aber diese übrig gebliebene Liebe war da, diese Inbrunst, dieser Überschwang. Ich hatte mich ja geradezu geschmissen auf meinen Bruder, auf ihn drauf. Wir hatten uns ausgetauscht und jeder vom anderen geschmeckt: die Spucke, den Schweiß, den Urin, die Tränen, das Blut. Wir hatten uns geküsst und liebkost. Wir konnten gar nicht genug von uns kriegen. Und diese Liebesfähigkeit, dieser Liebesüberschwang ging nun auf meinen Vater über.

Mein Vater, mein wunderbarer, großartiger Vater.

Wir waren jetzt oft am Waginger See, meine Mutter, mein kleiner Bruder, mein Vater und ich. Hier habe ich schwimmen gelernt.

Das ist meine schönste Erinnerung an meinen Vater: Er schwimmt im See, ich liege bäuchlings auf seinem Rücken und übe Schwimmbewegungen, irgendwann taucht er unter und ich schwimme oben alleine weiter, kreischend vor Lust. Und wenn ich nicht mehr kann und beinahe untergehe, taucht er auf und ich liege wieder sicher auf seinem Rücken.

Dieses Schwimmen – bis heute ist es ein Lebenselixier für mich.

Das lachende Mädchen mit der Schleife im Haar lebt in einem selbst erfundenen Niemandsland, in dem es vielleicht wieder heil wird, irgendwie. Ich habe ein wehes Gefühl, wenn ich daran denke, aber ich habe überlebt. Diese Zeit, die ich hatte mit meinem Vater, hat mich wieder ein bisschen geheilt. Dieses Schwimmen, diese Kraft, dieses Beschützende, dieses Männliche, das ich gespürt habe, war lebenswichtig für mich: In der Luft rudern, er taucht unter, verschwindet und ich schwimme allein. Ich kann nicht mehr und er taucht auf und ich bin wieder sicher. Gerettet.

Was für ein unendliches Gefühl der Geborgenheit! Und dann ist wieder so eine Wildheit und Schönheit da, wieder so ein Überschwang. Und auf einmal – zwei Jahre später, ich bin sechs Jahre alt – wird das alles wieder unterbrochen. Wieso ziehen wir jetzt um? Warum werde ich plötzlich in Neuötting eingeschult und nicht in Burghausen? Gut, bei der Oma ist es schön, wie Ferien. Aber wo ist eigentlich mein Vater? Wieso ist der nicht mehr da? Wieso redet niemand mit mir?

Und dann gehen wir von Neuötting zu Fuß nach Altötting, fast eine Stunde lang, in ein Spital. Ich sehe meinen Vater von Weitem in einem grünen Zimmer. Es ist ein grausames Grün. Mein Vater ist zart und blass, es geht ihm nicht gut. Ich darf ihn nicht umarmen. Eine ansteckende Krankheit.

Das kannte ich aus der Zeit, als wir alle Typhus hatten, als wir im Haus meiner Oma bleiben mussten und eine Grenzlinie auf der Straße markiert war, die wir nicht überschreiten durften.

Mein Vater hatte Tuberkulose. Wir sind von Burghausen zu meiner Oma nach Neuötting gezogen, in dieses schöne kleine Bauernhaus, das Häusl. Es lag ganz am Ende einer kleinen Straße, an die sich eine riesige Wiesenlandschaft anschloss. Für mich war das Häusl direkt am Rande der Wildnis. Wiesen und Äcker und kleine Sümpfe, große und kleinere Bäche, unterirdisch, oberirdisch. Und an den verwilderten Bachauen entlang die hohen ausladenden Weidenbäume, die im Frühling die weichen Weidenkätzchen trugen und sich im dunklen Herbst in die unheimlichen Gesichter und Gestalten der Nebelfrauen verwandelten.

Wer reitet so spät durch Nacht und Wind? Es ist der Vater mit seinem Kind.

Und hinter jedem Löwenzahn lauert das Grauen.

Im Häusl war es zwar auch wild, es gab nur ein Plumpsklo aus Holz im Eingang, aber es war heimelig, gemütlich. Und es gab eine Ziege und ein paar Hühner und Enten, manchmal auch Hasen oder eine Gans. Hund und Katze sowieso, das war ganz normal, der Hofhund und die Hauskatze, das war nichts Besonderes, so wie in der Stadt. Und es gab einen Blumengarten, einen Obst- und Gemüsegarten, den Schuppen, den Heuschober über dem Stall, im Hof den riesigen Baum mit einem Baumhaus wie ein großes Nest; viele, viele Verstecke für mich. Es war das Paradies.

Alle meine ersten Geburtstage, an die ich mich erinnern kann, habe ich hier gefeiert, mitten im Sommer, im blühenden Garten mit bunten Lampions. Und noch früher, als Manfred noch bei mir war, durfte ich in der Sommerhitze in einer kleinen Blechwanne herumplantschen. Und er hat auf mich aufgepasst.

Wenn ich jetzt an die Zeit dort denke, kommt mir auch in den Sinn, dass mein Vater nicht da war. Er war verschwunden. Das ist schmerzhaft: sich zu erinnern, dass jemand fehlte.

Es war diese Zeit – ich war zwischen sechs und acht Jahre alt –, in der mein Vater immer weg war, in irgendeinem Sanatorium, auf jeden Fall nicht bei mir. Am Anfang seiner Krankheit war mein Vater in dem Spital in Altötting. Dort haben meine Mutter und ich ihn oft besucht. Er stand in diesem grünen Zimmer, ganz hinten, und ich in der Nähe der Tür. Ich konnte nicht zu ihm, ich durfte ihn nicht umarmen. Das böse, kalte Grün des Zimmers empfinde ich noch heute. Es war schrecklich, ihn nur aus der Entfernung zu sehen. Soweit ich mich erinnere, waren es die letzten Male, dass ich meinen Vater besuchen konnte.

Zwei Jahre später ist er gestorben, in einem Sanatorium in München. Ich war inzwischen acht und hatte gerade meine Erstkommunion absolviert. Als es hieß, dass mein Vater sterben würde, sind meine Mutter und ich – wahrscheinlich auch mein kleiner Bruder – nach München geholt worden und haben bei Bekannten meiner Mutter übernachtet. Diese Bekannten waren Tante Feli und Onkel Karl. Wir sollten sie auch so nennen, obwohl wir nicht mit ihnen verwandt waren. Sie wohnten in einem großen Mietshaus, an einer unglaublich großen, lauten Straße.

Für mich war dieser erste Besuch in München ein Schock. Ich weiß noch, wie erschreckend ich den Lärm der Straßenbahn empfand. Dieses Geläute und Gerumpele und Gezische werde ich überhaupt nie vergessen, und in dem fremden Zimmer, in dem wir schliefen, wurde es nie richtig dunkel, weil die Straßenlaternen so grell hereinschienen. Kalte Erinnerungen habe ich da. Lange Zeit konnte ich nachts den Lärm einer Straßenbahn nicht ertragen. Und Lichter von draußen lassen mich bis heute nicht schlafen.

Gleich nach unserer Ankunft in München sind wir in das Sanatorium gegangen. Ich hatte mein Kommunionskleid angezogen. Ob das meine Fantasie ist oder ob es wirklich so war? Ich bin mir nicht sicher, aber ich habe dieses Bild in mir: ich, in meinem wunderschönen, kostbaren Kommunionskleid aus glänzend weißem Satin, am Sterbebett meines Vaters.

Die Erstkommunion war ein besonderes, ein heiliges Fest. Alles war weiß: das weiße Kleid, das sehr viel Geld gekostet hatte, der weiße Blütenkranz aus kunstvollen Stoffblumen, weiße Strümpfe, weiße Schuhe, kleine weiße gehäkelte Handschuhe; und ich in all dem mit meinen dunkelbraunen Locken. Die weiße, geweihte Kerze, das kleine Gebetbuch und der geweihte Rosenkranz aus weißen Perlen – all das war so kostbar und so schön.

Und wenigstens das weiße Kleid wollte ich meinem Vater zeigen.

Den ganzen Tag und die ganze Nacht saßen wir an seinem Bett. Mein Vater war schon eingeschlafen, er ist nicht mehr aufgewacht. Am nächsten Morgen war er tot. Er ist nur vierzig Jahre alt geworden.

Die Beerdigung in Burghausen war ein großes Ereignis, mein Vater war als Ingenieur bei Wacker Chemie in der kleinen Stadt sehr angesehen. Meine damals beste Freundin Gudrun hatte mir ihren dunklen Mantel geliehen.

Alle haben mich bemerkt, mir kondoliert, ich war wichtig.

Ein Mädchen, dessen Vater gestorben ist, ist etwas Besonderes, etwas Wichtiges. Und in der Schule war ich fast stolz, weil der Tod meines Vaters ein so großes Lebensereignis für mich war. An Tränen kann ich mich nicht erinnern, auch nicht auf der Beerdigung. Es kommt mir so vor, als sei ich ohnmächtig gewesen in dieser Zeit, irgendwie ohne Bewusstsein. Schon seit Manfred weg war, aber erst recht, als mein Vater dann verschwand. Ja, Ohnmacht ist das richtige Wort: Ich bin ohnmächtig durch die Welt gelaufen.

Den dunklen Beerdigungsmantel hatte ich schon einmal an, im Fasching, als Gudrun und ich als »Mann und Frau« gingen. Gudrun war der Mann, sie trug eine Art Anzug und hatte einen Zylinder auf. Ich ging als »Frau« in diesem dunklen Mantel, hatte mir mit dem Lippenstift meiner Mutter knallrote Lippen gemalt, und trug ein spitzes, goldenes Kegelhütchen aus Papier auf dem Kopf, gehalten von einem dünnen Gummi um das Kinn herum.

Für mich war mein Vater der schönste Mann der Welt. Er war so zart und so melancholisch. Er hatte tief liegende schwarze Augen und tiefe dunkle Augenringe. Später, als er krank war, sah er aus wie Franz Kafka. Kafka ist auch an Tuberkulose gestorben.

Ich glaube, dass mein Vater nicht sehr glücklich gewesen ist. Ich glaube, dass er etwas anderes leben wollte als das, was er gelebt hat, dass er von einem anderen Leben geträumt hat – ein Traum, den ich sehr gut kenne. Man sagt ja, dass Tuberkulose die Krankheit ist, mit der man sich aus der Welt begeben möchte. Mit der man flüchtet, wenn man so nicht mehr leben will. Ich bin das Gefühl nie losgeworden, dass mein Vater aus der Welt geflohen ist.

Vielleicht auch, weil in der Ehe meiner Eltern irgendetwas nicht stimmte. Daran, wie mein Vater und meine Mutter zusammen waren, habe ich keine richtige Erinnerung. Ich weiß nicht, wie sie miteinander gesprochen haben, wie sie miteinander waren, weil ich einfach noch zu klein war. Ich erinnere mich an diese Zeit nur durch diese Fotos, auf denen sie zusammen sind und wie Filmstars aussehen. Und doch wusste ich tief in meinem Inneren schon als Kind, dass irgendetwas nicht in Ordnung war. Und dieses Gefühl ist geblieben, auch wenn ich den wahren Grund dafür nie erfahren habe.

Es muss Liebe auf den ersten Blick gewesen sein, zumindest für meinen Vater. Meine Mutter lebte als junges Mädchen in Ungarn, in der Nähe von Budapest. Dort ging sie auf eine Hauswirtschaftsschule. Die Ferien verbrachte sie zu Hause in Neuötting bei ihren Eltern, meinen Großeltern. Und so saß sie eines Tages in dem Zug, der von Budapest über Salzburg nach Bayern fuhr. Mein Vater, der Österreicher war, saß im gleichen Zug und war auf dem Weg nach Salzburg, wo er und seine Familie lebten. Doch er stieg nicht aus in Salzburg, sondern fuhr mit meiner Mutter weiter nach Neuötting. Während der Zugfahrt hatte er sich so sehr verliebt, dass er nicht mehr von ihr lassen konnte und bereit war, von einem Moment auf den anderen sein Leben auf den Kopf zu stellen. Von diesem Tag an waren meine Eltern zusammen.

Als sie heirateten, wurde meine Mutter Österreicherin. Wir Kinder bekamen auch die österreichische Staatsangehörigkeit. Nach dem Tod meines Vaters wurde uns ein Vormund zugewiesen. Das war österreichisches Gesetz. Ich fand es unverschämt, dass man einer Mutter nicht zutraute, ihre Kinder alleine großzuziehen. Der Vormund, Onkel Karl, war glücklicherweise ein Freund der Familie, er und seine Frau, Tante Feli, waren sehr nett und mischten sich kaum ein. Nur später, als die Sache mit der Schauspielerei losging und ich noch lange nicht volljährig war, wollte Onkel Karl das verhindern. Aber da nahm meine Mutter wieder die deutsche Staatsbürgerschaft an, wir Kinder damit auch – und ich konnte zur Schauspielschule gehen.

Als mein Vater starb, ist meine Existenz im tiefsten Grund verletzt worden. Wenn man 16, 17, 18 Jahre alt ist, dann ist das ein großer Schmerz, wenn der Vater stirbt, oder die Mutter, aber man hatte doch zumindest eine Zeit lang einen Vater, eine Mutter. Wenn der Verlust so früh eintritt, in dieser frühen Zeit der unbedingten Liebe und Liebesfähigkeit, ist man eigentlich verloren.

Ich glaube, ich hatte großes Glück, dass das nicht gestorben ist in mir, diese Liebesfähigkeit und dieses Liebesverlangen. Und ich meine jetzt die reine Liebe. Meine Gefühlserinnerungen sind auch körperlich, sind in meinem Körpergedächtnis. Wenn das gestorben wäre, hätte ich nicht mehr weiterleben können, hätte ich nicht mehr existieren können.

»Die Geschichte mit dem Schwimmen auf dem Rücken meines Vaters« – das ist das Geschenk.

Während mein Vater in verschiedenen Sanatorien war, begann meine Schulzeit. Meine Mutter zog von Neuötting wieder zurück nach Burghausen, sie musste sich jetzt um unser Auskommen kümmern und bereitete die Eröffnung eines kleinen Schreibwarengeschäfts vor. Ich bin in Neuötting geblieben bei meiner Oma und kam nach dem Tod meines Vaters in die dortige Klosterschule, in ein Internat der Englischen Fräulein.

Am Anfang habe ich mich dort sehr einsam gefühlt, aber meine Oma besuchte mich regelmäßig und brachte mir immer wieder Sanostol mit. Das ist ein wunderbarer süßer Sirup mit Lebertran. Ich war süchtig danach. Ich hatte das Gefühl, dass ich damit überlebe.

Meine Oma war jetzt mein Zuhause – bei ihr war es immer warm und leicht und schön. Meine Oma war überhaupt wunderbar: eine Bäuerin, klein und kräftig, mit kräftigen Händen, einem festen Gesicht, leuchtenden, dunkelgrauen Augen, einer Brille auf der feinen runden Nase, und langen Haaren bis zum Hintern; lange, graue Haare, die sie zu einem Zopf geflochten und mit Hornnadeln zu einem Knoten im Nacken festgesteckt hatte. Als ich sie wahrgenommen habe, war sie noch gar nicht so alt, ungefähr 62 Jahre, aber sie sah trotzdem so aus, wie man sich eine Oma vorstellt.

Ich habe sie innig und zärtlich lieb gehabt, aber ich kann das fast gar nicht aufschreiben, denn es wurde nie ausgesprochen. Das war überhaupt nicht notwendig und auch nicht üblich, so etwas zu sagen. Ich habe ihr das nie gesagt, und sie mir auch nicht. Die Liebe war einfach da. Das musste man nicht aussprechen.

Sie war eine Großbauerntochter aus Niederbayern. Ihr Vater hatte einen riesigen Hof in der Nähe von Rottach am Inn und fuhr mit seiner Lieblingstochter Karoline, meiner Oma, oft nach Ungarn, um Pferde zu kaufen. Doch als diese Lieblingstochter meinen Opa heiratete, hat er ihr das so übel genommen, dass er sie verstoßen hat. Mein Opa war ein »Häusler«, er besaß nur dieses kleine Häusl in Neuötting, hatte also keinen großen Hof und Landbesitz. Er war nicht die richtige Partie für die Tochter eines Großbauern.

Aber dieses Häusl war mein Zuhause. Meine Oma war mein Zuhause. Und sie war eine wunderbare Geschichtenerzählerin – ihr kleiner, schmächtiger Mann, mein Opa, saß meist auf der Bank vor dem Haus in der Sonne und schnitzte Pfeifen und Flöten.

Sie hat uns alle ernährt, in dem Haus mit der Ziege und den Hühnern. Ich habe zugeschaut, wie sie ein Huhn einfing und ihm auf einem Holzpflock den Kopf abschlug. Das war ein Getöse. Das Huhn lief ohne Kopf weiter. Das war gruselig, aber trotzdem aufregend für mich, ich war hin- und hergerissen. Oder wie sie jeden Abend die Ziege gemolken hat – das Geräusch des Milchstrahls im Blecheimer, der wunderbare Geruch der warmen Ziegenmilch – oder wie sie eine Gans geschlachtet hat.

Und wie selbstverständlich sie meinen Opa betreut hat, der als Kriegsversehrter des Ersten Weltkriegs immer krank war und im Laufe der Zeit ganz klein und mickrig wurde.

Und wie sie den Gemüsegarten, die Salatbeete, den Obstgarten bestellt hat. Die Äpfel kamen von unseren eigenen Bäumen, irgendwie wurde nie etwas gekauft. Wir hatten nie Mangel. Den besten Apfelstrudel der Welt hat sie gemacht, aus unseren Äpfeln, Zwetschgendatschi aus unseren eigenen Zwetschgen. Alles ist da gewachsen: Mohrrüben, Bohnen, Tomaten, Stachelbeeren, Himbeeren, rote und schwarze Johannisbeeren, Kohlrabi, Salat – alles, was wir brauchten, gab es in unserem Garten. Geld hatten wir wahrscheinlich nicht viel. Brauchten wir auch nicht. Eier hatten wir, weil wir Hühner hatten. Milch hatten wir, weil wir eine Ziege hatten. Oma hat die Ziege gemolken und mit der noch lauwarmen Ziegenmilch einen wunderbaren Milchkaffee gemacht, in den wir das Brot eingebrockt haben. Gestöckelte Milch gab es nach dem Gewitter, wenn die Milch gerade sauer geworden war.

Einmal gab es wieder ihren berühmten wunderbaren Apfelstrudel, den Millirahmstrudel, an seinen Seiten hing knusprig der gebräunte Rahm, und alles roch so verführerisch. Mein Bruder Berndi und ich stürzten uns wie immer gierig auf ihn – und er schmeckte entsetzlich: Oma hatte statt Zucker Salz genommen! Das werde ich nie vergessen, es war so komisch, weil wir es nicht fassen konnten. Der Millirahmstrudel schmeckte wirklich scheußlich, aber wir haben ihn trotzdem aufgegessen, weil wir es einfach nicht glauben konnten, weil wir uns mit jedem Bissen neu vergewissern mussten, dass der Strudel, der ja so lecker aussah und roch, tatsächlich salzig war.

Wenn ich versuche, die Trauer, die so früh in mein Leben und das meiner Familie eingebrochen ist, beiseitezulassen, wenn ich versuche, mich einfach nur an die normalen Tage zu erinnern, so wie ich sie erlebt habe – dann hatte ich eine wunderschöne Kindheit. Ich war kein trauriges Kind. Ich war frei und wild, und ich konnte machen, was ich wollte. Eigentlich war ich immer unterwegs, habe mich auf den riesengroßen Wiesen hinter dem Haus meiner Großmutter, auf den Weiden und an den Bächen herumgetrieben. Ich kannte die Namen aller Blumen, aller Gräser auswendig, habe sie gesammelt und getrocknet oder ausgegraben und in meinen eigenen kleinen abgegrenzten Garten wieder eingepflanzt – das ist die Erinnerung an ein ganz großes Glück, an eine große Harmonie. Und mein Opa saß immer in der Sonne auf der Bank und schnitzte kleine Flöten für mich.

Ich erinnere mich an den Geruch der Frühäpfel. Im Haus meiner Oma schlief ich im ersten Stock in einem Zimmer mit Balkon, direkt davor stand ein Apfelbaum. Und wenn es, wie fast jeden Tag im Sommer, ein Gewitter gab, dann purzelten diese leuchtenden, hellgrünen Frühäpfel auf meinen Balkon. Klaräpfel, nannte sie meine Oma. Gewitter waren für mich immer so schauerlich schön, ich hatte so eine Art Lustangst bei Gewittern, rannte raus in den Platzregen und tanzte barfuß in den Pfützen, jubelnd, bis ich klatschnass war und schmutzig von oben bis unten.

Und all meine Verstecke! Wir Kinder hatten überall Verstecke: im Heuschober oder im Schuppen, auf dem Baumhaus oder hinten auf der Wiese, einfach überall. Die dunklen Scheunen mochte ich besonders. Ich habe es geliebt, mich in dieser wohligen Dunkelheit einzunisten, mich geborgen zu fühlen, es roch warm nach Heu oder Stroh, manchmal auch ein bisschen feucht und muffelig, die Sonne schien durch die Ritzen der Holzbretter, die goldenen Strahlen waren magisch, wie aus Sonnenstaub – und meine Oma rief zum Essen.

Meine Kindheit kommt mir im Nachhinein unendlich lang vor, lang, schön und frei. Für mich war es das Paradies. Ich war in meinen Wiesen und Feldern unterwegs, ich war in meinen Sommerverstecken, ich war das wilde Mädchen, das sich unendlich wohlgefühlt hat, vor allem während dieser bayerischen Sommer, die so heiß und flirrend waren. In meiner Erinnerung ist es eigentlich immer Sommer, an die Winter kann ich mich gar nicht richtig erinnern. Außer an das Schlittschuhlaufen auf dem

Wöhrsee mit seiner buckeligen Eisschicht, wenn er so unordentlich zugefroren war. Oder an meine Oma, wie sie morgens den Ofen angeheizt hat. Der Geruch von kalter Asche und verkohltem Papier. Wie kalt es immer war, wenn noch nicht angeheizt war. Und wie eigentlich den ganzen Tag über irgendetwas zum Kochen auf dem Herd stand. Alles wurde genutzt, keine Hitze wurde vergeudet. Wie sie all die Lebensmittel zubereitet hat.

Dieses bäuerliche Leben hat sich mir eingeprägt, das habe ich in mir. Ich fühle mich wohl in einer bäuerlichen Landschaft, in der alles wächst, was man braucht. Und ich liebe es, wenn ich sehe, wie das geerntet und zubereitet wird. Dieses autarke Leben ist schön für mich und kostbar: dass alles in der eigenen Umgebung wächst, dass man selbst Brot backt, Käse oder Joghurt macht. Überhaupt Lebensmittel, die man nicht kaufen muss, oder die man direkt vom Bauernhof bekommt. Ich werde ganz glücklich, wenn ich irgendwo richtig frische Milch kriege, oder ganz frische Eier.

Meine Oma – ich habe sie sehr geliebt. Ihre Kraft und ihren Lebensmut, ihre Freundlichkeit und ihre Gelassenheit. Wie selbstverständlich und heiter sie mit meinem Opa umging, als er krank geworden war. Und wie klaglos sie später das Haus verkaufte, ihr Häusl, weil meine Mutter das Geld brauchte für das Schreibwarengeschäft in Burghausen. Jetzt hatte sie nur noch ihre kleine Rente, zog rauf in die Stadt Neuötting und wohnte da zur Miete, in einem einzigen Zimmer. Direkt um die Ecke meines Klosters.

Sie nahm alles an, was das Leben ihr abverlangte, jammerte nie. Es ging ihr immer gut. Sie war immer ruhig und immer freundlich.

Mein Leben lang, bis jetzt, weiß ich nicht mehr, wie und wann mein Opa gestorben ist. Ich kann mich einfach nicht erinnern. Doch jetzt fand ich eine Todesanzeige vom April 1951 und alte Kondolenzbriefe an meine Mutter, in denen Menschen ihr

Beileid aussprechen für den Verlust ihres Mannes *und* ihres Vaters. Mein Opa ist also im selben Monat gestorben wie mein Vater.

In der Zeit, in der ich ohnmächtig durch die Welt gelaufen bin.

Die Englischen Fräulein und die Klosterschule

Ich war eine gute Schülerin, ich habe gerne gelernt. Ich war gerne in der Schule und habe das alles geliebt, von Anfang an: den Geruch des Schulranzens, der Bleistifte, der Hefte und Bücher, den Geruch auch von Klassenräumen und Schulgebäuden. Und ich hatte Spaß an allen Fächern: Schreiben, Lesen, Rechnen, Singen. Schönschrift gab es auch. Ich habe sogar die Sütterlinschrift gelernt, damit ich meiner Oma schreiben und ihre Briefe lesen konnte. Der Religionsunterricht hat mich auch fasziniert, da gab es so viele Geschichten und Gräueltaten und schöne Märchen, die Bilder im Kopf entstehen ließen.

Später im Klosterinternat in Neuötting hatte ich auch Klavierunterricht. Auch das mochte ich, alles, was es zu lernen gab, mochte ich gerne. Aber das Üben war schwierig, weil das Übungsklavier im eiskalten Schlafsaal stand. Und wenn ich nicht fleißig genug übte, wurde mir von der Lehrerin mit einem kleinen harten Stock auf die kalten Finger geschlagen.

Und dann natürlich der Kirchgang: Wir mussten von morgens bis abends beten und in die Kirche rennen. Morgens um halb sieben musste man zur Frühmesse, noch vor dem Frühstück, weil man nüchtern zu sein hatte für die Heilige Kommunion. Und abends noch einmal zur Spätmesse. Aber ich fand das schön, ich liebte den Geruch von Weihrauch, diesen ganzen Pomp, das Gold und Geglitzer, all das Melodramatische. Auch diese vielen großen Säle in dem alten Klostergebäude mochte ich, die Klassenzimmer, den Speisesaal, den Schlafsaal, die ausladenden Treppen mit den breiten Geländern, die zum Runterrutschen verführten. Oben auf dem Speicher hatten wir alle unsere kleinen Schränke – eigentlich Spinde –, mit Kleidung, Wäsche und Handtüchern. Da durften wir allerdings nur alle drei, vier Wochen hoch, wahrscheinlich, damit wir uns nicht zu viel mit unseren kleinen Schätzen beschäftigen konnten.

Dort im Kloster hatte ich auch meine erste richtige Freundin. Bettina war ein Mädchen aus der großen weiten Welt, sie kam aus München. Ihre Mutter war Bele Bachem, eine kluge, feingliedrige Frau, die ich sehr bewunderte. Sie war damals eine berühmte Malerin und Bühnenbildnerin. Ihre Arbeiten waren während des Nationalsozialismus verboten. Sie konnte erst nach dem Krieg wieder tätig sein, vor allem als Bühnenbildnerin und Zeichnerin. Ihre Tochter Bettina wurde also meine Freundin, was sehr aufregend für mich war, weil sie mir viele Dinge beibringen konnte, die ich nicht kannte. Zum Beispiel Spagat. Sie hatte nämlich in München Ballettunterricht und das war für mich überirdisch.

Eigentlich habe ich die Zeit dort genossen, aber ich war auch rebellisch, besonders den Klosterfrauen gegenüber und ihrer verlogenen Moral. Die hatten immer so ein falsches freundliches Lächeln im Gesicht und sprachen in diesem merkwürdigen Plural: *Wir* gehen jetzt schlafen, *wir* essen jetzt, *wir* waschen uns jetzt. Ich dachte immer, nee, du blöde Kuh, *ich* wasch mich jetzt, *ich* geh jetzt schlafen, *ich* esse jetzt. Aber diese Verlogenheit hat mich nicht wirklich gestört, ich habe nur nüchtern registriert, dass diese Ordensschwestern alles mit einem lächelnden Gesicht sagen und dabei sehr autoritär sind. Trotzdem habe ich mich innerlich frei gefühlt, obwohl wir ja geradezu gedrillt wurden mit dieser erzkatholischen Erziehung.

Alles ging auf Glockenschlag, es klingelte und wir mussten essen, es klingelte und wir mussten vom Tisch aufstehen, es klingelte und das Licht ging an, ganz grell, morgens um sechs. Da kam eine der Nonnen in den Schlafsaal gestürzt, bekreuzigte sich und betete laut: »Wir stehen auf im Namen des Vaters und des Sohnes und des Heiligen Geistes.« Man musste sofort aufstehen, auf der Stelle. Und wenn man noch einen Moment liegen blieb, wurde einem die Bettdecke weggerissen, ein schreckliches, nacktes Gefühl ohne die schützende Hülle. Dann musste man zum Waschtisch rennen und das Kunststück vollbringen, sich irgendwie unterm Nachthemd zu waschen. Denn wir durften uns beim Waschen, auch beim Baden in der Badewanne, nicht ausziehen.

Kaum vorstellbar: acht- bis zehnjährige Mädchen, die sich im Nachthemd waschen mussten.

Anschließend wurden die Betten gemacht, und zwar so akkurat wie möglich. Ich weiß ja nicht, wie das beim Militär ist, aber ich stelle es mir so ähnlich vor. Man musste es ganz perfekt machen, das Bettlaken irgendwie unter die Matratze zaubern, keine Falte durfte zu sehen sein, und aus dem Oberbett mit den flachen Händen ein rechteckiges Stück herstellen mit exakten Kanten, wie ein liegender Grabstein. Das Kissen wie ein quadratischer, flacher Eisblock.

Direkt an der Tür zum Ausgang des Schlafsaals stand ein großes verschleiertes Bett wie ein gewaltiges Ungeheuer. Darin schlief die Aufpasserin. Ich traute mich oft nicht, nachts auf die Toilette zu gehen. Wenn ich mich doch leise, leise rausschleichen wollte, riss die Klosterfrau mit einem Ruck die Vorhänge auf und ich hörte diesen strengen, vorwurfsvollen Ton: *Was machst du da!*

Ich konnte nur *Nichts, nichts, ich mache gar nichts* stottern und mich sofort wieder in mein Bett verkriechen. So habe ich oft ins Bett gemacht vor lauter Angst und das feuchte Bettuch mit meinem Körper trocken gelegt. Auch mein verweintes Kopfkissen.

Ich fand das sehr entwürdigend, aber eigentlich weniger für mich als für die Aufpasserin hinter dem Vorhang.

Oft saß ich nachts aufrecht in meinem Bett und bürstete mein Haar, genauso wie meine Oma ihr langes graues Haar gebürstet hat, und das liebte ich so, weil dabei immer so kleine, knisternde Funken sprühten. Wenn mich die Klosterfrauen dabei erwischten, wurde ich als eitel beschimpft. Ich war verdächtig. Und meistens bekam ich eine kleine Strafe. Dabei hatte ich mich nur in die Erinnerung an meine Oma geflüchtet, in die kleinen Rituale, die ich von zu Hause kannte, die ich liebte und nachahmte.

Ich wusste überhaupt nichts. Gar nichts. Vielleicht konnte ich deshalb so unbefangen mit meinem Körper spielen. Es war zwischen uns Mädchen immer etwas sehr Sinnliches. Wir mochten uns gerne beobachten und anfassen, riechen; fühlen, wie weich die Haut ist oder ob man schon einen Ansatz von Busen sieht oder nicht. Wir haben uns umfasst und angefasst und unsere Körper erkundet, nachgespürt, ob vielleicht da oder dort schon kleine, fast erwachsene Härchen sprießen. Das war erregend, aber trotzdem unschuldig. Das einzige Problem war, dass man all diese Dinge beichten musste. Ich habe Unkeuschheit getrieben, musste ich sagen, wenn ich ein schönes Gefühl gespürt hatte, von dem ich gar nicht wusste, was genau es war. Oder auf Nachfrage des Beichtvaters: »Ja, ich habe mich mit einer Freundin umarmt, ja, ich habe mir einen Po angeguckt.«

Das Andere, das ganz und gar Verzauberte zwischen den Schenkeln, konnte man überhaupt nicht benennen, noch sehr, sehr lange nicht. Aber der Beichtvater wusste ja Bescheid.

Natürlich musste man auch beichten, wenn man geschwindelt hatte oder wenn man neidisch war, weil die Mitschülerin mehr Marmelade von zu Hause geschickt bekam. Aber meistens ging es um die unkeuschen Gedanken und Taten.

Diese ganze Beichterei war sowieso sehr kompliziert. Wir sollten ja jeden Morgen während der Frühmesse zur heiligen Kommunion gehen, was aber nur ging, wenn man nicht gesündigt hatte. Eine Sünde nicht gebeichtet zu haben und trotzdem zur Kommunion zu gehen, war eine Todsünde, also absolut ausgeschlossen. Das hieß natürlich, dass jeder wusste, dass man gesündigt hatte, wenn man morgens in der Kirche war und nicht zur Heiligen Kommunion ging. Also hat man lieber so getan, als müsse man noch Hausaufgaben machen. Auch wenn die längst fertig waren. Denn wenn man noch Hausaufgaben zu erledigen hatte, wurde man vom Kirchgang befreit. Erst mal. Allzu lange funktionierte dieser Trick natürlich nicht.

Irgendwann kam ich dann zurück nach Burghausen in die letzte Klasse der Volksschule und machte dort meine Aufnahmeprüfung für die höhere Schule. Meine Mutter hatte inzwischen ihr Geschäft eröffnet.

Einschulung in Neuötting, kurz Volksschule Burghausen, Klosterinternat Neuötting, dann wieder Burghausen – es ging dauernd hin und her, schon in der Volksschule ein ziemliches Durcheinander, auch später mit den verschiedenen Schulformen und Lehrstoffen. Warum ich so oft die Schule gewechselt habe, weiß ich nicht. In Burghausen ging ich jedenfalls nach der Prüfung ein kurzes Schuljahr lang auf das Realgymnasium und wechselte dann nach Passau aufs Deutsche Gymnasium, wieder ein Internat der Englischen Fräulein.

Kinder auf ein Internat zu schicken, war damals, glaube ich, üblicher als heute, vor allem wenn die Familie nicht intakt war. Aber ich glaube, ich selbst wollte auch wieder in ein Internat. Vielleicht auch, weil ich gehört hatte, dass es in Passau außer Schloss Freudenhain, der dortigen Klosterschule der Englischen Fräulein, ein Priesterseminar gab, das direkt an den Park des Schlosses angrenzte. Das war mein geheimes Motiv, von dem ich damals niemandem erzählt habe und das ich auch vor mir selbst verbergen wollte, aber ich weiß, dass ich von den schönen Jungs dort gehört hatte und Freudenhain deshalb sehr interessant fand.

Überhaupt der Name: *Freudenhain*. Wir Mädchen kicherten uns halb tot, wenn ich von meinem zukünftigen Internat erzählte. »Was? Freuden*heim*?« »Nein, Freuden*hain*, mit a-i !! Und ein *Lustschloss*!« »Mein Gott, wie aufregend.«

Jedenfalls durfte ich nach Passau aufs Internat und die Fahrt dorthin war meine erste große Reise mit dem Zug. Sie dauerte eineinhalb Stunden oder zwei und ich war wahnsinnig stolz, alleine unterwegs zu sein. Freudenhain, ein ehemaliges Lustschloss des Passauer Fürstbischofs, war ein prächtiges Internat. Das historische Gebäude war riesig, der angrenzende Park ein Traum. Und obwohl mir meine Mutter für meinen ersten Schultag dort einen scheußlichen Trägerrock aus dickem, kariertem Wollstoff genäht hatte, der fürchterlich kratzte und in dem ich ganz pummelig aussah, fühlte ich mich als jemand ganz Besonderes und sehr, sehr erwachsen. Die Klosterfrauen waren viel städtischer als die in Neuötting, das sah man auf den ersten Blick. Mater Aquinata war unsere Lateinlehrerin, eine hohe, schöne Frau, groß und schmal, mit einem hellen, aristokratischen Gesicht, mit gütigen Augen und weichen Lippen. Ihre randlose Brille war fast unsichtbar, ein Schimmer über ihren Augen. Ich habe sie sehr bewundert und strengte mich im Unterricht an. Stolz war ich, weil ich hier war, auf eine höhere Schule ging und Latein lernen durfte.

Auch wenn es städtischer, bürgerlicher war – streng katholisch ging es natürlich auch in Freudenhain zu. Als wir im Winter Schlitten fahren gingen, wollte ich unter meinem Rock so eine Art Ski-Trainingshose anziehen. Das wurde mir verboten: Mädchen durften keine Hosen anziehen, nicht einmal beim Schlittenfahren. Also fuhr man mit einem Rock Schlitten – ziemlich komisch eigentlich.

Eines Morgens gab es einen Aufruhr im Schlafsaal. Da stand ein Mädchen mitten unter uns und weinte. Blut floss ihr zwischen den Beinen herunter und wir dachten alle, sie muss jetzt sterben. Wir waren erstarrt vor Schreck und wussten nicht, was wir tun sollten. Was war mit ihr los? Eine der Klosterfrauen kam herein, sah das Mädchen, gab ihm eine Ohrfeige, nahm es an der Hand und führte es hinaus. Wir erfuhren nicht, was das war mit dem Blut. Wir wussten nichts. Nichts wurde uns erklärt. Niemand sprach mit uns über Körperliches, über die erste

Menstruation, über Sexualität. Einfach niemand: weder die Eltern oder Großeltern noch die Klosterfrauen. Als ich selbst, ziemlich früh, meine erste Periode bekam, hatte ich immer noch keine Ahnung. Ich war erschrocken, meine Mutter war erschrocken – und das war's dann, Aufklärung gab es nicht.

Ich glaube, je katholischer wir erzogen wurden, umso mehr kreisten unsere Gedanken um unsere Körper, um Sexualität, um all diese Dinge, von denen wir nur eine scheue Ahnung hatten und die so streng verboten waren. Deshalb wurden auch die Klosterfrauen immer geheimnisvoller und interessanter für uns. Wir Mädchen haben uns ununterbrochen überlegt, was sich wohl unter ihrem Schleier verbarg. Ob sie Haare hatten, lang oder kurz, oder eine Glatze trugen. Doch das war nicht herauszufinden, weil die Ordensschwestern auch nachts diese kleinen, engen weißen Häubchen trugen. Wie ihre Körper aussehen könnten, ob sie Unterwäsche trugen und welche, wagten wir nicht, uns vorzustellen.

All diese verborgene Körperlichkeit schürte natürlich unsere Fantasie. Einige von uns waren geradezu besessen von dem Gedanken, dass die Klosterfrauen mit den Priestern des benachbarten Priesterseminars »etwas hatten«. Und obwohl wir nicht genau wussten, wie man Kinder bekommt, labten wir uns an dem Gerücht, dass in den Gewölben und den Kellern des Klosters lauter neugeborene oder auch abgetriebene Babys vergraben sein sollen. Das war ungeheuerlich – und jede »Neue« musste davon erfahren.

Wenn ich mich an meine Internatszeit erinnere, denke ich vor allem an Räume: große Schlafsäle, dunkle, hohe Gänge, große Hallen, große Küchen, Esssäle, Studiersäle, riesige Parks, große, schön angelegte Gärten, weite Treppenaufgänge – viel Platz. Ich habe mich in diesen Räumen zu Hause gefühlt, habe sie sehr schnell eingenommen. Ich kannte mich da aus. Bei meiner Mutter in Burghausen war ich weniger zu Hause als im Internat. Hier fühlte ich mich frei, trotz Drill und Beaufsichtigung. Ich konnte denken, was ich wollte, ich konnte in dem vorgegebenen Rahmen machen, was ich wollte. Zu Hause war ich viel mehr unter Aufsicht, besonders an den Sonntagen. Da waren meine Mutter, Joschi, der Freund meiner Mutter, den ich nicht mochte, und mein Bruder Berndi; da gab es das sonntägliche Mittagessen, davor den Kirchgang, man musste immer zusammen spazieren gehen, von allen beobachtet, man konnte nicht entfliehen. Es war, als sei ich ein Besuch. Ich war ein Fremdling in Burghausen.

Aber ich war sowieso nur in den Ferien zu Hause. Um zwischendurch nach Hause zu fahren, gab es kein Geld. Während der Zeit in Passau begann auch die ständige Geldnot in der Familie. Ich erinnere mich an einen einwöchigen Schulausflug ins Skilager. Für mich war dieser Ausflug überhaupt nicht schön, weil ich mir alles leihen musste, Skiausrüstung, Anorak, Stiefel. Meine Mutter konnte es sich nicht leisten, mir all diese Sachen zu kaufen. Ich konnte auch nicht so viele Briefe schreiben, wie ich wollte, weil ich das Porto gespart habe. Telefonieren war völlig ausgeschlossen. Damals telefonierte man nur, wenn jemand im Sterben lag oder schon gestorben war. Irgendwann schrieb ich meiner Mutter, dass sie mir keine Päckchen mehr schicken soll, keine Marmelade, keine Butter, keine Wurst. Solche Lebensmittel für Frühstück und Vesper mussten alle von zu Hause geschickt werden. Vom Internat gab es nur Milchkaffee und trockene Semmeln. In einer großen Speisekammer hatten wir Mädchen kleine, abgeteilte Fächer mit aufgeklebten Namen – die sahen aus wie Hasenställe –, in denen wir unsere Essvorräte wie Schätze aufbewahrten.

Es gab in Freudenhain einige Mädchen aus Großbauernfamilien, die später Nonnen werden sollten. Sie hatten alles im Überfluss. Und so habe ich manchmal die Marmelade einfach geklaut. Ich dachte, wenn die anderen mehr als genug haben, dann ist das kein Diebstahl, nur Mundraub. Wenn eine genug Marmelade hat, dann kann ich mir eine kleine Hälfte nehmen, dann muss meine Mutter sie nicht kaufen, dachte ich.

Natürlich musste ich das beichten. Und nach der Beichte hatte ich fast keine Schuldgefühle mehr.

Dann gab es noch die Elternbesuchstage. Das waren immer aufregende, feierliche Tage. Alle waren nur daran interessiert, wie die anderen Eltern aussehen. Eine Art Schaulaufen. Ich war immer sehr stolz auf meine Mutter, weil sie einfach die schönste Mutter war, weit und breit. Aber wir waren uns fremd. Da kam diese fremde, schöne Frau nach Passau, fragte, wie es mir geht, und schaute in meinen Wäscheschrank, was ich schon überhaupt nicht leiden konnte. Und natürlich wusste ich, dass sie mit den Lehrerinnen sprechen wird und wieder weinen muss. Das war jedes Mal wie ein kurzer, heftiger Einbruch in mein ganz eigenes Leben. Das Ganze dauerte ein paar Stunden, dann war sie wieder weg.

Eines Tages rief die Mater Oberin meine Mutter zu sich und sagte ihr, dass ich zwar eine sehr gute Schülerin sei, aber dass ich in dieses Internat nicht passen würde. Ich wurde also rausgeschmissen. Vielleicht war es die Marmelade oder die Trainingshose. Oder weil ich keine Nonne werden wollte. Vielleicht konnte meine Mutter auch einfach das Schulgeld nicht mehr bezahlen. Ich weiß es nicht genau.

Die Zeit in Passau war kurz, nur ein Schuljahr bin ich dort gewesen. Trotzdem hat mich das Klosterinternatsleben in Neuötting und Passau geprägt. Durch dieses Wegsein von zu Hause fühlte ich mich ein bisschen wie eine Abenteurerin. Ich war sehr stolz und sehr allein auf der Welt. Da war nicht immer nur Heimweh, da war auch ein großes Unabhängigkeitsgefühl. Ich habe es geliebt, im Zug zu sitzen, so dahinzufahren und mir vorzustellen, ich hätte niemanden auf der Welt, ich wäre ganz allein und würde dennoch alles meistern. Und irgendwo ankommen.

Und dann kam ich halt in Passau an.

Vielleicht hatte man als Kind damals überhaupt viel mehr innere Freiheiten als ein Kind heute, weil man den Erwachsenen nicht traute, weil man sich ihnen nicht anvertraute, weil man eigentlich mit Erwachsenen nichts zu tun haben wollte. Also war man ganz bei sich und ganz unter sich. Das Gefühl, in einer Gemeinschaft allein zu sein, kenne ich sehr gut. Ich glaube, dass es oft einfacher und weniger verletzend ist, in so einer großen Gemeinschaft wie im Internat allein zu sein als in einer kleinen Familie, mit Vater, Mutter, Kind. Oder Ersatzvater, Mutter, Kind. Da allein zu sein, kann viel schlimmer sein. Im Kloster – da war ich wer. Jede war auf ihre Weise etwas ganz Besonderes. Im Kloster war jede auf sich gestellt – sie stellte etwas dar. Wir waren nicht nur die Kinder von irgendwelchen Eltern, sondern wir waren kleine, junge Menschen, die auf ihren eigenen Beinen standen.

Natürlich konnte ich die Trauer um meinen Bruder und um meinen Vater nicht beiseiteschieben, die steckte ja in mir, war und ist bis heute in mir. Aber wenn man so jung ist, wie ich damals war, als mein Bruder und mein Vater starben, geht man mit Tod und Trauer einfacher um – inniger, glaube ich. Es geschieht einfach, man muss damit umgehen und weiterleben.

Alles sollte schön sein

Oft habe ich das Gefühl, dass ich in eine Umgebung hineingeboren wurde, zu der ich gar keine echte Beziehung hatte. Manchmal kam ich mir vor wie ein Findelkind, vielleicht auch, weil es mit meiner Mutter so schwierig war. Als ich klein war, habe ich mich nicht besonders um sie gekümmert, sie sich aber auch nicht um mich. Sie konnte sehr liebevoll und zärtlich sein, aber wir kamen nie richtig zueinander. Wir sind uns fremd geblieben. Trotzdem habe ich meine Mutter geliebt.

Sie war sehr schön. Sie hatte schwarzes Haar mit einem blauen Schimmer. Als sie jung war, sah sie aus wie eine römische Schönheit, mit einer großen, ausgeprägten Nase. Und diese Nase passte wunderbar in ihr etwas kantiges Gesicht.

Meine Mutter war so unglaublich freundlich. Für mich war das zu freundlich. Sie wollte von allen Menschen geliebt werden, wollte immer die wunderbare, freundliche, höfliche Frau sein.

Das Schreibwarengeschäft in Burghausen war ihre Bühne. Sie stand hinter der Kasse und hat die Leute höflich begrüßt, höflich bedient und höflich wieder verabschiedet. Da war sie in ihrem Element: die Chefin sein, schön aussehen und höflich zu den Menschen sein. Oft war sie auch richtig kokett, fast frivol, eigentlich hat sie ununterbrochen mit allen geflirtet, ich konnte das nicht ausstehen als Kind. Wenn ich manchmal durch die Hintertür ins Geschäft kam und sah, wie sie die Kunden anstrahlte und anflirtete, konnte ich diesen Anblick nicht ertragen. Das war mir zu viel, das erinnerte mich an die falsche Freundlichkeit der Nonnen. Manchmal habe ich mich fast geschämt, wenn meine Mutter sich so übertrieben und kokett benahm.

Gleichzeitig empfand ich immer eine große Sehnsucht nach ihr. Und so lag in meiner Liebe zu ihr immer ein großer Schmerz, ein richtiges Heimweh. Später wurde ich oft sehr ruppig zu ihr, weil ich ihre Harmoniesucht und ihr Zärtlichkeitsverlangen nicht ertragen konnte. Manchmal habe ich sie fast angeschrien. Ich wollte, dass sie endlich die Wahrheit sagt, aber wahrscheinlich wusste sie gar nicht mehr, was Wahrheit ist, vor lauter Freundlichkeit. Dann hat sie mir leid getan.

Sie hat sich so unendlich bemüht. Ich habe sie oft weinen sehen. Es tat mir weh zu sehen, wie mühsam sie versuchte, das Geld für uns zu verdienen. Ich habe immer gedacht, ich könnte ihr helfen, indem ich für mich nicht so viel brauche. Und sie hat auch oft geweint wegen des Mannes, der nach meinem Vater da war. Joschi. Er war sieben Jahre jünger als sie und spielte sich als mein Stiefvater auf, stand in ihrem Geschäft herum und gab den Chef – ich mochte ihn überhaupt nicht. Als ich einmal plötzlich zur Tür reinkam und er gerade meine Mutter geküsst hatte und sie ganz nass um den Mund herum war, habe ich mich richtig geekelt.

Ich habe ihn einfach nicht angenommen. Es konnte keinen anderen neben meinem Vater geben. Ich nahm ihr übel, dass sie im Stande war, einen neuen Freund zu haben. Da ist man ungerecht als junges Mädchen. Ich dachte, diese alte Kuh, wieso braucht die nach meinem Vater überhaupt noch einen Mann? Dabei war sie erst siebenunddreißig.

Sie wollte alles gut machen, immer. Sie wollte alles, was nicht in ihr Bild passte, unter den Tisch kehren. Sie hat immer und überall schöne Tischdecken drübergedeckt, alles war schön bei ihr. Die Wohnung war schön aufgeräumt, die Tischwäsche war wunderschön, sie hat alles selbst gemacht: Sie hat gestickt, sie hat gestrickt und genäht, sie hat allen ein wunderbares Heim bereitet. Und weil sie so harmoniesüchtig war, hat sie sich alles, was nicht schön war, schöngeredet.

Aber irgendetwas stimmte nicht unter dieser schönen Oberfläche. Das habe ich immer empfunden. Ich hatte schon als Kind einen anderen Blick, habe gespürt, dass in der Familie, auch in der Ehe mit meinem Vater, irgendetwas nicht in Ordnung war. Doch davon hat sie nie erzählt. Und ich wollte sie mit den Fragen, die mir auf der Zunge lagen, nicht quälen. Denn ich habe sie sehr dafür bewundert, wie sie versucht hat, für mich und meinen Bruder genug Geld aufzutreiben, wie sie, nachdem sie in Konkurs ging und das Geschäft in Burghausen verkauft werden musste, in München wieder ganz von vorne angefangen hat. Sie war tapfer und mutig. Sie hatte sich eine Stelle gesucht, als Verkäuferin in einem großen Kleidergeschäft, aber ich wusste ein Jahr lang gar nicht, wo sie hinging. Sie hat es mir nicht gesagt. Wahrscheinlich schämte sie sich, für Geld irgendwo zu arbeiten. Sie lernte Stenografie und Schreibmaschine und wurde später Sekretärin bei verschiedenen Firmen. Trotzdem war immer zu wenig Geld da, immer eine große Verzweiflung – und so oft der Gerichtsvollzieher und meine weinende Mutter. Und dennoch: Es war nach außen nichts zu merken, es war alles in Ordnung.

Ich fing sehr früh an, ihr zu helfen. Als wir nach München gezogen sind, war ich 14 Jahre alt und habe mir ziemlich schnell irgendwelche kleinen Jobs gesucht. Zum Beispiel habe ich Zeitungen ausgetragen, damit ich sie nicht um Geld für mich bitten musste. Ich hatte das Gefühl, dass ich ganz schnell erwachsen werden musste. Ich wollte sie immer in den Arm nehmen, es kam mir vor, als würde sie immer kleiner werden. Wurde sie wahrscheinlich auch. Sie hatte ihre schwarzen Haare nicht mehr, sie waren jetzt blond gefärbt über den grauen. Mit ihrer Nase war sie nie zufrieden, sie wollte sie immer ein bisschen kleiner haben, und dann machte sie eine Schnute, zog die Nase irgendwie nach innen, schaute mich an und fragte mich, ob sie so nicht schöner sei. Das hat mich richtig wütend gemacht.

Eines Tages, wir sind schon längst in München, ich bin schon erwachsen, vielleicht 27, ist sie plötzlich verändert. Ich kann erst gar nicht erkennen, was es ist. Und dann zeigt sie mir ganz stolz, dass sie sich eine Brücke geleistet hat und sich endlich die ihr so verhassten vorstehenden Eckzähne hat ziehen lassen.

Es war so traurig, ihr Mund war richtig eingefallen.

Diese vorstehenden Eckzähne, die auch ich habe und die ich schon lange sehr mag. Mein Löwengebiss – mein Sohn Dominik hat es auch geerbt.

Meine Mutter ... Von ihr habe ich gelernt, dass es ganz natürlich ist, seinen Körper zu pflegen, sich einzucremen. Schon früh habe ich angefangen, meine Haut zu beachten, mein Gesicht zu pflegen. Ich erinnere mich noch gut an die rosafarbene Pickelcreme von Harriet Hubbard Ayer, die sie mir gab, als ich zwölf oder dreizehn war. Die habe ich natürlich nicht nur gegen Pickel benutzt, sondern sie ganz fein auf das ganze Gesicht aufgetragen – und ich war begeistert von der matten Porzellanhaut, die ich dadurch bekam. Diese Pickelcreme war eigentlich mein erstes Make-up. Oder später die Penatencreme, die man als hellen Lippenstift benutzen konnte.

Ich verstand immer mehr, wie zart und unsicher meine Mutter eigentlich war, und dass sie überhaupt nicht wusste, wie sie das ganze Leben meistern sollte. Ich weiß nicht genau, wo ich selbst meinen Schmerz um den Verlust meines Vaters und meines Bruders vergraben hatte, ich hatte das lange Zeit ganz mit mir allein ausgemacht. Aber mit 14, 15 Jahren fing ich langsam an zu begreifen, was dieser Verlust für meine Mutter bedeutet haben muss. Darüber hatte ich vorher einfach nicht nachgedacht – ich-bezogenes Kind, das ich war. Das Bedürfnis, sie einfach nur in den Arm zu nehmen, wurde immer größer – auch wenn ich es nicht hingekriegt habe.

Sie war so stolz auf mich, hat mich bewundert. Aber als ich mit 29 meine erste Auszeichnung bekam, die Goldene Kamera für die Rolle der Sascha in Tschechows Stück »Iwanow«, ließ ich sie nicht an der Feier teilnehmen, sagte ihr: »Das ist nichts für dich, das langweilt dich, die Leute sind blöd.« Dabei tat es mir so leid, aber ich hatte diese innere Abwehr ihr gegenüber, immer noch diese Kinderbockigkeit. Da war wieder diese Sehnsucht nach ihr, trotzdem hatte ich sie abgelehnt und abgewehrt.

Irgendetwas an ihr machte mich dauernd wütend und aggressiv: ihre Sanftheit, ihre menschenfreundliche Verlogenheit. Und gleichzeitig tat mir meine Aggressivität so leid, ich hasste mich dafür.

Ein Jahr nach der Preisverleihung ist sie gestorben. Da habe ich in ihrem Schrank ein schwarzes Abendkleid entdeckt, das sie sich für diesen Anlass gekauft hatte.

Und in ihrem kleinen Notizbuch konnte ich lesen, wie stolz sie auf mich war.

Zwischen Ach und Weh

In den Ferien sind mein Bruder Berndi und ich von Burghausen aus mit dem Fahrrad immer nach Neuötting zu meiner Oma gefahren. Das war eine große, abenteuerliche Reise für uns, ungefähr dreißig Kilometer waren wir unterwegs. Oft fuhr ich auch alleine zu ihr.

Das Fahrrad war mein erster Besitz, mein größter Schatz. Natürlich hatte ich als kleines Mädchen eine Puppe und einen Puppenwagen. Und ich hatte meine Schulsachen, die ich so mochte, die Stifte, die Hefte und Bücher, die Handarbeitssachen. Aber ich besaß nicht viele Dinge. Mein Besitz waren meine Verstecke: meine Bäume, die Wiesen, die kleinen Bäche und Flüsse – meine geheimen Orte. Und die waren viel wichtiger als irgendwelche Dinge. Bis auf mein neues Fahrrad eben!

Mein Bruder und ich hatten meiner Oma bei jedem Besuch etwas Geld mitgebracht, wahrscheinlich waren es fünf Mark, die wir in der Zwischenzeit von unserem Taschengeld gespart hatten, weil sie einfach so wenig hatte. Statt dieses Geld für sich zu verwenden, hatte sie es zurückgelegt und uns zwei Fahrräder geschenkt. Das war eine Sensation.

Ich bin nur mit dem Fahrrad gefahren als Kind und junges Mädchen. Nie mit dem Bus, dafür gab man kein Geld aus. Als ich noch kleiner war, gab es keine Kinderfahrräder wie heute. Man fuhr auf dem Erwachsenenfahrrad, konnte sich nicht einfach auf den Sattel setzen, sondern musste, auf den Pedalen stehend, irgendwie hin und her hüpfen zwischen Sattel und Lenkrad. Das sah komisch aus, aber ich konnte es ziemlich gut.

Später saß ich auf dem Sattel, hüpfte nicht mehr hin und her –

ich weiß noch, wie sehr ich es geliebt habe, im Dunkeln das Surren des Fahrradlichtes zu hören. Natürlich musste ich eigentlich zu Hause sein, bevor es dunkel wurde. Was für ein lustvolles Gefühl, wenn ich zu spät dran war, diese Lustangst. Und dann dieses Sirren und Surren des Dynamos, der schmale Streifen des Fahrradlichts, und es dunkelte schon und ich raste auf meinem Fahrrad unglaublich schnell nach Hause, durch Gewitter oder Herbststürme, und ich kam mir vor wie der wilde Reiter. Es ist kaum zu beschreiben: Ich war so atemlos, so sehnsüchtig und süchtig nach Leben und der Zukunft, nach dem, was aus mir werden würde, und ich flog da durch den Sturm und das Fahrrad surrte und pfiff. Mein Zauberross. Ein unglaubliches, wildes, unbändiges Gefühl.

Die großen Ferien bei meiner Oma waren wunderschön. Das waren immer die allerschönsten Sommer bei ihr, auch wenn sie irgendwann nicht mehr in ihrem Haus, sondern in einem Zimmer in der Neuöttinger Altstadt wohnte. Es war nur ein Zimmer zur Miete, in einem alten, kalten Haus in der Frauengasse. In diesem Zimmer im ersten Stock hat sie geschlafen und gekocht und gelebt. Fließendes Wasser gab es nicht, das Wasser zum Waschen und Kochen musste man unten im Hausflur holen, wo auch die Toilette war. Und wenn wir beide bei unserer Oma waren, schlief mein kleiner Bruder bei ihr im Bett und ich auf dem Sofa. Sie machte wie immer ihren wunderbaren Apfelstrudel und erzählte uns Geschichten aus dem Ersten Weltkrieg. Zum Beispiel, dass sie als junges Mädchen immer genau wusste, wenn einer ihrer zahlreichen Brüder gefallen war, weil dann im Stall ein kleines, blaues Lichtlein aufglühte, immer wieder, an verschiedenen Stellen. Wie Glühwürmchen. Oder wir spielten Karten oder Mensch ärgere dich nicht oder Mikado.

Obwohl alles so bescheiden war – die Sommerferien bei meiner Oma waren die schönsten Ferien, die ich jemals erlebt habe. Dann fuhr ich mit einer Neuöttinger Freundin mit dem Fahrrad durch die Gegend, und wir lagen in der Sonne herum oder gingen schwimmen. Es ging eigentlich nur um Schwimmen, Fahrradfahren und sich ein bisschen in der Stadt zeigen. Jeden Tag lief ich mit der verbeulten Milchkanne eine halbe Stunde aus der Stadt, den Berg hinunter zum nächsten Bauernhof und holte dort die frische Milch. Und die Jungs, die immer wussten, dass ich da war, weil Ferien waren, standen an jeder Ecke herum. Aber ich habe natürlich nicht links und nicht rechts geguckt. Abends flanierte ich – beschützt von meiner Oma – unter den Arkaden von Neuötting, Arm in Arm, und mindestens zweimal in der Woche sind wir ins Kino gegangen, in schnulzige Heimatfilme oder Hollywood-Schinken und manchmal in merkwürdig erregende, verstörende Filme ab 16, in die ich noch gar nicht durfte, zum Beispiel »Die blonde Hexe« mit Marina Vlady.

Oft war das Ins-Kino-Gehen aufregender als die Filme, die wir gesehen haben. Aber *ein* Kinobesuch war das Alleraufregendste, was ich bis dahin erlebt hatte: Ich war 13 oder 14 und es lief »Rock Around the Clock« mit Bill Haley, wahrscheinlich der erste Rock-'n'-Roll-Film in Deutschland überhaupt. Während des Films löste ich mich auf. Ich war mitten in einem Erdbeben, mir wurde heiß und kalt, in meinem Körper eine Art Vulkanausbruch, mein Leib wühlte sich auf, meine Lippen verzerrten sich, ich saß da mit irgendeinem Jungen im Kino, an ihn geklammert, und schluchzte und schrie und zitterte. So eine Erregung hatte ich noch nie erlebt, ich wusste überhaupt nicht, was da gerade mit mir geschah. Der Junge, ein bisschen älter als ich, kümmerte sich um mich, hielt mich ganz fest, sprach sehr liebevoll auf mich ein und ich war vollkommen außer mir. Ich war nass und klebrig überall, mein ganzer Körper tat weh. Es dauerte sehr lange, bis ich mich einigermaßen beruhigen konnte. Verstört und zitternd kam ich viel zu spät nach Hause zu meiner Oma. Und wir wussten beide nicht, was mit mir los war.

Wenn ich mir vorstelle, wie sehr Kinder und Jugendliche heute aufgeklärt sind, bevor sie selbst etwas erlebt haben, bin ich eigentlich froh, dass ich damals nicht so genau wusste, was da in meiner Seele und in meinem Körper vorging. So konnte ich das selbst erfahren und langsam hineinleben in dieses Gefühl der Ekstase und des Verlangens nach dem, was auf mich zukommen würde, ohne genau zu wissen, was es eigentlich sein wird.

Die Sommer waren immer lang, ganz hell, heiß und gewittrig, schwül und leuchtend. Und das Schwimmen – überall sind wir geschwommen: im Kanal, in den Tümpeln, in den kleinen Seen, im reißenden Fluss, dem Inn, der 14 Grad kalt war. Eine große Mutprobe war es, sich da hineinzustürzen, um ans andere Ufer zu schwimmen. Es war kaum zu schaffen, man wurde mindestens zwei Kilometer abgetrieben. – Diese langen Tage: mit dem Fahrrad ganz weit fahren, ohne bestimmtes Ziel, zu irgendeinem Kanal, einem See oder einem Baggersee, die Decken und Handtücher, Brotzeit, und etwas zu lesen auf dem Gepäckträger. Da lag ich dann so herum, mit einer oder mehreren Freundinnen, wir schauten uns die Jungs an und die schauten uns an.

Wir konnten alles im Wasser: Handstand, Kopfstand, tauchen, eine Art Wasserballett. Hier war unsere Bühne. Hier haben wir uns gezeigt, aber gleichzeitig so getan, als wären wir allein, als hätten wir keine Zuschauer.

Diese Erinnerung an mich, wie ich mich da als junges Mädchen zeigen wollte, mich ausprobiert habe, mag ich sehr. Natürlich wollte ich alle Blicke auf mich ziehen, aber trotzdem war ich sauer, wenn mich einer angeguckt hat.

Dieses Schwimmengehen, dieses Fahrradfahren, dieses In-der-Sonne-Liegen, dieses Flanieren in der kleinen Stadt – das hatte etwas Körperliches, etwas Sinnliches. Ich habe mich begriffen und wenn ich in Hochstimmung war, dann mochte ich mich, ich fing an, mich schön zu finden. Ich mochte meinen Körper, ich mochte mein Gesicht, ich fand mich ziemlich gut gelungen. Aber das war nicht Eitelkeit, sondern ein erwachendes Selbstbewusstsein. Ich war wild, ich war unbändig, ich war un-verschämt, im reinsten Sinne des Wortes. Das hatte etwas Archaisches, ich war ganz bei mir, ich war mir meiner bewusst. Jedenfalls wollte ich diesen Zustand in mir heraufbeschwören.

Als wir noch ziemlich klein waren, hatten wir geheime Zirkel von zwei, drei Mädchen, vielleicht war auch mal ein Junge dabei, das spielte aber noch keine große Rolle. Es ging vor allem darum, zu bestimmen, wer die richtig engen Freundinnen und Freunde sein durften, denen man dann auch seine Verstecke zeigte. Und da haben wir gespielt, und es waren immer Körperspiele: Vater-Mutter-Kind oder Doktorspiele. Wir haben uns ausgezogen und angeguckt und mit Gräsern und Hölzchen überall gekitzelt. Das war sehr erotisch, obwohl wir überhaupt nicht wussten, was das war. Es war nicht sexuell, es hat einfach Lust gemacht.

Und das kleine schlechte Gewissen, das wir hatten, weil wir von den Eltern, im Kindergarten oder in der Schule jeden Tag erfahren haben, dass man nicht Unkeuschheit treiben darf –, dieses kleine schlechte Gewissen und diese Heimlichkeit haben alles nur noch schöner gemacht. Eigentlich waren wir die ganze Zeit mit Unkeuschheit beschäftigt. Und ich war so eine Art Anführerin. Wenn ein Mädchen noch nicht kapiert hatte, worum es ging, habe ich mich erst einmal typisch katholisch entrüstet: »Stell dir vor, ich habe gehört, dass *die so was macht*, das finde ich ja *unmöglich*, das würde ich ja *nie* tun.« So kamen wir ins Gespräch. Und am Ende haben alle mitgemacht, wir haben uns angefasst, wir haben alles an uns angeschaut, wir haben uns gegenseitig geleckt. Dieses Jemand-anderen-Lecken mochte zwar niemand wirklich gern – deshalb haben wir uns immer so kleine Papierchen auf die Zunge geklebt –, aber selbst geleckt zu werden war schon schön.

Einmal hatten wir uns aus einem riesigen Haufen von Geäst eine leichte, schummrige Höhle gebaut und wahrscheinlich auch wieder Doktor gespielt. Plötzlich wurde ich, mit nacktem Hintern voran, von meinem Vater aus dieser Höhle herausgerissen und ziemlich verprügelt, mit der Hand auf den nackten Hintern. Ich fand das nicht schlimm – aber darüber habe ich lange nicht nachgedacht.

Meine Erstkommunion in Neuötting war ein großes Fest: Alle haben gegessen, getrunken und waren fröhlich, nur ich fühlte mich ausgeschlossen aus dem Geschehen, obwohl es doch eigentlich mein Fest war. Nachdem ich dann ins Bett musste, konnte ich hören, wie die anderen unten in der Wohnstube ausgelassen weiterfeierten. Ich dachte, um mich kümmert sich überhaupt niemand, obwohl mir doch den ganzen Tag schon ein bisschen schlecht war. Da kam ich auf die Idee, mich aus dem Bett zu schmeißen, damit die da unten sich erschrecken und denken, ich sei in Ohnmacht gefallen. Ich hoffte, dass jemand kommt und sagt: Oh Gott, Kind, was ist denn mit dir? Komm doch runter und feiere noch ein bisschen mit.

Aber es kam niemand. Ich hatte mich schon ungefähr zehn Mal aus dem Bett geschmissen, immer lauter, ich hatte schon einige blaue Flecken – aber keiner hat sich um mich gekümmert.

Manchmal habe ich das Gefühl, meine Kindheit und Mädchenzeit habe ewig gewährt, diese hellen Frühlingstage, die flirrenden Sommer, der dunkle, wilde Herbst, die verträumten, gemütlichen Winter mit den Handarbeiten, diese lange, endlose Zeit bei meiner Großmutter. Das Herumstreunen in den Wiesen, an den Flussauen, in den Wäldern.

Das sind meine Schätze, die ich nie mehr verlieren werde und die so viele Kinder heutzutage gar nicht mehr sammeln können. Ich war wissbegierig. Ich liebte alle Blumen, all diese zarten kleinen Wiesenblumen: die Gänseblümchen, Butterblumen und Schlüsselblumen, Glockenblumen, die Kornblumen und Mohnblumen, Hundsveilchen, Schneeglöckchen – ich wusste genau, in welchem Monat sie wachsen, und erkannte sie schon, wenn sie noch ganz kleine Knospen waren. Dann bin ich in die Wiesen gelaufen, kannte ihre Plätze, habe sie ausgegraben, in meinem kleinen Garten wieder eingepflanzt und darauf gehofft, dass sie überleben und irgendwann blühen. Und die Gräser – Zittergras, Wiesenrispe, Goldhafer, glatte Gräser, scharfrandige Gräser, mit denen man so grell pfeifen konnte, wenn man sie zwischen die Daumen spannte – von den meisten Gräsern weiß ich die Namen nicht mehr. Aber ich kannte sie alle mal. Auch die Bäume, die Vögel. Die Gemüse- und Obstsorten, die Sträucher und Stauden im Garten meiner Oma: Flieder- und Holunderbüsche, Schneeballsträucher, Pfingstrosen, tränende Herzen und Vergissmeinnicht. Feuerlilien und Rittersporn.

Aus den Holunderbeeren machte meine Oma Hollerbeerensaft, die zarten, duftenden Holunderblüten, wie aus kostbarer weißer Spitze, wurden in Pfannkuchenteig getaucht und gebacken. Oder wir gingen zusammen in die Heidelbeeren, wir gingen in die Pilze.

Und das schönste Wort für Sehnsucht habe ich auch von meiner Oma: Zeitlang.

I hab so Zeitlang nach dir ghabt, hat sie gesagt.

Auch Gerüche habe ich gesammelt: habe mir gemerkt, wie die Salzach riecht oder der Inn, wie ein Baggersee riecht oder der Wöhrsee mit seinem Schilfufer oder ein See-Schwimmbad. Wie die Neustadt riecht oder die Altstadt. Wie es im Wald, auf der Wiese oder in den Flussauen riecht. Wie es vor einem Gewitter riecht. Oder danach.

So viele Abenteuer konnte man erleben, wenn man draußen unterwegs war. Zum Beispiel an den Abhängen der Salzach: Da habe ich einige Schuhe verloren, wenn ich den Fuß in die reißende Salzach gesteckt hatte, es war richtig gefährlich dort. Und das Bootfahren auf dem Wöhrsee – ich konnte ziemlich gut rudern. Und ich wusste immer, wo das Eis trägt, wenn der See im Winter zugefroren war. Außerdem gab es in Burghausen meinen größten Spielplatz, meine geliebte Burg: einen Kilometer lang, mit sechs Burghöfen und unzähligen Zugbrücken, und unter den Zugbrücken die metertiefen Gräben, in denen man so gut herumklettern und sich in Fantasien und Geschichten versenken konnte, zum Beispiel in die des Meier Helmbrecht, des wüsten Raubritters, dessen Leben und Tod jeden Sommer in Freilichtaufführungen auf der Hauptburg dargestellt wurde. Manchmal bin ich irgendwo rauf- oder runtergeklettert und wusste gar nicht mehr, wie ich zurückkommen sollte.

Ich fand alles interessant, einfach alles. Und alles, was ich gelernt habe, in der Schule oder wenn ich herumstreunte, habe ich in mich hineingefressen – glücklich darüber, dass es immer mehr wurde. Ich hatte keine Zeit für ein »Hobby« oder irgendetwas »Besonderes«. Man hat nicht so viel Zeit als Kind.

»Zwischen Ach und Weh, zwischen Kümmernis und Klausen, liegt die schöne Herzogstadt Burghausen.« Diesen Reim gibt es tatsächlich. Und die Kümmernis hat nichts mit Kummer zu tun, das ist ein schöner, kleiner Wald auf einem Hügel, mit einer kleinen Kapelle – und hier bekam ich meinen ersten Kuss.

Auf dem Realgymnasium in Burghausen gab es einen Jungen, dessen Vornamen ich nicht mehr weiß. Man sprach sich damals immer nur mit Nachnamen an. Er hieß Buchwald, genannt »Buchi«. *Gehma mitanand?* Wir sind ungefähr fünf Wochen lang »miteinander gegangen«, ich war vielleicht 11 oder 12. Die ganze Klasse hat gekichert, wenn ich irgendwann im Heimatkundeunterricht einen Text vorlesen musste, in dem von einer Buche oder einem Buchenwald die Rede war.

Eines Tages beschlossen wir, uns den ersten Kuss zu geben. Das war ein richtiger Entschluss, der mitgeteilt werden musste. Er trommelte zwei, drei Freunde zusammen, ich hatte meinen kleinen Bruder dabei, der musste mit. Eigentlich sollte ich auf ihn aufpassen, aber diesmal passte er auf mich auf. Wir fuhren mit dem Fahrrad zur Kümmernis, die kleine Kapelle war unser Treffpunkt. Alle standen um uns beide herum. Buchwald und ich schauten uns an und dann küssten wir uns ganz schnell links und rechts auf die Mundwinkel. Das war also mein erster Kuss. Ziemlich unbefriedigend und auch ein bisschen peinlich, weil es eigentlich nichts war. Der Entschluss war die große Tat.

Damals hatten wir einen Dackel, der hieß natürlich Waldi, und er war ein fürchterlicher Hund. Er war unverschämt und frech, und wir hatten nur Probleme mit ihm, weil er immer Hühner jagte. Er sprang ihnen sogar in die Salzach nach, er war ein richtiger Jagdhund. Meine Mutter musste immer die abgewürgten Hühner bezahlen. Ich mochte Waldi, weil ich jeden Abend mit ihm Gassi gehen musste; dadurch kam ich ein bisschen raus und konnte mich heimlich mit Buchi treffen. Natürlich war mein Bruder immer dabei und passte auf. So konnten wir nur rumstehen und uns mit den Augen verschlingen. Buchi und ich hatten uns eine Geheimschrift ausgedacht, die wahnsinnig kompliziert war und die außer uns beiden niemand entschlüsseln konnte. Auch mein Bruder, der immer hinter mir herschnüffelte, konnte sie nicht lesen. Auf dem Hof hinter dem Schreibwarengeschäft meiner Mutter stand ein kleines Mäuerchen und dort haben wir diese Zettelpost für den anderen versteckt. Das war sehr romantisch.

Aber es wurde trotzdem nichts mit dem Buchwald.

Wie durcheinander mein Leben damals war.

Dann kommt es mir auch wieder so kurz vor, so episodenhaft. Ich konnte mich gar nicht wirklich auf andere Menschen einlassen, auf Freundinnen oder andere Familien, weil ich nirgendwo lange genug war. Das waren eben so kleine Lebensgemeinschaften in den Ferien: Osterferien-Freundschaften, Große-Ferien-Freundschaften, Sommer- oder Winterfreundschaften. Und natürlich hatte man immer wieder »die beste Freundin«, das war sehr innig und tief, aber auch gefährdet. Denn es gab immer andere, die auch »beste Freundin« sein wollten, oder man selbst wurde auserkoren, »beste Freundin« zu sein – oder abgewiesen. Es gab jedenfalls viele Eifersüchteleien, Tränen, Trennungen und riesige Dramen. Aber auch das hielt sich für mich in Grenzen, weil ich immer woanders war.

Nur die Zwillinge Bibi und Gigi, meine Freundinnen in Burghausen, waren immer da. Ihre Eltern waren wohlhabend und besaßen Wälder bis runter zur Salzach. Der Vater war Architekt. Auch ein Jagdrevier gehörte der Familie. Für mich war das alles ein großer Spielplatz, wilde Landschaft, steile Abhänge, freies Gelände. Und da rasten Bibi, Gigi und ich von morgens bis abends durch die Gegend und kletterten auf die Bäume. Ich war immer verkratzt, verschürft und verwundet und hockte auf den höchsten Bäumen. Ich konnte klettern wie ein Affe. Und so bekam ich irgendwann den Spitznamen »Äffchen«, was ich nicht so toll fand.

Das Zuhause von Bibi und Gigi war sehr schön, ein altes Herrschaftshaus mit eigener Kapelle. Die beiden hatten über der Garage ein kleines Extrahaus. Ich kann mich noch immer an den gemütlichen, warmen Holzgeruch erinnern. Ich denke, für Kinder ist es das Schönste, ein eigenes Haus zu haben, einen Rückzugsort, an dem die Erwachsenen nichts verloren haben. Dieses Häuschen und die großzügige Küche der Familie waren unsere Orte. Immer wieder sind wir als wilde Horde in die Küche eingefallen und haben Marmeladenbrote verschlungen; ich glaube, manchmal habe ich zehn Brote auf einmal vertilgt.

Irgendwann wurde es bei Bibi und Gigi auch deshalb interessant, weil sie einen größeren Bruder hatten. Ich glaube, er hieß Peter und war drei, vier Jahre älter als wir. Natürlich war ich viel zu klein, um ihn für mich zu interessieren, aber es war aufregend genug, ihm und seinen Freunden manchmal *zufällig* zu begegnen. Er erinnerte mich an meinen großen Bruder Manfred, der fast genauso alt gewesen wäre. Ich habe mir Manfred oft in allen möglichen Lebensaltern vorgestellt. Besonders in der Zeit, als ich 13, 14 war – dann wäre er jetzt 15 oder 16, schon erwachsen, dachte ich. Und ich habe mir ausgemalt, dass wir dann ein Paar wären, dass er dann mein Geliebter wäre. So habe ich mir das vorgestellt.

Die Sehnsucht nach ihm hat nie aufgehört, sie war immer ganz tief in mir, verwandelte sich nur im Laufe der Zeit.

Bevor ich von Passau zurück nach Burghausen auf das Humanistische Gymnasium kam, war ich im Max-Josef-Stift in München. Nach meiner langen katholischen Schulzeit in Neuötting und Passau war das das erste weltliche Internat. Diese Zeit war etwas Besonderes für mich, hier hätte eigentlich meine richtige Mädchenzeit beginnen können: Es gab Schülerinnen der verschiedensten Konfessionen und Nationalitäten, sogar ein Mädchen aus Haiti. Die Stimmung war tolerant und offen, auch gegenüber der modernen Kunst, mit der ich damals zum ersten Mal in Berührung kam. Wir haben zeitgenössische Theaterstücke gelesen, hörten neue und klassische Musik, gingen in außergewöhnliche Filme. Ich erinnere mich daran, dass wir den Film »Die Ferien des Monsieur Hulot« von Jacques Tati gesehen haben. Wir fanden den Film damals alle entsetzlich und die Figur des Monsieur Hulot einfach nur blöd. Uns fehlte einfach noch der richtige Humor für Tati.

Es war schön im Max-Josef-Stift. Nicht so prächtig und weihrauchgeschwängert, nicht so geheimnisvoll und mysteriös wie im Kloster – im Stift ging es sachlich und vor allem ehrlich zu, etwas, wonach ich mich sehr gesehnt hatte. Das Leben dort war klar, nicht so verlogen und verschwiemelt, so verheimlicht und undurchsichtig, wie ich es bis dahin aus meinen Internatszeiten kannte. Ich wurde als klarer junger Mensch behandelt. Mir wurden nicht mit freundlichem Gesicht die bösesten Sachen gesagt: Wenn jemand böse auf mich war, dann konnte ich das auch sehen, in seinem Gesicht. Ich fühlte mich dort zum ersten Mal nicht allein, ich wurde von den weltlichen Lehrerinnen zum ersten Mal wahrgenommen und als lernender Mensch anerkannt. »Weltliche« Lehrerinnen – diese Formulierung klingt komisch heute, aber wir haben sie damals im Gegensatz zu den Klosterfrauen wirklich so genannt.

Wir konnten auch anders mit unserem Körper umgehen. Vor dem Waschbecken konnte man sich einfach ausziehen und sich waschen, wie man wollte. Es war alles normal. Das mit den Unkeuschheiten hatte sowieso aufgehört, das ging nur, solange man noch wirklich klein war und nur in der katholischen Umgebung. Und es gab einen richtigen Turnsaal. Das war auch neu für mich, man durfte sozusagen ganz offiziell, ganz öffentlich wild sein und herumtoben, ohne dass Strafe drohte. Und im Max-Josef-Stift gab es einige wilde Mädchen.

Nachts im Schlafsaal saßen wir in unseren Betten und sangen den Doris-Day-Schlager »Que sera, sera, what ever will be, will be, the future`s not ours, to see, que sera, sera.«

Wir hatten auch Ausgang. Wir durften in dem Viertel, in dem das Max-Josef-Stift lag, in Bogenhausen, spazieren gehen – ein unglaubliches Abenteuer für mich. Und erst der Münchner Fasching! Bele Bachem, die Mutter von Bettina, meiner Internatsfreundin aus Neuötting, organisierte eines dieser Künstlerfeste, das in einem Barockgebäude im Englischen Garten stattfand, dem Milchhäusl. Da durfte ich dann mit Bettina hingehen. Gegen Mitternacht wurde ich leider von meinem Vormund abgeholt und wieder zurück ins Internat gebracht.

Mein Faschingskostüm war fantastisch. Ich kam auf die Idee, meine knallrote Jacke, die ich mir selbst gestrickt hatte und auf deren modernen Reißverschluss ich sehr stolz war, verkehrt herum anzuziehen. Der Reißverschluss saß also sehr raffiniert auf dem Rücken, geöffnet bis unter die Schulterblätter. Mein Haar hatte ich mir in München kurz schneiden lassen, mit einem kleinen Pony, wie Audrey Hepburn in dem Film »Ein Herz und eine Krone«. Zur roten Jacke trug ich eine enge schwarze Dreiviertelhose, schwarze Ballerinas, und – Bettina hatte mir ihren Lippenstift geliehen – rote Lippen – schon war ich eine französische Existenzialistin. Das war das Coolste, was man sich überhaupt vorstellen konnte.

So hätte es eigentlich weitergehen sollen, so hätte ich gut erwachsen werden können. Im Stift fühlte ich mich ernst genommen. Aber es ging leider nicht weiter. Am Ende des Schuljahrs musste ich wieder zurück nach Burghausen und wurde dort auf das Humanistische Gymnasium eingeschult, eine Klasse tiefer, weil ich es sonst mit dem Nachlernen von Griechisch und Latein nicht geschafft hätte. Ich wurde zurückgestuft. Ich wurde wieder kleiner.

Wir waren sehr wenige Mädchen auf dem Gymnasium, es war nicht so selbstverständlich damals, als Mädchen aufs Gymnasium zu gehen. In meiner Klasse gab es nur zwei oder drei Mädchen. Und ich hatte wieder das Gefühl, dass ich nicht richtig dazugehörte.

Einmal schrieben wir eine Klassenarbeit. Wir Mädchen saßen in der vordersten Reihe, ich in einem weißen Kleid, das mir meine Mutter genäht hatte, mit sorgfältig gestärkten gelben Rüschen auf dem Rücken. Hinter mir saß ein Junge, der in mich verknallt war. Nach einer Viertelstunde gab er ein leeres Blatt ab und behauptete, er könne diese Arbeit nicht schreiben. Denn immer wenn ich mich nach vorne beugte, um zu schreiben, würden sich die Rüschen an meinem Rücken anspannen, sich hoch aufrichten und ihn anstarren, mitten ins Gesicht. Und wenn ich mich zurücklehnte, um nachzudenken, würden sich die Rüschen wieder entspannen und schlaff und schläfrig nach unten fallen.

Das konnte er nicht mit ansehen. Dieses Auf und Ab der Rüschen konnte er nicht ertragen.

Bei uns zu Hause wurde sehr viel genäht und gestrickt. Handarbeit war auch ein Unterrichtsfach. Unsere Handarbeitslehrerin zeigte uns Mädchen eine besondere Fingerübung. Sie sagte, dass man, wenn man sie übt, ein Leben lang biegsame, lebendige Hände haben würde. Wir mussten immer üben, bevor wir mit der Handarbeit loslegten.

Ich konnte wunderbar sticken und stricken und nähen – das alles mochte ich sehr. Heute noch gibt es diese große Tischdecke, die ich mit den verschiedenen Sticharten verziert habe. Kreuzstich, Stengelstich, Plattstich. Und ein Kissen aus grob gewebtem Leinen, dessen Muster ich selbst entworfen hatte. Bestickt mit dickem Garn, in großen braunen, orangenen und schwarzen Kreuzstichen. Beim Stricken brauchte man Geduld. Wenn man irgendwo einen winzigen Fehler machte, musste man alles auftrennen und wieder von vorne anfangen.

Meine Mutter hatte eine Nähmaschine, und sie verwandelte ihre alten Sachen oft in Kinderkleider für mich. Als ich dreizehn war, habe ich mir auf dieser Nähmaschine meine berühmte Caprihose genäht, eine Dreiviertelhose mit Schlitz an der Seite, hellblau, aus Popeline, und dazu eine rosafarbene Bluse, mit diesem U-Boot-Ausschnitt – das war meine allergrößte Tat. Damit sah ich aus wie Brigitte Bardot.

Oder so ähnlich.

Sich schön anziehen – das war wichtig.

Diese hellblaue Capri-Hose, dazu die wahnsinnig schicke Bluse – die hatte ich in Zeitschriften gesehen. Als ich älter war, habe ich mir manchmal die französische »Elle« gekauft, da sah man Sachen, für die man hätte morden können. Zum Beispiel einfache, ärmellose Hemdchen, lilafarben – Tank-Tops heißen die heute. So etwas gab es damals nicht in Deutschland, also musste man sich das irgendwie selbst machen.

Das Gefühl für Proportionen habe ich wahrscheinlich durch meine vielen Kostümproben am Theater entwickelt. Es wurde alles entworfen und geschneidert und abgesteckt und abgewogen. Und ich wusste von Anfang an: Bei meiner Größe – ich bin ja klein, ich bin 1,60 Meter groß – sind die Proportionen das Allerwichtigste.

In Berlin zum Beispiel, am Theater am Kurfürstendamm, gab es eine junge Schneiderin, die großartig war. Ich erinnere mich, wie wir damals tage- und nächtelang ausprobiert haben, gerungen haben, ob der Rocksaum einen Zentimeter länger oder kürzer sein soll, die Jacke entsprechend ein bisschen länger oder kürzer, ob die Taschen höher oder tiefer aufgesetzt sein sollen. Alles musste exakt an mich angepasst werden: die Größe eines Kragens, die Größe der Knöpfe wurden diskutiert, Manschetten oder nicht, wenn ja, wie breit, wie schmal, alles wurde bedacht und besprochen und am Ende stimmte alles. Immer ging es um die richtigen Proportionen, um Ausgewogenheit.

Ich mag es auch, Dinge zu behalten. Ich mag es nicht, sie wegzuwerfen. Dieser schreckliche Faltenrock zum Beispiel, den mir meine Mutter für meinen ersten Schultag in Passau genäht hatte, wurde wirklich genutzt. Ein wertvoller Stoff, schottisches Karo, rot-grün-blau-gelb kariert. Aber eben wahnsinnig dick und als Faltenrock wirklich nicht geeignet. Später in München habe ich ihn aufgetrennt und mir daraus ein ärmelloses Mantelkleid mit Reißverschluss genäht. Ich trug es über Jeans und Pullover – das war unglaublich chic. Und noch später wurde daraus ein warmes Futter für meinen Trenchcoat.

Fritz, mein erster Freund, hatte mit seinem Vater auf der Jagd im Schwarzwald einen Fuchs geschossen und mir das Fell geschickt. Eine Trophäe. Aus dem Fell ließ ich mir beim Kürschner einen Fuchskragen machen und nähte ihn auf den Trenchcoat. Und weil der Kragen auf dem dünnen Trenchcoat zu schwer wirkte, musste ich das dicke Futter einnähen. Dann war es perfekt.

Faltenrock, Mantelkleid, Futter – Recycling.

»Gib acht auf die Straß'n – kunnst leicht dein Leben laß'n«

Burghausen war die Stadt mit den vielen Schulen: Humanistisches Gymnasium, Oberrealschule, Mittelschule, zwei Volksschulen, Priesterseminar. Und die Fahrschüler aus den umliegenden Orten kamen jeden Morgen mit dem Zug auf dem Bahnhof in der Neustadt von Burghausen an. Hier musste ich die Zeitungen abholen für das Geschäft meiner Mutter, das war ein unglaubliches Spießrutenlaufen. Um ins Gymnasium zu kommen, konnte ich die Hauptstraße oder auch den kleineren Burgberg hinunter in die Altstadt laufen. Oder mit meinem geliebten Fahrrad nach unten sausen. Auf dem Schulweg über die Hauptstraße kam ich am Priesterseminar vorbei und stellte mir vor, dass die armen Jungs dort an den Fenstern kleben, sich die Augen aus dem Kopf schauen würden und nicht wüssten, was sie machen sollten.

Manchmal muss ich lächeln, wenn ich daran denke, wie ich mich damals mit gesenktem Blick durch Burghausen bewegt habe. Ich glaube, dass es darum ging, nicht beobachtet zu werden, all diese Blicke abzuwehren, denen ich ausgesetzt war. Ich wollte nicht dauernd angeschaut und aufgesaugt werden.

In dieser Zeit habe ich mich auch sehr geschämt wegen meiner vorstehenden Eckzähne. Das war ein richtiger Komplex, den hatte ich von meiner Mutter übernommen. Ich hütete mich davor zu lachen, damit man die Hauer nicht sieht – ich schaute immer mürrisch drein.

Trotzdem war ich eitel und wollte irgendwie schön sein. Ich war sehr stolz auf mein dunkel- bis kastanienbraunes Haar –

immer noch gelockt zwar, ich versuchte oft verbissen, es auf einigermaßen glatt zu trimmen – und ich pflegte es sorgfältig oder andächtig mit den geheimen Hausmitteln meiner Oma: eine Rizinusöl-Packung, die nur mit Eigelb emulgiert und dann ausgewaschen werden konnte, eine Spülung mit Rosmarintee für den rötlichen Glanz und Bier als Haarfestiger. Da alle Mädchen in meiner Umgebung diese Hausmittel kannten, waren sie natürlich nicht geheim. Für blonde Mädchen musste die Spülung aus Kamillentee sein.

Schön wollte ich also schon sein, aber ich wollte mich eigentlich nicht zeigen, ich habe es denen nicht gegönnt. Deshalb war ich auch nicht gerne in unserem Geschäft. Wenn, dann saß ich hinten in einem Nebenraum, um all die Comichefte zu lesen, die es damals gab: Tarzan, Prinz Eisenherz, Flash Gordon, Donald und Dagobert Duck, die ganze Entenhausener Familie. Micky Mouse mochte ich nicht so gerne, außer Goofy.

Ich liebte den Geruch von frischen Heften, Büchern und Zeitungen. Wenn ich vorne im Laden war, gab es immer einen Auflauf. Dann kamen die Jungs angerannt und wollten irgendetwas kaufen.

Die Schulwege waren für mich verhängnisvolle Abenteuer. Auch da wieder diese Lustangst, weil ich so oft einen Tick zu spät dran war – das ist das Drama meines Lebens, dieses ewige Ein-bisschen-zu-spät-dran-Sein. Es ist wie ein Zwang.

Gefährlich aber war es, wenn ich rechtzeitig dran war, denn dann hatte ich keine Eile, in die Schule zu kommen. Dann bin ich meistens total zu spät gekommen, weil ich ja so viel Zeit hatte, um herumzutrödeln.

Es gab diesen Strom von Fahrschülern von der Neustadt in die Altstadt, und wenn man pünktlich war, lief man mit in diesem Strom; dann war alles in Ordnung. Aber ich ließ mich so gerne ablenken, scherte aus dem Strom aus, blieb an jeder Ecke, an jedem Gartentor stehen, schaute mir die Blumenstauden an und die bunten Glaskugeln und dachte: Hier will ich wohnen.

Oder ich hockte an einem Zaun und da schauten gerade die Fliederbüsche und die verzauberten Akeleien heraus. Und ich träumte mich ganz klein, so als wäre ich eine Ameise oder eine winzige Fee, und die schwankenden Akeleienkelche über mir wurden meine Paläste. Oder das Moos. Ich dachte mir, nächstes Mal nehme ich eine kleine Schaufel mit und grabe dieses Moos aus, zu Hause grabe ich es wieder ein und mache mir eine Landschaft daraus, eine riesige Landschaft, Hügel, Berge – ganz groß – wenn ich mich klein machte. Oder ich lag unter einem Baum und schnitt mir mit den Augen den durchscheinenden Himmel aus – und so hatte ich einen Baum aus blauen Himmelstücken.

Dann kam dieser Moment, wo ich merkte, dass der Strom der Fahrschüler aufgehört hatte, es war auf einmal so still. Ich rannte los wie verrückt und schlich atemlos und schwitzend durch die hohen Gänge des Gymnasiums und auch hier war es so unheimlich und still, weil der Unterricht schon angefangen hatte. Und ich dachte mit klopfendem Herzen: Ich geh da jetzt rein und sage, tut mir leid, meine Mutter ist krank, ein Unfall oder irgendwas. Aber das traute ich mich nicht, aus Aberglaube, und weil ich ja sowieso dauernd so ausgestellt war durch meine vielen Schulwechsel.

Ich war die, die ausgestellt war, ein Ausstellungsstück. Ich stand vorne an der Tafel und immer wurde gesagt: Das ist sie jetzt, die Neue. Schrecklich war das.

Deshalb stand ich jetzt in diesen stillen Gängen und überlegte mir: Also gut, ich warte jetzt die erste Stunde auf dem Klo, überlebe sie da, geh zur zweiten Stunde rein in die Klasse und erzähle eine ungeheuerliche Geschichte. Wenn man eine ganze Stunde zu spät kommt, könnte man ja sagen, zu Hause ist ein Feuer ausgebrochen oder so was Ähnliches. Irgendetwas Großes könnte man da erzählen.

Oder ich ging gleich wieder auf meine Wege zurück. Das nannte man dann Schuleschwänzen. Ich hatte ja so viel Auswahl, ich konnte auf so vielen verschiedenen Wegen von zu

Hause in die Schule gehen oder von der Schule zurück nach Hause.

Ich konnte direkt von der Neustadt wie alle anderen auf der großen Straße den Ludwigsberg in die Altstadt runtergehen, vorbei am Priesterseminar.

Oder ich konnte den kleinen, steileren Berg mit dem huckeligen Kopfsteinpflaster an der Burg entlang hinunterspazieren. Das war natürlich viel schöner, weil es viel wilder war und man an den Burggemäuern vorbeikam und weil man die schönen Ausblicke auf die Salzach hatte.

Aber es gab auch noch den Weg direkt über die Burg. Das war für mich der allergefährlichste, denn so kam ich nie in der Schule an. Wenn man von der Neustadt nicht den Berg hinunter, sondern oben rechts beim Gasthof Glöckelhofer geradeaus auf das Burggelände ging und dann weiterlief auf der Burgstraße – vorbei an den verwunschenen Gärten mit den Feuerlinien, vorbei an dem alten Uhrturm mit der großen Sonnenuhr, die die Zeit so viel schöner anzeigte –, dann stand man nach ungefähr einem Kilometer vor der stolzen Hauptburg. Hier konnte man links über mittelhohe Burgzinnen oder von den kleinen Aussichtsbänken aus den Stadtplatz der Burghausener Altstadt mit den bunten italienischen Fassaden überblicken – und die Salzach, wie sie sich direkt an den Stadthäusern vorbeischlängelt; bis nach Ach konnte man schauen, das in Österreich liegt.

Wenn man sich rechts hinunterbeugte über die Zinnen, konnte man da unten, angeschmiegt an die steilen Abhänge, genauso lang gezogen wie die Burg, den Wöhrsee liegen sehen, dunkel moosgrün und weich schimmernd wie ein Juwel.

Und wenn ich einfach stehen blieb und so tat, als sähe ich alles zum allerersten Mal, und wenn ich dann ganz langsam meinen Kopf nach links drehte, blickte mir plötzlich die riesige Zwiebelkuppel der Stadtpfarrkirche mitten ins Gesicht. Das ist ein großer, freudiger Schreck. Ich bin direkt auf einer Höhe mit ihr, mit dieser überdimensionalen, zweifachen Zwiebel, auf der großen noch eine kleinere, ein merkwürdig verschobenes Bild wie in einem Zeichentrickfilm. Und ich bin wieder Alice im Wunderland.

Und wenn man sich von all der Schönheit erholt hatte, dann konnte man auf mehreren verwilderten Wegen über steile Treppen nach unten gehen und landete in der Altstadt. Entweder in der Mitte des Stadtplatzes, bei den Ankerlichtspielen, oder an der Stadtpfarrkirche. Und weil es mir immer wieder so ein schönes Schaudern bereitete, machte ich meistens noch einen kleinen Schlenker, vorbei am Durchgang zur engen Gasse *In den Grüben*. Hier starrte ich jedes Mal gebannt auf die riesige Freskenmalerei auf den zwei Stockwerken über dem Durchgangsbogen: Ein Bauer im grünen Janker liegt verletzt unter den Hufen seiner scheuenden Ackergäule, die, noch im Geschirr des umgestürzten Karrens, die Flucht ergreifen. Der Tod, ein überlebensgroßes, erstaunlich lebendig wirkendes Skelett in einem rostroten Mantel, den Schlapphut mit Feder schräg auf dem Schädel, greift mit seiner Knochenhand fest nach dem Arm des Bauern. Mit der linken hält er die Sense hoch.

Und darunter, in sorgfältig gemalten Buchstaben der drohende Spruch: »Gib acht auf die Straß'n, kunnst leicht dein Leben laß'n.«

Wenn ich mich jetzt noch getraut hätte, ins Gymnasium zu gehen, hätte ich durch die ganze Altstadt laufen müssen, in der es so viele Schulen gab und Menschen und Eltern. Aber wenn ich mit dem Schulranzen vormittags da herumlief, war ich ein Alien, dann war ich die Außenseiterin. Alle Leute, die mich gesehen hätten, hätten gewusst, dass ich Schule schwänze. Also musste ich mich auf meinen Schleichwegen bewegen, in der Stadt konnte ich mich nicht blicken lassen. Ich musste mich verstecken, bis die Schule zu Ende war, dann erst konnte ich wieder nach Hause trödeln.

Ich war im Wacker-Burghausen-Schwimmverein. Wir trainierten im Freibad in der Neustadt, einmal sind wir sogar zu einem Wettkampf nach München gefahren. Es war eine kurze schöne

Zeit der Gemeinschaft. Schwimmen war überhaupt das Schönste. Im Winter trafen wir uns zum Trockentraining. Das war natürlich eine Gelegenheit, dass die Jungs und Mädchen sich angefasst haben, ohne dass es zweideutig war. Obwohl: Zweideutig war es schon, das war ja das Besondere daran, aber in diesem Rahmen waren wir geschützt. Es waren ja nur Turnübungen.

Überhaupt haben wir all diesen kleinen Gelegenheiten, sich zu treffen, entgegengefiebert. Einmal gab es im Gasthof Glöckelhofer ein Fest für die Jugendlichen des Schwimmvereins. Obwohl ich gar nicht von Jugendlichen sprechen kann, wir waren noch Kinder, 12, 13 Jahre alt. Alle waren furchtbar nervös: Mit Hilfe meiner Mutter hatte ich mir für diesen Abend ein besonders hübsches Kleid genäht. Und ich besaß »Bella Nussy«, eine kohlrabenschwarze, klebrige Wimperntusche aus der Tube. Als ich die Wimperntusche kaufte, habe ich mich geschämt und gesagt, sie sei für meine Mutter. Make-up hatte ich natürlich keines, es gab keine Schminke für junge Mädchen. Für mich war das schrecklich, weil ich immer so blühende rote Backen bekam, wenn ich aufgeregt war. Da sah ich dann so bäurisch aus und das mochte ich überhaupt nicht. Ich wollte lieber zart und blaß und ätherisch aussehen.

Während des Festes drückte ich mich die meiste Zeit auf dem Klo herum und versuchte meine glühenden Wangen an den kalten Fliesen zu kühlen. Wenn ich abgekühlt war, wurde ein bisschen getanzt und rumgestanden und gekichert. Es war ein ganz und gar harmloser Abend.

Noch ein anderes wichtiges Fest gab es in dieser Zeit: das Seefest. Auf dem Wöhrsee wurde eine kleine Insel aufgebaut: die Seefestspiele am Wöhrsee. Wir Mädchen aus dem Schwimmverein übten schon fleißig den Tanz der Seejungfrauen, die Kostüme wurden genäht. Ich sollte eine Seejungfrau spielen! Ich war begeistert – und dann kam plötzlich das Verbot vonseiten des Gymnasiums. Die Schulleitung fand, es würde sich für eine Gymnasiastin nicht gehören, als Seejungfrau auf dem Wöhrseefest aufzutreten.

Wo war eigentlich mein Zuhause? Neuötting, Passau, München, Burghausen – ich habe mich nirgendwo richtig daheim gefühlt. Ich war immer auf der Durchreise. Wenn ich manchmal ein Auto mit einem Münchener Kennzeichen sah, dachte ich: Irgendwann werde ich auch in München sein. Ich werde nicht hierbleiben. Ich bin auf dem Sprung.

Bibi und Gigi fragten mich immer, wie ich dieses Internatsleben überleben würde, wie ich es aushalten würde, immer wieder an einem anderen Ort zu sein. Sie konnten sich überhaupt nicht vorstellen, einen Schritt von zu Hause wegzugehen, sie wussten schon in der fünften Klasse, dass sie Lehrerinnen werden wollten. Das sind sie dann auch geworden. Irgendwie haben sie mich bewundert, aber sie haben mich auch bedauert. Und ich fühlte mich ihnen fast ein wenig überlegen, weil ich schon so viel herumgekommen war. Andererseits beneidete ich sie um ihr Zuhause, ihre stabile Familie und ihren geraden Weg.

München war für mich die große weite Welt. Da wollte ich hin. Nicht um Schauspielerin zu werden, daran habe ich nie gedacht. Ich wollte aus diesem Nest raus. Ich hatte das Gefühl, dass unsere Familie in Burghausen viel zu sehr beobachtet war, dass es viel zu viele Geschichten gab, Vermutungen, Munkeleien, Klatsch und Tratsch, nicht zuletzt wegen meiner Mutter und ihrem Freund. Es war so eine unordentliche Zeit, die natürlich auch mit der Unordnung in meiner Mutter zu tun hatte, sie wusste nicht mehr ein und aus. Irgendwie wollte ich da weg. Ich wollte für mich sein.

Ich hatte ja mein ganz eigenes Leben: die Schule, meine Spaziergänge, mein Zimmer zu Hause – das war mein Reich, da durfte niemand rein. Ich war ziemlich viel mit mir allein. Ich war nicht so oft mit Erwachsenen zusammen. Das Wohnzimmer gehörte meiner Mutter, da hatten wir Kinder nichts zu suchen. Ich wollte immer so gerne die ganz frühen Kinderfotos mit Manfred und meinem Vater sehen, aber die hatte meine Mutter weggesperrt, richtig behütet. Die habe ich alle erst gesehen, als sie tot war.

Auch wenn ich gar nicht mehr weiß, was das eigentlich für Dinge gewesen sein sollen, für die wir bestraft wurden, mein Bruder Berndi und ich – es kam schon vor, dass meine Mutter uns geschlagen hat. Dass sie den großen, hölzernen Kochlöffel aus der Schublade geholt hat. Obwohl die Schläge wehtaten, wenn sie uns erwischt hatte, musste ich innerlich immer lachen, weil ich die Sache so lächerlich fand. Völlig verrückt, dass das früher üblich war, Kinder mit einem Kochlöffel zu schlagen, wir waren ja kein Einzelfall.

Natürlich haben wir versucht, ihr davonzulaufen. Ich kann mich an richtige Dramen in unserer Küche erinnern! Wenn meine Mutter meinen Bruder Berndi wegen irgendetwas bestrafen wollte, bin ich gleich zur Schublade mit den Kochlöffeln gerannt und habe sie zugehalten, um ihn zu schützen. Allerdings hat sie dann oft mich erwischt.

Berndi – er war immer mein kleiner Bruder, immer. Fast drei Jahre jünger als ich, hat er mich zur großen Schwester gemacht, das wollte ich gar nicht, damit war ich überfordert. Denn eigentlich war ich ja die kleine Schwester. Es war ziemlich hart. Als er klein war, war er so still und so süß und rund und lieb, aber er hing halt immer an mir dran. Ich musste immer auf ihn aufpassen. Ohne meinen Vater wusste ich so lange nicht, was ich tun sollte. Um ein bisschen Ordnung herzustellen, habe ich halt die große Schwester gespielt. Oder gelernt.

Und weil ich eben die große Schwester war, war ich natürlich auch streng und böse, Berndi stand total unter meiner Fuchtel. Manchmal haben wir uns richtige Schlachten geliefert, ich wollte, dass er pariert: Er lief um den Tisch herum, ich rannte hinter ihm her und schrie: »Du kommst jetzt zu mir!«, und wollte ihm eine Ohrfeige verpassen. Das Problem war nur, dass er eines Tages größer und stärker war als ich. Er kam einfach nicht mehr, so wie ich das wollte, er lief mir einfach davon.

Wir beide hatten kein gemeinsames tägliches Leben. Nur manchmal in den Ferien. Ich war von Anfang an fast nur im Internat und Berndi kam nach unserem Umzug nach München in ein Internat zu den Benediktinern in Schäftlarn. Ein paar Mal habe ich ihn dort besucht. Da gab es dann einen ziemlichen Aufruhr. Jugendliche Zöglinge in einem Benediktinerkloster. Ein bisschen kam ich mir vor wie meine eigene Mutter, als sie mich im Internat in Passau besucht hatte. Ich war inzwischen 18, stand schon in meinem Beruf, war die große Schwester und fast schon ein bisschen berühmt.

Wir sind uns sehr vertraut, Berndi und ich. Ohne dass wir sehr viel über unsere Kindheit gesprochen haben, wissen wir auch ohne Worte, dass wir beide etwas sehr Trauriges durchgestanden haben. Ich glaube, er war genauso einsam wie ich.

I don't know anything

In meinem letzten Sommer in Burghausen musste ich in den großen Ferien Griechisch und Latein nachlernen, um weiter auf dem Gymnasium zurechtzukommen. Ich musste dauernd Schulstoff nachholen, weil ich immer wieder in unterschiedlichen Schulen war.

Aber ich war ehrgeizig, richtig besessen vom Lernen – also verbrachte ich die ganzen Sommerferien mit meinen Schulbüchern in meinem Zimmer oder ich lag unten am Wöhrsee und habe versucht, alles das zu bewältigen. Ich habe mich unglaublich bemüht.

Natürlich hatte ich auch Nachhilfeunterricht bei unserem Lateinlehrer. Für mich war er ziemlich alt, wahrscheinlich war er Mitte 30. Er hatte etwas Fleischiges, sein Gesicht war immer gerötet und seine dicken Finger feucht. Da saß ich dann mit ihm, im heiligen Wohnzimmer meiner Mutter. Eigentlich komisch: Wieso sagt man Wohnzimmer? Da wohnte niemand. Es war nur ein kaltes Zimmer, das besonders schön aufgeräumt war. Hier hatte ich also Nachhilfeunterricht in Latein und Griechisch und mein Lehrer hat mich immer wieder angetatscht. Angetatscht.

Das Ungeheuerliche war, dass ich so tat, als würde ich es nicht bemerken, als würde ich es nicht wahrnehmen. Ich habe mich tot gestellt. Man durfte es nicht wahrnehmen. Ich habe auch nie gewagt, darüber zu sprechen. Entsetzlich, dass man über so etwas nicht sprechen konnte. Ich war wie versteinert.

Als das neue Schuljahr anfing, sind wir Hals über Kopf nach München gezogen: Es kam ganz plötzlich. Wir waren von heute auf morgen weg. Ich kann mich an keinerlei Vorbereitungen erinnern, auch nicht an die Auflösung des Geschäfts. Ich habe nur gespürt, dass etwas Dramatisches passiert war. Oder dass meine Mutter wirklich kein Geld mehr hatte. Auch ihr Freund war weg. Sie hat nicht mit uns gesprochen, hat uns nichts erzählt. Aber es war eigentlich egal, der Umzug war wieder etwas Neues. Als Kind ist man da so ergeben.

Wir saßen vorne in einem kleinen Lastwagen, meine Mutter, mein Bruder und ich. Und meine kleine Katze Muschi – natürlich hieß sie Muschi –, die mir irgendwann zugelaufen war. Wir fuhren nach München, mit ein paar Koffern und wenig Möbeln. Traurig war ich nur wegen der Katze, die mir während der Fahrt weglief, als wir unterwegs mal anhalten mussten. Zwei Stunden haben wir nach ihr gesucht, aber wir haben sie nicht gefunden.

In München kamen wir bei Bekannten meiner Mutter unter. Sie wohnten mitten in der Stadt, in einem Jugendstilhaus in der Prinzregentenstraße im fünften Stock, und stellten uns ein Zimmer in ihrer großen Wohnung zur Verfügung. Zwei Klappbetten standen darin, tagsüber wurden sie fein säuberlich weggeräumt und abends wieder ausgeklappt. Nach einem halben Jahr des Übergangs hatte meine Mutter dann eine eigene Wohnung für uns gefunden.

Vom Gymnasium war überhaupt nicht mehr die Rede. Meine Mutter wollte, dass ich schnell einen Beruf erlerne, und schickte mich auf die Handelsschule, um die Ecke der Prinzregentenstraße. Für mich war das das Ende, ich verweigerte mich total. Irgendwie wollte ich nicht mehr. Ich war gekränkt und beleidigt, dass ich nicht weiter auf eine höhere Schule gehen durfte, dass ich nicht mehr lernen durfte. Auch an meinem geliebten Geigenunterricht im Trapp'schen Konservatorium in der Ismaninger Straße durfte ich bald nicht mehr teilnehmen, weil meine Mutter ihn nicht mehr bezahlen konnte. Die Geige war von meinem Vater. Meine Mutter sagte immer: »Dein Vater konnte so schön Geige spielen, dass die Leute auf der Straße stehen geblieben sind.«

Ich habe ihn leider nie spielen gehört. Später bekam ich seine Geige, seine Notenhefte, seine Libretti und viele Reclamheftchen.

Jetzt kam es mir so vor, als würde mit unserem Umzug nach München alles zerbröseln. Ich saß in dieser Handelsschule herum, nahm am Unterricht kaum teil und fühlte mich unterfordert. Ich hatte keine Lust mehr. In vielem war ich weiter als die anderen, zum Beispiel auch in Englisch. Ich weiß noch, dass ich eines Tages bei einer Englischarbeit meinen Zettel abgab, auf dem nichts anderes stand als *I don't know anything*. Diesen Zettel hat meine Mutter lange aufgehoben.

Ich habe mich überall eingefunden und es wäre schön gewesen, wenn ich einmal irgendwo hätte bleiben können. Als ich nach dem dritten Internat und der dritten höheren Schule, von der jede einen völlig anderen Unterrichtsplan hatte, wieder zurück nach Burghausen und dort ins Humanistische Gymnasium kam, hatte ich das Gefühl, dass etwas zusammenbricht. Obwohl ich mich in dem letzten Sommer so unglaublich bemüht hatte, alles nachzulernen, und bereit war für die nächste Klasse, spürte ich, dass alles auf einen Punkt zusammenlief, an dem nichts mehr weiterging. Der Umzug nach München war wie eine Flucht, ein Aufbruch.

Trotzdem war es dann wieder gut in München, da war alles groß und fremd, da konnte man sich wieder neu einfinden. Dort waren wir auch nicht so beobachtet und beurteilt, nicht so festgelegt und bekannt, man konnte sich neu entwickeln.

München war für mich wie ein großer Wald. Im Wald kannte ich mich aus. Durch die Wälder war ich ja früher auch gelaufen und hatte mich zurechtgefunden. Kümmernis und Klausen, Ach und Weh, die Tümpel und die Flüsse, die Felder und die Wiesen – das konnte ich mir alles groß oder klein denken, so wie ich es wollte. Die Großstadt hat mich nicht erschreckt, das war wie ganz großes Ausland. Und wenn ich zu meiner Oma nach Neuötting fuhr, kam ich mir vor wie der Besuch aus Amerika.

Ich frage mich, wann ich anfing, nicht mehr dieses unbändige, ungebändigte, wilde Kind zu sein. Denn als Kind hatte ich vor nichts und niemandem Angst. *Gefürchtet* habe ich mich vielleicht: wenn ich mit dem Fahrrad in ein Gewitter geraten war, wenn es dunkel war, wenn ich von den Klosterfrauen zurechtgewiesen wurde, weil ich nachts auf die Toilette schlich, wenn ich zu spät zur Schule kam und alle Gänge schon leer waren. Aber wirkliche Angst hatte ich nicht.

Ich hatte immer das Gefühl, ich könnte alles, oder ich könnte alles lernen. Aber mit all den Schulwechseln wurde mit der Zeit mein Sicherheitsgefühl angeknackst. Mir wurde bewusst, dass ich immer hintendran war, dass ich das alles gar nicht mehr aufholen konnte, dass ich von hier ein bisschen was wusste, von dort ein bisschen was, und dass sich alles immer schlechter zusammenfügen ließ. Am Anfang fand ich das noch ziemlich lustig, ich kam ja schließlich immer von woanders her. Aber mit der Zeit wurde ich unsicherer und vorsichtiger. Da wuchs die Ahnung, dass ich den Anschluss verliere. Es war unangenehm, in der Griechischstunde zu sitzen, fast nichts zu verstehen, und meine Mutter musste den Nachhilfeunterricht bezahlen.

Auch wenn ich zu stolz war, es zuzugeben: Ich bekam Versagensängste. Und mir wurde klar, dass ich nie mehr so gut werden kann, wie ich hätte sein wollen. Ich begann, die anderen Kinder aus Burghausen zu beneiden, die an einer Schule geblieben waren und ihren geraden Weg gehen konnten. Und ich fing an, die ständigen Sorgen meiner Mutter wahrzunehmen, die so mühsam versuchte, das Geld für uns zu verdienen. Es war längst sichtbar, aber ich hatte das wahrscheinlich verdrängt. Ich hatte immer noch gedacht, ich könnte ihr helfen, indem ich für mich selbst so wenig wie möglich brauche.

Während der Zeit auf der Handelsschule suchte ich mir dann diese kleinen Jobs, um meine Mutter zu unterstützen. Zeitungen austragen, so etwas. Und irgendwann – ich weiß nicht mehr, wie ich dazu gekommen bin, es ist merkwürdig, fast schicksalhaft – arbeitete ich in einem kleinen Betrieb für Fernseh- und Filmtitelgestaltung. Wir sagten damals, wir haben Titel geklebt. Eine pingelige Arbeit: Man musste mit einer Pinzette Buchstaben aus dünnem Plastik auf Folien legen, die dann abgefilmt wurden. Das waren die Titel für Vor- und Nachspann der Filme. In diesem Betrieb, der ziemlich weit draußen lag – eine Stunde war ich mit der Straßenbahn unterwegs –, habe ich auch meine ersten Erfahrungen mit Synchronarbeit gemacht. In diesem Studio wurde unter anderem »Viridiana« von Luis Buñuel oder »Wilde Erdbeeren« von Ingmar Bergmann synchronisiert. Ich war begeistert. Ich durfte dabei sein, habe die Filme gesehen, mein Job war es, die Textlisten zu ordnen und abzutippen – und in »Wilde Erdbeeren« durfte ich eines der kleinen Mädchen sprechen. Meine erste Begegnung mit der Welt des Filmemachens.

Wir waren gerade in München angekommen, da kaufte mir meine Mutter mein erstes »schönes« Kleid. Es war ein dunkelblaues Satinkleid, das sehr fein aussah. Aber eigentlich war es ziemlich scheußlich. Es war mein gutes Kleid. Dazu bekam ich meine ersten Stöckelschuhe. Keine wirklich hohen Schuhe, sie hatten nur einen kleinen Absatz.

Ich war aufgeregt, habe sie sofort angezogen und konnte kaum darin laufen, ich musste mich am Arm meiner Mutter abstützen. Wir haben auf der Kaufinger Straße lange geübt, vom Marienplatz bis zum Stachus und wieder zurück.

Diese ersten hohen Schuhe und dieses blaue Kleid ...

Schuhe waren schon immer etwas Besonderes. Als ich noch klein war, bekam ich irgendwann besonders schöne. Ich habe sie nie vergessen. Sie waren flach und aus rotem und weißem Leder. Ich habe sie gehegt und gepflegt, ich trug sie nur zu Ostern, mit weißen Kniestrümpfen.

Ostern war eine komische Zeit. Wenn Ostern war, fing der Frühling an, egal, wann. Und man hatte die leichten Kleider anzuziehen, und die Kniestrümpfe. Es war immer zu kalt und ich habe immer gefroren. Ab Ostern trug man einfach keine Winterkleidung mehr. Es war aber auch eine große Erleichterung, weil ich die scheußliche, dicke Unterwäsche, die ich im Winter immer anziehen musste, wegpacken konnte. Halb lange, hellrosa und hellblaue dicke Unterhosen und Unterhemden, außen glänzend wie Satin, innen weiches Zeug, weich aufgerauht: Bleyle-Unterwäsche, die Liebestöter. Ich sah darin fürchterlich pummelig aus.

Diese dicke Unterwäsche hat mich meine ganze Kindheit begleitet. Ich erinnere mich, wie ich mit meiner Freundin Bettina im Internat in Neuötting Ballettübungen machte. Wir waren sehr gelenkig und übten ständig Brücke, Kopfstand und Handstand und vor allem Spagat, am Boden und an die Wand. Ich war gerade dabei, mein Bein hoch an die Wand zu biegen, da sagte Bettina plötzlich: »Du hast ein Loch in der Hose.« Ich klappte vor Schreck zusammen, weil ich mich so schämte. Ich sagte empört: »Nein, das stimmt nicht.« Und sie: »Doch, ich habe es gesehen.« Und ich – obwohl ich von dem Loch in der Unterhose wusste, direkt in der Mitte zwischen den Beinen: »Nein, du lügst, das ist nicht wahr.« Das war unsere erste große Krise. Wir waren im Streit, vier Wochen lang – es ging dauernd hin und her. Irgendwann sagte Bettina: »Wenn du nicht endlich zugibst, dass du ein Loch in der Hose hattest, dann sage ich, dass du die Schokolade geklaut hast.« Das war ziemlich gemein, weil sie von der Sache mit der Schokolade nur wusste, weil ich sie mit ihr geteilt hatte.

Ob ich das Loch in der Unterhose jemals zugegeben habe, weiß ich nicht mehr.

Diese Zeit mit dem blauen Kleid und den halb hohen Schuhen – das war eine Zwischenzeit. Ich war nicht Fisch und nicht Fleisch, ich war einfach ein etwas pummeliges 14-jähriges

Mädchen, das am Arm der Mutter durch München spazierte wie früher mit der Oma durch Neuötting.

Sonntagnachmittags gingen wir manchmal zum Tanztee. Für mich war es ziemlich langweilig, es war wohl eher für meine Mutter schön. Sie wollte Bekanntschaften machen. Ich saß da in meinem blauen Kleid und habe mir die Leute angeschaut. Ich hatte das Gefühl, dass ich gar nicht da bin, dass ich eine andere bin. Ich weiß gar nicht mehr, ob ich getanzt habe. Wahrscheinlich nicht.

Sonst trug ich natürlich meine Jeans, die ich mir sorgfältig zurechtgenäht hatte. Immer wenn sie ein bisschen ausgeleiert war, habe ich sie angezogen, mich in die heiße Badewanne gelegt und sie anschließend am Körper trocknen lassen – das haben damals alle gemacht. Sie war dann so eng, dass ich kaum atmen konnte.

Meine geliebte Oma starb, als ich siebzehn war. Mein Opa starb viele Jahre vor meiner Oma. Wahrscheinlich war es eine Erlösung für ihn, weil er schon so lange so krank war. Ich kann mich einfach nicht an seinen Tod erinnern.

Vielleicht hat es auch mit dem Glauben meiner Oma zu tun, dass ich mich gegen den Tod nicht so aufgebäumt habe.

Ich mochte es so gerne, wie meine Oma an Gott glaubte. Mein Katholischsein habe ich durch meine Oma ganz anders erlebt. Mit ihr ging ich am liebsten in die Kirche. Zu Hause in Burghausen sind wir auch jeden Sonntag in die Kirche gegangen. Aber dort war der Kirchgang für mich ein Spießrutenlaufen, nicht nur der Weg zur Kirche, auch in der Kirche selbst. Die Kinder und Jugendlichen mussten immer ganz nach vorne, die Mädchen setzten sich zu den Mädchen, die Jungs zu den Jungs. Die Erwachsenen standen weiter hinten. Und so kam man sich so ausgestellt vor, wie auf einer Bühne zur Schau gestellt. Manchmal war es unangenehm, manchmal auch ganz schön, sich im Sonntagsstaat zu zeigen. Man zog sich ja besonders schön an für den Kirchgang am Sonntag.

Mit meiner Oma war das anders. Am schönsten war die Maiandacht. Mai: Der kühle Geruch von Frühling lag in der Luft, die Tage wurden länger und heller, überall standen die Jungs herum – und ich ging am Arm meiner Oma in die Kirche. Das war wieder so eine Gelegenheit, einfach zu gucken und sich trotzdem sicher zu fühlen.

Meine Oma hatte einen so praktischen, natürlichen Glauben. Wie sie in die Kirche ging, wie sie betete, mit einer Inbrunst und ihrem wunderbaren, direkten Glauben. Trotzdem war sie ganz pragmatisch. Das war wohltuend und schön, das mochte ich sehr. Innig und unerschütterlich glaubte sie an Gott. Und ich mit ihr. Deshalb konnte uns überhaupt nichts passieren. Wir hatten keine Angst, wir hatten keine Not. Meine Oma nahm alles an, ohne Widerstand. So hatte sie sich das Leben ein bisschen leichter gemacht.

Als sie gestorben ist, habe ich wahrscheinlich zum ersten Mal bewusst getrauert. Meine Mutter sagte mir, dass Oma einen Schlaganfall hatte. Ich bin sofort mit dem Zug von München nach Neuötting gefahren, allein, ohne meinen Bruder, aber auch ohne meine Mutter. Merkwürdigerweise habe ich das damals einfach so hingenommen, dass meine Mutter nicht mitkam. Ich habe nicht gefragt, ich war auch nicht böse. Ich habe es nicht verstanden, aber ich dachte, wenn ich da bin, ist es auch gut, meine Oma gehört sowieso mir.

Sie war im Krankenhaus und konnte nicht mehr sprechen. Sie lag in einem Zimmer neben einer anderen Frau, einer Verwirrten, die ans Bett gefesselt war und dauernd schrie oder brabbelte. Meine Oma konnte nicht mehr sprechen und wollte mir dauernd etwas sagen. Sie versuchte mir etwas aufzuschreiben, aber auch das konnte sie nicht mehr. Früher hatte sie mir oft gesagt: »Wenn du mal alt genug bist, werde ich dir einiges erzählen über unsere Familie.« Sie hätte mir sicher viel erzählen können.

Sie war ganz klein und zart und durchsichtig, ohne ihre Brille, ohne ihre Zähne. Eine Sterbende. Ich versuchte, sie vorsichtig zu kämmen und ihre dünnen, langen Haare zu einem Zopf zu flechten. Tagelang saß ich an ihrem Krankenbett und nachts schlief ich in ihrer kleinen, eiskalten Wohnung. Ich konnte den Ofen nicht anheizen, so wie sie. Obwohl mir alles so vertraut war, habe ich mich sehr gefürchtet, so allein. Jeden Morgen brachte ich ihr Sanostol mit und versuchte es ihr einzuflößen, Sanostol, dieser wunderbare süße Sirup mit Lebertran, den sie mir neun Jahre zuvor ins Klosterinternat mitgebracht hatte und von dem ich damals dachte, er sei mein Überlebenstrunk.

Nach ein paar Tagen ist sie gestorben. Sie war erst 74 Jahre alt, ich hätte sie noch so lange gebraucht.

Manchmal kann ich mich nur an Zustände erinnern, an Körpergefühle. Sehr oft nicht an konkrete Ereignisse. Und ich spüre, dass mein ganzes System einen unglaublichen Verdrängungsmechanismus in Gang gesetzt hat.

Mir fallen kleine Szenen ein, die ich auf dem Spielplatz beobachtet habe, als mein Sohn Dominik noch klein war. Mütter, die mit ihren Kindern geschimpft haben oder sie so ehrgeizig auf eine unangenehme Art angespornt haben. Ein Bild werde ich nie vergessen: Ein kleiner Junge, er war vielleicht fünf Jahre alt, weinte und schrie sich das Herz aus dem Leib, er schrie Mama, Mama, Mama, wollte sich verzweifelt an ihre Beine klammern – und sie schlug und schleuderte ihn weg, mit Beinen, mit Armen, immer wieder, lass mich in Ruh, geh weg. Und er rannte zurück zu ihr, jedes Mal, und flehte sie an, laut heulend, ihn nicht wegzuschicken, ihn doch bitte in den Arm zu nehmen.

Ich war so schockiert, dass ich nicht eingreifen konnte. Ich wollte nur weg. Es war schrecklich. Ich konnte mit meinem Herzen spüren, was mit diesem Kind passiert. Es wird sich nie mehr darin erinnern, wahrscheinlich, es war wie ohnmächtig. Aber diese Ablehnung wird später in ihm aufbrechen.

Rätselhaftes und Geheimnisvolles, Verschwiegenes und Verworrenes war um meine Familie. Etwas, das nicht aufgedeckt werden sollte. Das hatte ich immer im Gespür und lange Zeit fühlte ich mich fast sicher in diesen Geheimnissen. Ich wollte sie gar nicht lüften. Und deshalb habe ich niemals gefragt. Ich habe nicht gefragt, warum meine Mutter in Ungarn war. Warum war sie dort auf einer Hauswirtschaftsschule? Und stimmte das überhaupt? Ich habe nicht gefragt, warum die Eltern meines Vaters, also meine Großeltern väterlicherseits, nie bei uns waren und nach der Beerdigung meines Vaters einfach verschwunden sind. Warum kann ich mich nicht an sie erinnern? Ich musste sie doch gekannt haben davor. Es gibt so viele Fotos – wir im Salzburger Land –, aber da war ich noch ein Baby. Oder die Schwester meines Vaters Anni, so alt wie meine Mutter, die auch zwei Kinder hatte, einen Jungen und ein kleineres Mädchen, genauso alt wie Manfred und ich. Meine Tante Anni, mein Cousin und meine Cousine – wieso kenne ich sie nicht, wieso besuchten sie uns nicht in Burghausen oder wir sie in Salzburg? War die Salzburger Familie wirklich bei der Beerdigung meines Vaters in Burghausen? Bei der Beerdigung des Sohnes, des Bruders. Er wurde im selben Grab beigesetzt wie Manfred. Wo waren sie, als Manfred beerdigt wurde, ihr Enkelkind? Ich kann mich an nichts erinnern. Wie haben sie den Schmerz bewältigt, wie haben sie getrauert? Wo waren sie die ganze lange Zeit? Warum habe ich nie deutlich genug nachgefragt, wir wären doch eigentlich eine so große Familie.

Mein Herz tut weh.

Eine vage Erinnerung an den Versuch einer Nachfrage bei meiner Mutter: ein tot geborenes Kind, davor eine Fehlgeburt. Zwei Jahre, bevor sie Manfred zur Welt brachte. Zwei Söhne.

Als meine Mutter mir das erzählte, war ich so schockiert und beschämt von ihrem Schicksal, dass ich nicht weiter nachfragen konnte.

Nur sehr viel später der fassungslose Gedanke, wie meine Mutter das bewältigen konnte. Und manchmal die ungenaue, scheue Vorstellung, dass ich vor meinem kleinen Bruder Berndi – drei große Brüder hatte, beinahe. Und ich wäre die Prinzessin gewesen.

Ich habe auch nie gefragt, warum meine Mutter und mein Vater und oft auch die Schwester meines Vaters auf den Fotos so städtisch und elegant und so fremd aussehen in der bäuerlichen Umgebung meiner Oma. Ich habe nicht gefragt, was mein Vater im Krieg gemacht hat. Warum war er nie da? Warum spreche ich nicht Bayerisch? Ich kann es schon, aber ich spreche es einfach nicht, von Anfang an nicht, glaube ich.

Warum gehörten wir vielleicht alle da nicht hin, wo wir waren? Alle waren irgendwie versprengt von irgendwoher, an einen Ort, wo sie nicht hingehörten. Aber lange war mir das nicht bewusst und ich habe einfach in dieser Ungenauigkeit gelebt. Aber selbst fehl am Platz zu sein, selbst eine Fremde zu sein – dieses Gefühl kam erst später. Als kleines Kind fühlte ich mich am richtigen Platz.

Das versteckte Kind

Manchmal wird sie das Gefühl nicht los, dass sie sich all diese Figuren nur ausgedacht hat, die Oma, den Opa, die Mutter, den Vater, den kleinen Bruder, den toten Bruder. Dass sie alle zu einem Spiel aufgebaut hat. Während des Spiels aber oft die Zeiten verwechselt oder nicht richtig bedacht hat, woher diese Figuren eigentlich kommen und wohin sie wollen. So waren sie zwar alle da, aber sie passten nicht so recht in die Umgebung, zu den anderen oder zu ihr.

Besonders sie selbst war in einem falschen Spiel. Sie war immer gefährdet. Vor allem als sie noch ein Es war, ein Kind, ein Mädchen. Sie hatte nie ein eigenes Revier, in dem sie sich bewegen konnte. Sie wusste eigentlich nicht, wohin mit sich. Sie musste dauernd ihr Selbst, ihr Ich verteidigen. Sie suchte sich Verstecke und Fluchtburgen, sie war dauernd auf dem Rückzug. Sie war immer woanders.

Sie musste sich verstecken, weil sie von allen so sehr gemocht wurde. Alle wollten sie haben. Daran ist sie zugrunde gegangen. Aber auch Zu Grund im Ingeborg Bachmann'schen Sinne, sie kam immer wieder auf ihren Grund, sie musste ihren Grund, ihr Ich, ihr Selbst, ganz tief in sich vergraben, damit es sich dort entwickeln konnte. Sie musste es vor allen anderen verstecken, weil sie es ihr wegnehmen wollten. So kam es ihr vor.

Manchmal versteckte und vergrub sie ihren Schatz, ihr Ich, ihr Selbst, so sehr, dass sie ihn nicht mehr finden konnte. Dann war sie nur noch eine Marionette, ein hübsches Wesen, das entweder gehätschelt und getätschelt oder geohrfeigt und gekränkt wurde. Dann hat sie sich alles gefallen lassen. Die Liebe und den Schmerz. Sie war ja gar nicht da. Sie war gar nicht auf der Welt in diesen Zeiten. Daher hat sie sich immer wieder beinahe verloren. Aber weil sie eben eine Fremde war, hat sie sich auch immer wieder in ihre Verstecke zurückziehen können, ihren Schatz wiedergefunden, ihn angeschaut, sich an ihm genährt und sich immer wieder selbst erkannt und geheilt. Und immer, wenn sie draußen war, wenn sie auf der Suche nach einem Zuhause war, kam sie ziemlich zerzaust zurück.

Wenn man eine so große Sehnsucht nach einem Zuhause hat, ist man sehr verführbar, sich alles schönzureden, alles heimelig zu machen. Jeder sagt: »Komm hierher, hier ist es schön, hier ist es gemütlich, mach's dir bequem, lass dich fallen, lass dich doch fallen.« Aber was bedeutet das? Dann ist man doch verloren, wenn man sich fallen lässt. Man weiß doch nie genau, wohin man fällt.

Diesen Traum, den sie als kleines Kind hatte, diese Vorstellung, sterben zu müssen, wenn Manfred ihre Hand loslassen würde, hat sie sich wahrscheinlich selbst erfüllt. Denn er hat ihre Hand ja losgelassen. Also war sie tatsächlich gar nicht mehr auf der Welt. Sie spielte in irgendeiner Zwischenwelt mit Manfred und war so eine Art Zauberwesen, ein zauberhaftes Wesen, das so süß und so knuddelig war, und zu allem zu gebrauchen. Und so wurde sie verbraucht, immer wieder.

Aber weil sie ganz tief in sich etwas hatte, was nicht verbraucht werden konnte, ihr inneres Mädchen, das wilde Mädchen, das starke Mädchen, hat sie sich immer wieder erneuert. Sie hat sich immer wieder geheilt. Das dauerte manchmal lange. Da zog sie sich zurück. Entweder in die Einsamkeit, auf lange Spaziergänge in den Wald, in die Wiesen, oder in sich selbst. Diese Spaziergänge waren lebensnotwendig. Sie ging stundenlang spazieren. Es wurde eine Sucht. Sie brauchte die Weite und die Einsamkeit und die Zeitlosigkeit.

Manchmal war sie auch wie ein Zombie, gefühllos, merkte

gar nicht, wie sehr sie verletzt worden war. Aber sie kam immer wieder rechtzeitig zurück, um sich zu retten.

Sie war auch oft richtig verzweifelt, aber nicht sentimental, es war eine kräftige, eine starke Verzweiflung, ein berechtigter Zweifel an der Welt. Und wenn sie zweifelte oder verzweifelte, bekam sie Kopfschmerzen, weil sie so viel nachdachte über all das, was nicht gerade war, schief, unklar, ungenau. Sie hasste die Ungenauigkeit. Dann umarmte sie Bäume. Sie stellte sich vor, dass diese Bäume magisch seien, dass sie ihr Kraft geben, sie weise machen würden. So stand sie da, umarmte die Bäume und glaubte an diese Kraft. Sie hatte eine unendliche Sehnsucht nach Genauigkeit, nach Klarheit, nach Wissen. Klares Wasser, klare Luft, Weisheit, weiße Farbe. Sie musste ja immer wieder aus dem Sumpf heraus, aus diesem Gefühlsmoor, das sie verklebte und zerzauste. Sie musste sich so anstrengen, nicht unterzugehen in diesem Gefühlsbrei. Diesem Schmutz-, Ekel- und Schamgefühl. Musste sich anstrengen, nicht erstickt zu werden, nicht eingenommen zu werden, nicht ver-liebt zu werden, verbraucht zu werden. Aber immer wieder hat sie es geschafft, fing sie wieder an zu leben, immer wieder gereinigt, immer wieder geläutert.

Geläutert? Stimmt das? Da wird das Eisen so lange geschlagen, bis es sich fügt, bis es sich formen lässt. Vielleicht um eine Glocke zu werden? Muss das Eisen unbedingt etwas werden? Kann es nicht einfach Eisen bleiben? Oder ist es das, was es werden muss? Das, was einfach verlangt wird? Es muss eine Glocke, ein Hufeisen oder ein Hammer werden. Und ich? Muss ich das werden, was ich bin? Was bin ich? Bin ich, wenn ich das Eisen wäre, nicht einfach Eisen? Oder muss aus mir unbedingt »etwas« werden? Muss ich Ich werden? Oder kann ich es auch einfach bleiben lassen? Wenn ich Ich werden muss, dann stimmt das wohl mit dem geläutert werden. Ich muss wahrscheinlich ich werden oder ich bleiben, ich bin ja ich. Ich bin mir nur manchmal abhandengekommen, bin nur manchmal in einen falschen Spiegel gefallen oder von Spiegelungen an den falschen Ort zurückgeworfen worden. Das gefährdete Mädchen, als es noch ein Es war, musste sich immer wieder aufraffen und zusammenraffen, sich ordnen, sich immer wieder über sich selbst klar werden, sich immer wieder auf den geraden Weg begeben.

Gerader Weg? Das klingt ja wie bei den Klosterfrauen! Die vermeintlich sicheren, geraden Wege mündeten ja auch alle in Fallstricken. Da sah alles ordentlich aus, beruhigend normal und konventionell – und dabei war auch das alles falsch für das Mädchen. Es ist schwer, das Richtige zu finden, wenn man fast gar nichts weiß. Überhaupt keine Orientierung hat, außer diesem tiefen, festen Grund in sich.

Hat sie seit dem Tod ihres Bruders auf ihr Leben verzichtet und daran geglaubt, sie sei dazu da, verbraucht zu werden? Vielleicht hat sie sich deshalb immer fremd gefühlt und immer diese Angst gehabt. Diese Angst, die niemand sehen sollte. Das Mädchen lief immer lachend, tanzend und singend durch den Wald, obwohl es schreckliche Angst hatte. Aber das sollte niemand sehen und merken, auch sie selbst nicht.

Da alle sie mochten, wollte sie irgendwann auch gemocht werden, sie konnte nicht mehr darauf verzichten. Also hat sie sich überall »lieb Kind« gemacht. Sie wollte von allen geliebt werden, und so wurde sie von allen geliebt und zerliebt und verliebt. Sie hatte fast keine Chance, zurückzulieben. Zurücklieben konnte sie nicht, weil sie sich ja dauernd versteckte, während sie geliebt wurde. Sie hätte ja nur lieben können, wenn sie aufgetaucht wäre aus ihrer Fluchtburg, aus ihrem Versteck.

Ja, und wenn sie nicht gestorben ist, dann lebt sie auch noch heute.

Als sie von ihrer Mutter das dunkelblaue Satinkleid bekam – das scheußliche, das glänzte und einen Prinzessschnitt hatte –, fühlte sie sich pummelig und hässlich. Sie sah aus wie das hässliche Entlein, das ja auch nicht wusste, dass es irgendwann ein

Schwan werden sollte. Und als sie – sich selbst scheußlich findend, ausstaffiert mit Satinkleid und hellbeigen Stöckelschuhen mit Schleifchen vorne drauf – mit ihrer Mutter beim Tanzkaffee saß und nicht wusste, was das sollte und warum sie da war, da war sie sich wieder so fremd, da war sie wieder nicht sie selbst.

Aber wenn sie allein war, dann fühlte sie sich wohl, dann streifte sie zu Fuß durch die große Stadt oder fuhr stundenlang mit der Straßenbahn von einem Ende der Stadt zum anderen, ziellos, aber zufrieden.

Eines Tages begegnete sie in der Straßenbahn einem dunkelhaarigen Mann mit schwarzen Augen. Er schaute sie an. Er ließ sie nicht los mit seinen Blicken, folgte ihr durch halb München, wechselte mit ihr die Straßenbahn. Und obwohl sie sich eigentlich gar nicht für ihn interessierte, stieg sie mit ihm aus. Sie hatte keine Angst, obwohl sie nicht viele Worte wechselten. Er sagte, er wolle ihr etwas zeigen. Und so ging sie mit ihm in das Zimmer in einer großen, dunklen Altbauwohnung. Vor den riesigen Rundbogenfenstern waren die Holzrollos heruntergelassen, durch ihre Ritzen schien die Sonne ins Zimmer. Man konnte den Staub im Licht der Sonnenstrahlen flimmern sehen, das Zimmer war leer und roch fremdartig und unbewohnt. Sie stand mit ihm in der Mitte des Zimmers, er schaute sie an und sie sprachen kein Wort. Dann knöpfte er drei Knöpfe ihrer Bluse auf, wollte sie anfassen, tat es aber nicht. Dann ging sie und er versuchte nicht, sie aufzuhalten.

Später, auf der Straße, auf dem langen Weg nach Hause tat sie vor sich selbst so, als sei überhaupt nichts gewesen, als hätte sie sich nicht in Gefahr begeben. Sie hatte sich wieder einmal bewusstlos gemacht.

Ungefähr vier Wochen später ist sie mit ihrer Mutter und ihrem Bruder in genau diese Wohnung eingezogen, Karolinenstraße 4, im Lehel. Sie hat diesen Mann nie wiedergesehen.

Ein Spaziergang in München

Meine Freundinnen in der Schulzeit habe ich immer beneidet, weil sie so genau wussten, was sie wollten: Lehrerinnen werden und irgendwann eine Familie gründen. Ich wusste überhaupt nicht, was ich wollte, nur eins wusste ich: Ich wollte auf keinen Fall Schauspielerin werden. Obwohl, das stimmt nicht: Ich habe nicht gedacht, dass ich auf keinen Fall Schauspielerin werden will, ich habe überhaupt nicht an diesen Beruf gedacht. Nie.

Einige meiner Mitschülerinnen behaupteten, dass ich schon immer Schauspielerin hätte werden wollen. Das ist wahrscheinlich in den Köpfen verankert: dass Schauspielerinnen von Kindesbeinen an von der Bühne oder von der Leinwand träumen. Auf meinen Theatertourneen kamen immer wieder ehemalige Schulkameradinnen nach der Vorstellung in meine Garderobe, umarmten mich begeistert und sagten: »Mei, des ham mir immer scho gwusst. Du wolltst scho immer a Schauspielerin werden.« Viele kannte ich gar nicht mehr. Ich protestierte: »Nein, das ist nicht wahr, das stimmt nicht.« »Doch, das wolltest du immer. Das hat man doch schon in der Schule gemerkt, beim Vorlesen, bei den Schulaufführungen!« Ich konnte sie nicht überzeugen. Außer Bibi und Gigi. Die wussten es besser.

Gut, ich konnte besonders gut vorlesen, das stimmt. Und das habe ich auch oft gemacht, ich durfte oft in der Klasse oder auch in der Kirche, zum Beispiel bei meiner Erstkommunion, vorlesen. Das machte mich immer sehr stolz, aber da wäre jedes Mädchen stolz gewesen. Auch dass ich dauernd ins Kino gegangen bin, hatte nichts damit zu tun, dass ich Schauspielerin hätte werden wollen. Ich war einfach verliebt in diese Geschichten, in denen ich am liebsten gelebt hätte. Den Gedanken, Schauspielerin zu werden, diesen Gedanken hatte ich nicht.

Eines Tages ging ich mit meiner Mutter auf der Straße spazieren, auf der Widenmayerstraße an der Isar, in der Nähe unserer Wohnung in der Karolinenstraße. Da fuhr ein Auto vorbei. In diesem Auto saß ein Regisseur, ein junger türkischer Regisseur mit seinem deutschen Produzenten. Der Regisseur sah mich wohl, wollte sofort anhalten und mich von der Stelle weg für seinen ersten Film engagieren, den er demnächst in der Türkei drehen wollte. Das Verrückte war: Der Produzent kannte zufällig meine Mutter, weil sie Sekretärin in dem Bürohaus war, in dem er seine Filmfirma hatte. Also brauchten sie uns nicht einfach so auf der Straße anzusprechen, sondern konnten ganz offiziell bei meiner Mutter anfragen, ob sie mir erlauben würde, in einem Film mitzuspielen.

Wie dieses Gespräch genau verlief, weiß ich nicht mehr. Jedenfalls bin ich ziemlich bald nach Istanbul geflogen, zusammen mit meiner Mutter, die auf mich aufpassen sollte, weil ich ja gerade erst 16 war. Es war ein Riesenabenteuer. Wir flogen beide zum ersten Mal. Sie war viel aufgeregter als ich. Und dann die große fremde Stadt, all die fremden Menschen, zum ersten Mal richtig Englisch sprechen müssen und sich mit den Leuten verständigen – das war überwältigend. Wir wohnten nicht direkt in Istanbul, auch nicht in einem Hotel, sondern in einem Landhaus auf der asiatischen Seite des Goldenen Horns, in Üsküdar, zusammen mit einem Teil des Filmteams. Dort probten wir vier Wochen lang für einen deutsch-türkischen Film in Englisch. Ich glaube, es sollte ein Drama werden.

Der Regisseur – er hieß Halit – war verliebt in mich. Aber er war mir viel zu alt und zu ernsthaft – er war schon 24. Er hatte schwarzes Haar und besonders helle, grüne Augen, die ich nie vergessen habe. Ich erinnere mich, dass er mich unbedingt seinem Vater vorstellen wollte. Und so gingen wir in Istanbul in eine düstere, kühle Wohnung, die auf mich wirkte wie eine riesige Höhle. Halit führte mich durch die Gemächer, ich sah große, prächtige Gemälde, schwere Vorhänge, edle Teppiche, Wohnzimmer, Esszimmer, Empfangszimmer – aber nicht seinen Vater. Der war nicht da. Dann, in einem verdunkelten, schummrigen Schlafzimmer, warf mich Halit plötzlich und etwas umständlich auf ein plüschiges, breites Bett und versuchte mich zu küssen.

Das war schwierig für mich. Ich mochte Halit, aber ich wollte ihn nicht küssen, denn ich war verliebt in meinen Fritz. Fritz war meine erste Liebe und ich war in Istanbul die ganze Zeit schon ziemlich unglücklich, weil ich zum ersten Mal von ihm getrennt war. Jeden Abend habe ich einen Sehnsuchtsbrief an ihn geschrieben.

Vier Wochen lang haben wir das Drehbuch gelesen und die Szenen geprobt, Halit, die türkischen Schauspieler und ich. Wir waren sehr konzentriert, ich habe viel dabei gelernt. Und dann gab es noch diese deutsche Kollegin, die eine tolle Figur hatte, 19 Jahre alt war und schon sehr erwachsen in meinen Augen. Neben ihr kam ich mir viel zu klein, zu dick und viel zu dunkel vor. Alles fand ich dick an mir, die Augen, den Mund, die Augenbrauen. Ich sah so bayerisch-türkisch aus. Und sie so elegant!

Sie hatte ein Verhältnis mit dem Produzenten. Wobei ich mich nicht darüber aufgeregt habe. Ich war auch nicht entsetzt, ich habe einfach nur beobachtet: »Aha, so ist das also. Sie ist unbegabt, sie spielt schlecht, aber na gut, sie ist die Geliebte des Produzenten.«

Der Film wurde übrigens nie gedreht, wir haben nur geprobt. Damals dachte ich, dem Produzenten sei das Geld ausgegangen. Aber es war mir auch egal. Wir hatten vier Wochen lang eine interessante Zeit in der Türkei, und dann flogen wir halt wieder nach Hause, meine Mutter und ich.

Halit und ich haben uns noch eine Zeit lang geschrieben, aber dann haben wir uns aus den Augen verloren. 43 Jahre später sollten wir uns wiedersehen. Das war 2001 und ich war mit dem Film »Die Unberührbare« zum Internationalen Filmfestival in Istanbul eingeladen, der Film lief im Wettbewerb für den Hauptpreis des Festivals, die »Goldene Tulpe«. Am Flughafen wurde ich von einem jungen Filmstudenten abgeholt. Auf dem Weg in die Stadt fragte er mich, ob ich denn schon einmal in Istanbul gewesen sei. Zuerst sagte ich, nein, ich bin zum ersten Mal in der Stadt, weil ich keine Lust hatte, meine Geschichte zu erzählen. Aber dieser Student war so nett, so höflich und freundlich, und wirklich interessiert. Da erzählte ich ihm doch, dass ich in meiner Jugend schon einmal in Istanbul gewesen war, mit sechzehn, und dass ich damals einen Film drehen sollte, hier in Istanbul, mit einem türkischen Regisseur, dass ich mich leider nur noch an seinen Vornamen erinnern könne – Halit – und an seine hellen, grünen Augen und sein schwarzes Haar. Und plötzlich hatte ich eine Idee, vielleicht eine Hoffnung, sie kam richtig aus dem Herzen. Und der Filmstudent sagte: »Doch nicht vielleicht Halit Refiğ? Der hat solche hellen, grünen Augen.« Ich wurde ganz unruhig.

Wir fuhren durch die Stadt und über den Straßen in der Nähe des Festivalzentrums waren Transparente gespannt, auf denen dieser Name stand: »Halit Refiğ«. In diesem Jahr gab es eine Ehrung für ihn, er war in der Türkei ein anerkannter, berühmter Regisseur. Der Filmstudent war ganz aufgeregt und versprach, sich bei der Festivalleitung zu erkundigen, ob Halit Refiğ vielleicht mein Halit ist.

Am nächsten Tag lief am späten Nachmittag »Die Unberührbare«. Als der Film zu Ende war, wartete im Foyer ein alter Mann auf mich; mit weißen Haaren – und ganz hellen, grünen Augen. Ich habe sofort gesehen, dass er es war. Und wir umarmten uns sehr, und es war wunderschön, eine unglaublich schöne, innige Begegnung. Mein erster Regisseur. Wir freuten uns unendlich, uns wiederzusehen. Halit Refiğ, der mich entdeckt hat, der den Grundstein für meinen Beruf gelegt hat.

Als »Die Unberührbare« die große Auszeichnung bekam, war er es auch, der mir auf der Bühne die Goldene Tulpe überreichte, und wir erzählten dem Publikum, dass wir uns schon so lange kennen und wie stolz wir aufeinander sind. Alle türkischen Medien, Radio, Fernsehen, Zeitungen, stürzten sich auf uns. Und so saßen wir beide Hand in Hand und haben unsere Geschichte erzählt.

Nach diesen Tagen in Istanbul wollten wir in Kontakt bleiben und wir schrieben uns wieder. Einmal kam Halit nach Frankfurt, zu einem deutsch-türkischen Filmfestival, und wir schmiedeten Pläne, endlich einen Film zusammen zu machen. Nachdem es ja in unserer Jugend nicht dazu gekommen war.

Aber das geht leider nicht mehr. Vor fast zwei Jahren ist er gestorben.

Auch wenn es damals, als ich sechzehn war, keinen Film gab, entstand doch etwas sehr Wichtiges durch diesen deutsch-türkischen Filmversuch: Ich bekam einen Ausbildungsvertrag. Das war großartig für mich, das war die Rettung. Auch für meine Mutter. Ich konnte statt in die Handelsschule in die Schauspielschule gehen. Das heißt, die Filmproduktionsfirma bezahlte mir die Schauspielschule, plus Taschengeld von 200 Mark im Monat. Das war so viel mehr, als ich mit meinen vielen kleinen Jobs hätte verdienen können. So fing mein Einstieg in den Beruf der Schauspielerin an.

Nach wenigen Monaten war die Produktionsfirma pleite und ich machte Probeaufnahmen bei der Constantin Film. Sie nahmen mich unter Vertrag und ich bekam schon ein bisschen mehr Geld. Auch das war nicht von langer Dauer. Ich unterschrieb einen Ausbildungsvertrag bei CCC Film von Arthur Brauner in Berlin. Das Ganze dauerte immer nur ganz kurz. Es war alles im Umbruch.

In dieser Zeit war ich in der Lehre. So habe ich das immer

gesehen. Und ich war sehr dankbar, dass ich in dieser Lehrzeit schon Geld verdienen konnte. Dafür musste ich mich verpflichten, kleinere Rollen in Filmen mit damaligen Stars zu spielen. Die Filmfirmen wollten junge Schauspieler und Schauspielerinnen an sich binden, indem sie ihnen monatlich ein kleines Gehalt und die Schauspielschule bezahlten. Dafür hat man dann in diesen Schnulzen gespielt. Aussuchen konnte man sie sich nicht. Mein erster Film war »Immer die Mädchen« mit Hans Joachim Kulenkampff – der Titel sagt ja eigentlich schon alles. Noch im selben Jahr spielte ich dann in »Freddy unter fremden Sternen« mit Freddy Quinn und Vera Tschechowa, das war die Erfüllung des Vertrags mit CCC Brauner. Da wohnte ich als 17-Jährige zum ersten Mal zur Untermiete in Berlin und fuhr mit der Straßenbahn jeden Morgen stundenlang raus zu den Studios von CCC Brauner. Die Handlung des Films spielte zwar in Kanada, aber gedreht wurde alles in Berlin, am Wannsee.

Die Idee war gar nicht schlecht: junge Schauspielerinnen und Schauspieler zu unterstützen, sie in die Schauspielschule zu schicken, ihnen die Möglichkeit zu geben, sich schon ein bisschen auszuprobieren. Nur die Filme waren halt nicht so …

Vor ein paar Jahren habe ich eine Art Personalakte von damals wiedergefunden, die mir einer der Chefs der alten Constantin ausgehändigt hatte. Man wurde ja damals richtig in Aktenordnern angelegt und abgelegt. In dieser Akte von 1959 wurde dann beschrieben, wie ich mich entwickeln könnte und was die Herren – das waren ja diese Papa-Männer noch – sich so mit mir ausgerechnet hatten. Da stand dann, dass ich sehr begabt sei, »eine kleine Kostbarkeit«, dass ich wohl für diese etwas seichteren Filmchen nicht taugen würde, man mich vorerst in »mittelwichtigen« Rollen einsetzen solle, die »ihrer dezenten und doch suggestiven Wirkung entgegenkommen müssten, um ihre Sicherheit zu fördern«. Ich aber noch zu jung wäre und Zeit für meine Entwicklung brauchen würde. Knallhart wurde da eingeteilt in diejenigen Mädchen, die seichte, frivole Rollen spielen könnten, die man sozusagen benutzen könnte, und in die, die dafür nicht taugen würden. Alles war damals gleichzeitig frivol und bieder. Wie meine Mutter, wie diese ganze Zeit, wie diese Filmchen. Deshalb scheint mir bis heute alles Frivole unendlich bieder, spießig und reaktionär. Und die Mädchen, die alle älter waren als ich, liefen in diesen Filmchen in Bikinis rum und mussten sich frivol und sexy gebärden – und so wurden sie auch in den Dossiers dieser Herren beschrieben. Ich habe mich immer furchtbar geschämt, mich so zu produzieren. Eigentlich habe ich mich dauernd geschämt. Eigentlich wollte ich gar nicht spielen. Ich war auch nicht sexy, dafür war ich viel zu schüchtern. Es war eine düstere Zeit.

Der Unterricht auf der privaten Schauspielschule, den Zinner-Studios, hat mich auch nicht besonders interessiert. Ich war immer noch beleidigt, weil ich nicht mehr aufs Gymnasium gehen durfte. Da wollte ich wieder hin, ich wollte Abitur machen, studieren, Kinderärztin werden – und hatte am Anfang die Hoffnung auch noch nicht aufgegeben, dass es doch noch irgendwann klappt. Denn den Beruf der Schauspielerin, den ich da erlernen sollte, fand ich damals einfach nur läppisch, trivial und frivol. Natürlich haben wir in der Schauspielschule auch Klassiker gelesen, Molière, Shakespeare, berühmte Rollen gelernt, Ballettunterricht bekommen, Fechtunterricht, das war schon interessant, aber das war alles kein Ersatz. Außerdem ging es viel um langweilige Sprechübungen. Ich war komischerweise die Einzige, die sich keinen Dialekt abtrainieren musste. Die anderen Schauspielschüler hatten unheimliche Mühe, ihre jeweiligen Dialekte loszuwerden, während ich – obwohl ich doch aus Burghausen kam – fast Hochdeutsch sprach, nur mit einer leichten bayerischen Melodie. Ich habe mich jedenfalls dort an der Schule ziemlich gelangweilt und auch viel geschwänzt. Meistens bin ich ins Kino gegangen. Eigentlich war ich von morgens bis abends im Kino.

Während dieser Zeit an der Schauspielschule und mit meinen ersten Rollen in diesen Unterhaltungsfilmchen wusste ich nicht, wohin das alles führen sollte. Ich habe die anderen beneidet, die Gymnasiasten, die Studenten, die ich durch Fritz kennengelernt hatte. Ich war innerlich auf einem anderen Weg, ich fühlte mich abgedrängt. Ich wusste nicht genau, wie lange diese Abdrängung dauern würde und ob man daraus etwas machen kann. Konnte man mit dieser Schauspielerei überhaupt irgendetwas Sinnvolles anfangen? Fritz und ich fanden die Schauspielerei damals beide läppisch eigentlich, irgendwie nichts. Künstler lernte ich erst sehr viel später kennen.

Ich habe oft meiner Mutter für all das die Schuld gegeben. Heute weiß ich: Sie hat keine. Sie konnte nichts dafür, sie konnte das alles einfach nicht bewältigen. Wenn ich mir vorstelle, was alles passiert ist – es ist ja ein Glück, dass sie überhaupt am Leben geblieben ist. Meine Mutter hat sich wahrscheinlich auch nie Gedanken darüber gemacht, dass diese ewigen Schulwechsel vielleicht nicht gut für mich sind. Das war einfach so. Man wurde in die Schule gesteckt oder wieder rausgenommen, ganz willkürlich. Und die meisten Kinder wussten gar nicht, warum. Man wusste nicht, warum die Mutter in Not ist, man wusste nicht, warum kein Geld da war. Man wusste nicht, warum man umziehen muss. Ich jedenfalls wusste überhaupt nichts. Ich wurde hin und her geschubst und musste mich der neuen Umgebung anpassen. Es war immer wieder eine Überwindung.

Manchmal nehme ich mir selbst übel, dass ich nicht stark genug war, mich alleine auf den Weg zu machen. In meiner Erinnerung habe ich schon das Gefühl, dass ich mit 13, 14 stark war, dass ich in einer Aufbruchstimmung war. Aber als diese Stimmung dann immer weniger wurde, erst in Burghausen mit der Rückstufung, dann in München mit der Handelsschule, kam es mir plötzlich vor, als hätte ich gebrochene Flügel. Da war ich beleidigt, im buchstäblichen Sinne des Wortes. Jemand hat mir ein Leid angetan. Und da kam, glaube ich, die erste

Schwäche über mich. Da dachte ich, na gut, dann nicht, dann lasse ich es halt, dann lebe ich eben auf der Straße, bin eben unnütz, dann ist es auch egal, was aus mir wird.

Solche Gefühle wurden immer stärker. Vielleicht hätte ich mich mehr dagegen wehren sollen.

Erste Liebe

Meine erste Liebe – in der Zeit, in der mir meine erste Liebe begegnete, war ich aufgeregt, von oben bis unten, von innen und außen. Ich war 15 und ein streunendes Mädchen.
In Schwabing hatte mich eine neue Freundin aufgegabelt. Ich solle mal bei ihr vorbeikommen, sagte sie. Sie sah aus wie Kim Novak. Es war unvorstellbar. Im Vergleich zu ihr fühlte ich mich wieder einmal klein, mickrig und bäurisch. Also nicht besonders attraktiv. Sie war größer als ich, hatte einen unglaublich schönen Busen und eine Taille wie eine Barbiepuppe. Sie war so schön – und sie war rothaarig. Kim Novak: einfach genauso. Drei Jahre älter, viel erwachsener als ich – und sie hatte einen Freund, der aussah wie ein Strizzi. Das fand ich sehr erotisch.
Ich war sehr oft bei ihr, ging zu Fuß durch den Englischen Garten. Und sie lag immer so vor mir herum, manchmal auch mit ihrem Freund. Sie haben nicht wirklich miteinander geschlafen, aber sie haben sich geküsst und heftig umarmt, und für mich war das alles verwirrend intensiv, erregend und unangenehm zugleich. Es war verlockend. Ich spürte, dass ich hätte mitküssen können, wenn ich mich getraut hätte.
Amaryllis – sie hieß tatsächlich Amaryllis – konnte sehr gut nähen. Als sie mir meinen ersten Bikini nähen wollte, in rosaweißem Karo, zog ich mich nackt aus und sie nahm Maß an meinem Körper. Dann zog sie sich auch aus. Als wir beide nackt waren, zeigte sie mir unter der Dusche, wie man sich mit dem starken Duschstrahl ganz wunderbar selbst befriedigen kann. Es hatte etwas ganz und gar Praktisches. Es war erre-

gend, aber trotzdem richtig praktisch. Ich hatte nicht das Gefühl, dass ich etwas Verbotenes tat. Sie hat mir das Leben gezeigt, so war das.

In dieser Zeit ging ich auch oft mit meinem Bruder Berndi, den ich immer noch dauernd mitschleppen musste, er war 12 ½ und ich war 15 ½, durch den Englischen Garten nach Schwabing. Da saßen wir dann im Schwabinger Nest, einem ziemlich berühmten Café, lungerten einfach nur herum und tranken stundenlang an einer Cola.

Jetzt war es frühlingshaft, aber die Luft noch ziemlich kalt, obwohl die Sonne schon wärmte. Eine Luft wie Vanilleeis mit heißen Himbeeren. Wir saßen draußen vor dem Café, um die Leute auf der Leopoldstraße zu beobachten. Ein junger Mann sprach uns an, groß, stark, ein mächtiger Kerl, der aussah wie ein Bodybuilder. Er hieß Gino, hatte schwarze Haare, glänzend von Pomade, und fragte uns, ob wir nicht Lust hätten mitzukommen. In der Nähe laufe eine Party. Und ich habe Ja gesagt. Ja. Ich fühlte mich sicher, weil mein kleiner Bruder dabei war, und es war erst früher Nachmittag.

So gingen wir los, einfach über die Leopoldstraße in die Ainmillerstraße, in ein mehrstöckiges Mietshaus. Wir fuhren mit dem Aufzug in den vierten Stock und landeten in einer völlig verdunkelten Wohnung. Merkwürdig war das: Draußen schien die Sonne, und in der Wohnung waren alle Vorhänge zugezogen. Im Flur vor dem großen, dunklen Wohnzimmer standen ein paar Leute rum, es war spannend, ich kannte niemanden. Und Gino, der uns angesprochen hatte, führte sich wie irrsinnig auf: Er lief mit einem kleinen Plastikschälchen herum, in dem eine glibberige, durchsichtige Flüssigkeit wabbelte. Die anderen lachten, er zeigte mir das Schälchen und ich dachte vorsichtig, was ist das denn – es roch auch irgendwie komisch. Und die anderen lachten sich alle tot über mich.

Auf einmal wusste ich nicht mehr genau, was ich da wollte. Ich wollte eigentlich weg. Da sagte Gino plötzlich: Komm, ich zeig dir was. Er ging mit mir über den Flur, öffnete eine Tür und schubste mich sanft in ein finsteres Zimmer. Erst sah ich überhaupt nichts, und auf einmal, als sich meine Augen an die Dunkelheit gewöhnt hatten, sah ich ganz hinten jemanden auf einer Couch liegen. Dieser Jemand richtete sich auf und schaute mich an. Ich bekam einen ganz merkwürdigen Schreck, bis in mein Herz, trat schnell zurück, raus aus dem Zimmer, und Gino machte die Tür wieder zu. Ich stand da noch ein bisschen in dem Flur herum, wollte eigentlich unbedingt gehen – aber ich blieb. Es war alles sehr verwirrend. Und dann kam plötzlich dieser Mensch, der auf der Couch gelegen hatte, aus dem Zimmer heraus. Und es war Fritz. Er wohnte dort zur Untermiete.

Fritz kam sofort zu mir, sagte, du musst hier weg, du hast hier nichts zu suchen, und er packte mich und meinen Bruder in den Aufzug, fast ein wenig grob, weil er so wütend war auf Gino. Er erklärte mir, dass die glibbrige Flüssigkeit, die Gino so stolz präsentiert hatte, Sperma war. Ich bekam ein lautes Pochen in den Ohren.

Draußen waren wir geblendet von der grellen Sonne. Und Fritz begleitete uns durch den Englischen Garten nach Hause.

Von diesem Tag an sind Fritz und ich wochenlang spazieren gegangen, haben stundenlang geredet, uns stundenlang geküsst und sind ins Kino gegangen. Wir waren jeden Tag zusammen. Fritz sah ein bisschen aus wie Yves Montand und ein bisschen wie Alain Delon. Dunkelblondes Haar, sehr blaue Augen. Ich war von Anfang an in ihn verliebt, und er in mich. Er war fürsorglich, beschützend und behutsam mit mir. Für ihn war klar, dass wir heiraten und mindestens fünf Kinder bekommen werden. Aber erst musste er mich aufklären, in allen Dingen, ich hatte von nichts eine Ahnung.

Der Englische Garten war unser Refugium. Ich weiß noch: Als wir endlich unsere tagelang geplante Fahrradtour mit Picknick machten, regnete es in Strömen. Wir bauten uns aus irgendeinem Plastikzeug ein kleines Zelt. Es war kalt und wir froren, aber das war egal. Unter diesem Zelt konnten wir uns umarmen und endlos küssen, und wir fingen an, uns langsam und behutsam anzufassen. Fritz war ganz vorsichtig, ich war viel drängender. Ich habe ihn unglaublich bedrängt, ich wollte es endlich wissen, jetzt mach irgendwas mit mir, mach was mit mir!

Fritz war 22 und hatte schon Freundinnen gehabt. Auf die Letzte war ich unheimlich eifersüchtig, weil sie schon 19 war. Und Französin. Da habe ich mir weiß Gott was vorgestellt, Französin, oh mein Gott, da komme ich ja nie ran. Und sie hieß auch noch Giselle...

Diese Giselle hatte mich in meiner Fantasie schon sehr beeindruckt und nervös gemacht. Aber Fritz sagte zu mir: Ganz ruhig, wir haben Zeit, wir wollen ja für immer zusammenbleiben.

Nach acht Wochen, an dem Tag, an dem sein Vermieter nicht da war, schritten Fritz und ich in sein Zimmer wie zu einer Hochzeit. So war es von uns beiden geplant. Ein Beschluss. Jetzt war es so weit, jetzt war der richtige Zeitpunkt, mich von meiner Jungfernschaft zu befreien. Jetzt erlebte ich zum ersten Mal die Liebe, hier wurden wir Mann und Frau.

Es tat weh und es war viel weniger leidenschaftlich, als ich mir das vorgestellt hatte. Etwas sehr Heiliges zwar, aber gleichzeitig auch fast bürokratisch, praktisch: Wir haben es vollbracht. Als es vorbei war, schrieb Fritz in sein großes Notizbuch: *Introitus vitae*. Ich habe unterschrieben, er hat unterschrieben, es war sehr feierlich. Es fehlte gerade noch, dass wir mit Blut unterschrieben hätten.

Einzug in das Leben – dieses Notizbuch habe ich bis heute.

Das blutige Betttuch mussten wir entsorgen.

Als ich es meiner Mutter erzählte, auch ziemlich feierlich – Mutti, ich bin keine Jungfrau mehr, jetzt bin ich eine Frau –, konnte sie nicht anders, oder es blieb ihr nichts anderes übrig, als mich ein *Flittchen* zu nennen, mir eine Ohrfeige zu verpassen und entsetzt zu weinen, was sie alles falsch gemacht hätte, und dass ich noch nicht mal sechzehn sei und sie ins *Gefängnis* kommen könnte, und dass ich *bloß aufpassen* sollte und dass wir es bloß nicht in unserer Wohnung *treiben* sollten, weil sie sonst als *Kupplerin* angezeigt werden könnte.

Ich war so schrecklich gekränkt von ihren hässlichen Worten, dass ich mir beinahe beschmutzt vorkam. Ich wurde krank und bekam Fieber. Ich musste das Heilige und Feierliche in mir bewahren.

Ich habe wochenlang nicht mit ihr gesprochen.

Einmal hatte sich Fritz wieder in mein Zimmer in der Karolinenstraße geschlichen, und wir haben dort die Nacht zusammen verbracht. Es war Winter und es hatte ununterbrochen geschneit. Morgens klopfte meine Mutter an die verschlossene Tür, und ich brauchte etwas zu lange, um zu öffnen. Blitzschnell drängelte sich mein Bruder ins Zimmer und rannte zum Fenster. Fritz war aus dem Hochparterre auf die Straße gesprungen und geflohen. Berndi entdeckte sofort die frischen Fußspuren auf dem breiten Fensterbrett. Er war wie ein Spürhund. Natürlich hat er mich verpetzt.

Fritz und ich suchten uns überall geheime Orte und Verstecke, wo wir unsere Liebe und Leidenschaft entwickeln konnten. Ich war sehr ungeduldig und wollte sehr bald viel mehr von all dem, von dem ich noch gar nichts wusste. Aber Fritz war besonnen, er war mein künftiger Ehemann und erklärte mir, dass wir ja unser ganzes Leben zusammen verbringen würden und dass wir uns die verschiedenen und größeren Ekstasen für die Ehe aufheben sollten.

Dieser Anfang meines Liebeslebens hat mich bis heute geprägt: Sexualität hat für mich immer mit Liebe zu tun, auch mit Achtsamkeit und Achtung. Deshalb bin ich eigentlich unschuldig geblieben. Bis heute ist sie in mir, diese Behutsamkeit in der Liebe, auch diese Schönheit. Ich glaube, das hat wirklich etwas mit meiner Geschichte mit Fritz zu tun.

Meine Geschichte mit Fritz – wenn ich mich da richtig

hineinbegeben würde, wäre das ein ganzes Buch. Fürstin und Wildhase, das waren seine beiden Kosenamen für mich. Ich nannte ihn Schuft.

Es ging alles so schnell. Mit 14 im Internat, im Max-Josef-Stift. Mein erster Fasching mit Bettina im Milchhäusl. Der Umzug nach München, das hölzerne Mädchen mit dem blauen Taftkleid und den kleinen Stöckelschuhen, am Arm der Mutter. Und dann diese wilde Aufbruchszeit, in der ich all meine Mädchensachen weggeworfen habe – niemals wieder wollte ich ein Taftkleid anziehen. Da war ich 15, 15 ½, die Zeit, in der ich mich mit dieser Jeans jeden Tag in die heiße Badewanne gelegt hatte, damit sie auch wirklich richtig knallig eng saß. In der Zeit eben, in der ich so unbeaufsichtigt war, weil meine Mutter einfach keine Kraft hatte, auf mich aufzupassen – da bin ich auch zum ersten Mal allein auf kleine Faschingsfeste gegangen. Da stand ich dann in meinem Babydoll auf der Straße, nichts als einen Mantel darüber, und wartete, dass mich jemand durch den Englischen Garten nach Schwabing mitnahm. Ich hatte kein Gefühl dafür, dass auch etwas hätte passieren können.

Dann kam Fritz und ich wurde ganz schnell erwachsen. Und allmählich ließ ich auch diese Komplexe hinter mir, dass ich so pummlig und bäurisch und sonst irgendetwas Dummes sei.

Fritz schrieb in mein Fototagebuch:
15.7.58. Die ersten gemeinsamen Schritte ... vor zwölf Wochen etwa hatten wir uns kennengelernt. Unser erster Sommer war das – und die Tage flatterten ganz leicht und duftig vorbei, wie bunte Schmetterlinge.
Istanbul, August 58. Erste große Trennung – erstes großes Briefeschrieben. Sie hat zwar nix gespielt, aber sich dennoch bestens amüsiert – wie man sieht!!
12.–14. August 59. St. Blasien – drei Tage des zweiten Sommers: nicht mehr so leicht und luftig.

Fritz studierte Flugzeugtechnik, erst an der Technischen Universität in München, später in Berlin. Er wollte Testpilot werden, das war sein Ziel, deshalb ging er zur Bundeswehr, zur Luftwaffe. Meine Anfänge mit der Schauspielerei hat er natürlich miterlebt. Er ist per Anhalter nach Wien gefahren und hat sich verbotenerweise zu mir aufs Hotelzimmer geschlichen, als ich dort die Constantin-Schnulze »Immer die Mädchen« drehte. Auch in Berlin hat er mich besucht, heimlich in meinen verschiedenen Untermietzimmern, in denen »Herrenbesuch« auch absolut verboten war. Überall war die Liebe verboten. Und wenn wir uns länger nicht sehen konnten, haben wir uns viele, viele Briefe geschrieben; seine Schrift habe ich geliebt. Telefonieren war damals etwas Seltenes und Besonderes.

Fritz hat mich sehr unterstützt und beschützt, aber irgendwann wurde es ein bisschen schwierig: das Schwabinger Mädchen, das Jazzkneipen liebte, und der Bundeswehr-Pilot in Uniform – das war unmöglich. Das passte irgendwann nicht mehr zusammen. Auf seinen Studentenfesten zum Beispiel ging es bieder und langweilig zu. Er und seine Kommilitonen tanzten noch diese Standardtänze, die man damals in den Tanzschulen lernte. Das war mir zu bieder, zu brav, ich war begeistert von Rock-'n'-Roll, von Jazz, von einem anderen Lebensgefühl. Und in den Jazzkneipen tanzte man sowieso kaum. Wenn man richtig cool war, schnipste man nur so ein bisschen mit den Fingern.

Nicht dass er eifersüchtig gewesen wäre. Das war er nicht. Er dachte nur, die Schauspielerei sei ein zu oberflächlicher Beruf für mich, er wollte, dass ich etwas anderes mache. Ich war nicht gekränkt, ich fand das selbstverständlich, dass Fritz die Schauspielerei nicht ernst genommen hat. Ich habe ja auch dauernd gedacht, ich müsste jetzt bald den Absprung finden und etwas Vernünftiges machen. Aber es war niemand da, der mir geholfen hätte.

Das haben auch Fritz und seine Eltern nicht gekonnt. Sie lebten im Schwarzwald, in St. Blasien, manchmal bin ich mit dem

Zug hingefahren, um sie zu besuchen. Sein Vater war Chefarzt in einem Sanatorium für Lungenkranke. Ich habe ihn sehr verehrt. Bei meinem ersten Besuch hatte er gleich meine Lungen untersucht. Sie wohnten auf dem großen Gelände des Sanatoriums in einem prächtigen Haus, mit alten Möbeln und Geschirr aus Meißner-Porzellan, das mit dem grünen Eichenlaub. Essgeschirr, Kaffeegeschirr, Mokkageschirr – ein ganzer Schrank voll mit diesem edlen Porzellan. Einen Teller, den mir die Mutter von Fritz geschenkt hatte, habe ich immer noch. Wenn ich zu Besuch war, wurde ich in der Pension nebenan untergebracht. Ich durfte nicht in der Nähe von Fritz übernachten. Natürlich nicht. Also musste ich nachts ziemlich mühsam – es war sogar gefährlich – über die Krankenhausmauern klettern, um Fritz in seinem Souterrain-Zimmer zu besuchen. Und frühmorgens heimlich wieder zurück in meine Pension.

Die Eltern von Fritz mochten mich sehr, sie sprachen den weichen Schwarzwälder Dialekt und nannten mich »desch Kind«. Sie sahen meine Schauspielerei auch nur als Überbrückung, als kleinen Übergang zu etwas Richtigem. Das hat keiner ernst genommen, aber nicht aus Ignoranz, sondern weil sie dachten, das sei nicht richtig für mich. Natürlich müsse ich Abitur machen und studieren. Das haben wir alle gedacht.

Wenn ich dort hinfuhr, nach St. Blasien, war ich immer ganz schön geschniegelt angezogen, meine coolen Jeans hatte ich woanders an. Es war schon eine andere Welt bei den Eltern von Fritz. Eine Welt, in der ich mich behütet fühlte, die mir gefiel, die ich mir auch ersehnt hatte, manchmal – aber das andere, den Jazz, den Rock-'n'-Roll, wollte ich schon auch. Und dann irgendwann wahrscheinlich mehr. Ich war hin- und hergerissen.

Drei Jahre lang waren wir zusammen.

Fritz wurde tatsächlich Testpilot, danach Starfighter-Pilot, mit 27, 28 Jahren ging er nach Amerika, studierte später in Philadelphia Psychologie, promovierte und betreute, als er selbst nicht mehr flog, andere Starfighter-Piloten. Starfighter-Piloten, sagte er, würden alle psychologisch betreut. Er hatte mir von seinen Ausflügen in den Äther erzählt und dass es nach Überwindung der Schallmauer schon vorkommen kann, dass man im Rausch der Überschallgeschwindigkeit immer weiterfliegen möchte in seinem Starfighter, und nie mehr zurückkommen will auf die Erde.

Heute lebt Fritz in San Diego. Auch wenn wir uns nicht oft sehen, alle zehn Jahre vielleicht, unser Kontakt ist nie abgebrochen. Wir sind verbunden, für immer. Es gibt einige Orte, wo ich mir heute noch unsere eingeritzten Initialen ansehen kann. Zum Beispiel an diesem wunderschönen Rondell im Englischen Garten, unserem Treffpunkt. Oder an den hohen Steinsäulen am Friedensengel.

Und ich habe einen Stern am Himmel, den er mir geschenkt hat, als ich sechzehn war. Er sagte einfach zu mir: »Schau, das ist dein Stern.« Und der ist natürlich immer noch da, das ist unser Stern, und den kann ich sehen, wann und wo ich will, das heißt, wenn er gerade am Himmel ist. Und manchmal, später, kam eine Postkarte aus Philadelphia oder Chicago oder San Diego. Darauf hatte er nur das Sternenbild mit unserem leuchtenden Stern gezeichnet.

Ein paar Mal habe ich Fritz in San Diego besucht. Einmal kam ich von Dreharbeiten aus San Francisco. Er holte mich am Flughafen ab, wir hatten uns sieben Jahre nicht gesehen, wir umarmten uns innig und sein Herz klopfte bis zum Hals. Meines auch. Es war so schön, ihn wiederzusehen – und eigentlich wollten wir sofort zusammen abhauen. Natürlich sind wir zu ihm nach Hause gefahren.

Er war zum zweiten Mal verheiratet und hatte zwei kleine Töchter, fast so alt wie mein damals vierjähriger Sohn Dominik. Seine Frau Hilda, eine Mexikanerin, erwartete uns an der Gartenpforte, umarmte mich fröhlich und sagte sofort zu ihm: »Du hast mich angelogen! Sie ist viel schöner als ich.«

Da musste ich innerlich lächeln. Jeder meiner Geliebten musste sich die Geschichte mit Fritz anhören, meiner ersten

Liebe. Und bei ihm war es offensichtlich genauso. Er sagte wohl zu jeder seiner Frauen, du bist so schön wie meine Jugendliebe. Das gefällt mir. Ich zeigte Hilda und ihm viele Fotos von meinem Sohn und übernachtete im Gartenhaus.

Nachts viele wirre Gedanken.

12 Jahre später habe ich Fritz und seine beiden Töchter noch einmal besucht, er war inzwischen von Hilda geschieden. Mit Uwe, meinem damaligen Mann, und meinem Sohn Dominik, der inzwischen 16 war, verbrachten wir alle zusammen einen bittersüßen Urlaub in Mexiko an der Baja California, eine Woche lang.

Und einmal, in einer langen mexikanischen Nacht mit viel Tequila, habe ich mich bei Fritz ziemlich über Uwe beschwert – und über meine Ehe. Ich war auf dem Kriegspfad. Bis zum Morgengrauen.

Meine Eltern Katharina und Georg Elstner

Mein Vater vor seinem Büro

Meine Mutter im Wohnzimmer – mit selbst bestickter Tischdecke

Familienaufstellung –
Großeltern, Eltern und die Schwester meines Vaters

Oma und Opa – und Hofhund Lumpi vor dem Häusl

Das geliebte Häusl
Oma und Opa mit meiner 18-jährigen Mutter

Manfred und ich im Garten
Der große Bruder und die Prinzessin

Ich, in der Blechwanne beim Sonnenbad

Die Taufe meines kleinen Bruders Berndi
Meine Mutter in Trauer und ich mit Blumenstrauß und
weißer Schleife im Haar – das Foto, auf dem ich in die
Kamera lache, habe ich nicht mehr gefunden.

Berndi, meine Mutter und ich

Berndi ganz oben auf der Rutsche, mit kratzigen Wollstrümpfen

Der kleine Bruder und die große Schwester

Im Schloss Freudenhain in Passau

Die erste Zeit in München –
meine Jeans schon ein bisschen ausgeleiert

Mein erster Sehnsuchtsbrief an Fritz –
mit Pickelcreme im Gesicht

Fritz und ich in unserem ersten Sommer, fotografiert von meiner Freundin Bettina

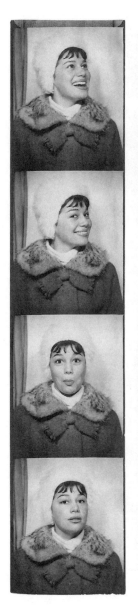

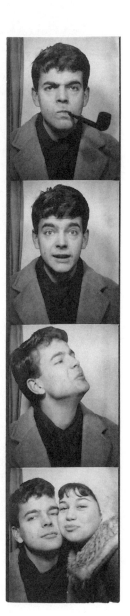

Im Photomaton

Fotosession in den Straßen von Istanbul, 1958

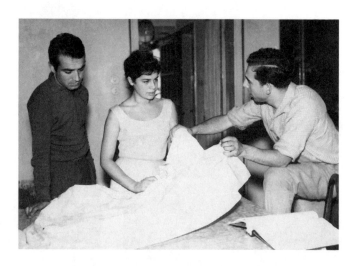

Eine Probe für meinen ersten Film, der nie gedreht wurde
Rechts im Bild Halit Refiğ beim Regieführen

»Sie hat zwar nix gespielt, aber sich dennoch bestens amüsiert in Istanbul – wie man sieht!!« Das schrieb Fritz in mein Fototagebuch unter dieses Bild mit dem selbst genähten Bikini.

Zur Untermiete in der Nassauischen Straße
in Berlin-Wilmersdorf, 1960

In Filmen wohnen

Im Filmkunstkino in der Theatinerstraße, im Arco-Filmpalais in der Maffeistraße oder im Occam-Studio in Schwabing, genau in der Ecke, wo auch die Jazzlokale waren, das »Domizil«, die »Tarantel« oder die berühmte »Nachteule« – da fühlte ich mich zu Hause, das waren gute, heimelige Orte für mich. Meine neuen Verstecke. Tag und Nacht im Kino sein, besonders gerne am Tag, Verschwundensein für die Welt. Ich war verschwunden, war in einem Schutzraum, ich war geschützt. Manchmal zwei, drei Filme hintereinander, einfach sitzen bleiben, da musste man dann auch nichts mehr bezahlen. Das waren meine Höhlen, meine neuen Verstecke. Da konnte ich mich entwickeln.

Ich glaube, das geht vielen jungen Menschen so. Plötzlich haben sie ein Gefühl dafür, warum sie auf der Welt sind. Wenn man so allein gelassen ist, dann ist es ganz, ganz wichtig, Filme zu sehen, Bücher zu lesen, weil man sich sonst nicht zurechtfindet. Und so habe ich es gemacht und auch gespürt, wie dieser Einfluss, diese Beinflussung, langsam, immer wieder und immer mehr freigesetzt wurde in mir. Das war nicht auf einmal das große Erkennen, sondern das hat sich ganz langsam in mir entwickelt. Und es fühlte sich gut an zu entdecken, dass mein Körper oder mein Geist genau wussten, wann ich wieder bereit war für eine neue Erkenntnis. Sie ist auch für immer da, sie geht nicht wieder verloren.

Zu Hause sein: Das war mein Gefühl im Kino.

In der Zeit, mit 16, 17, 18, in der ich zur Schauspielschule ging, mit Fritz zusammen war, die ersten kleinen Filmrollen hatte, bin ich ununterbrochen im Kino gewesen. Nie werde ich vergessen, wie ich mit Fritz mindestens fünfmal in den Film »Wenn die Kraniche ziehen« von Michail Kalatosow gegangen bin, immer zu Fuß, nach Schwabing, um das Straßenbahn-Geld für die Kinokarte zu sparen. Und wie ich geweint habe im Kino – ich habe es geliebt, im Kino zu weinen. Und auf dem Heimweg durch den dunklen Englischen Garten schluchzte ich immer noch und Fritz hat mich getröstet und das Ganze dauerte sehr, sehr lang.

Gesehen habe ich vor allem französische, russische, polnische, tschechische Filme, italienische Filme, alles andere hat mich nicht so interessiert. Obwohl: Ich habe auch »Bitterer Honig« gesehen, diesen berühmten englischen Film von Tony Richardson, mit Rita Tushingham. Ich habe Marlon Brando gesehen, James Dean, Rock Hudson. Vor allem James Dean. In »Giganten«, in »Jenseits von Eden«, in »Denn sie wissen nicht, was sie tun«, James Dean fand ich toll. Besonders in »Giganten« – Hollywood-Riesenschnulzen mochte ich sehr. Die hatte ich schon in Burghausen gesehen, in den Anker-Lichtspielen: »Ivanhoe, der schwarze Ritter« mit Robert Taylor. Er hatte schwarzes Haar und blaue Augen, mit 13 war ich total verknallt in ihn. Und Elizabeth Taylor – damals war sie noch so jung, dass man sie kaum als Elizabeth Taylor erkennen konnte. Ich habe Hitchcock-Filme angeschaut, oder »Misfits« mit Marilyn Monroe, die ich schon immer überwältigend fand, später in München; ich habe »Plötzlich im letzten Sommer« gesehen, diesen großen Film mit Elizabeth Taylor und Montgomery Clift, die »Katze auf dem heißen Blechdach«, Tennessee Williams – das waren unvergessliche Filme. Und »Kinder des Olymp«, »Les enfants du paradis«, in deutsch und französisch, die wunderbare Arletty, Stummfilme, Lubitsch-Filme, Charlie Chaplin und so weiter und so weiter. Howard-Hawks-Filme.

Und alle Filme von Ingmar Bergman.

Aber sehnsüchtig gemacht haben mich die französischen Filme, sie haben meine Fantasie angeregt, die Nouvelle Vague. Ich wollte in diesen Pariser Wohnungen wohnen, die ich in den Filmen von Godard oder von Truffaut gesehen hatte, in diesen großen, weitläufigen Altbauwohnungen leben, mit den vielen kleinen Eckzimmern und dunklen Gängen, den großen Küchen, und plötzlich hier ein großes Badezimmer wie ein Dschungel, und da ein kleiner Turm, und Treppchen rauf und Treppchen runter. Wohnlandschaften. Danach hatte ich Sehnsucht. Auch nach dieser Lässigkeit, diesem Herumhocken den ganzen Tag, Zigaretten rauchen, Rotwein trinken, reden, nachdenken, faul sein – die haben sich so genussvoll geräkelt in der vielen Zeit, die sie hatten. Das hat mir unheimlich gut gefallen, dieser Müßiggang. Die lange Weile. Ich denke bis heute, dass nur im Müßiggang etwas entstehen kann, etwas Kreatives.

Und Jeanne Moreau! Und Anna Karina! Diese Tollsten aller tollen jungen, schönen französischen Schauspielerinnen. Da saß ich im Kino und dachte: Wow, so will ich sein! Und ich habe gesehen, wie eigen sie alle waren. Und dass man sie gelassen hat, dass man sie nicht in ein Schema gepresst hat. Sie waren cool, sie waren lässig, sie waren verführerisch, sie waren direkt.

Und all die Klamotten – mein Gott, so schön, so selbstverständlich, so *französisch*. Das gestreifte T-Shirt von Jeanne Moreau in »Jules und Jim« habe ich geliebt. Und die Haare, die wilden Haare. Ich bin fast nie zum Friseur gegangen, und wenn doch, dann musste ich alles sofort zerstören, weil es so schrecklich aussah. Eine Frisur wie aus Beton. Ich wollte einfach nur Haare haben. Frei und doch gebändigt, glänzend weich und doch in Form, wie die Französinnen. Das konnte man hier in Deutschland nur selbst machen.

Damals wollten alle nach Paris, und ich wollte unbedingt Französisch lernen, das habe ich dann auch getan, aber das ist eine andere Geschichte.

Dieses Lebensgefühl war wichtig für mich. »Jules et Jim« und Jeanne Moreau – so wollte ich sein, so wollte ich aussehen. Solche Filme wollte ich sehen. Ich habe sie nicht beurteilt. Ich habe in diesen französischen Filmen gewohnt und mich in ihnen gefunden. Beim Anschauen dieser Filme habe ich mich wohlgefühlt. So habe ich mir das Leben vorgestellt: schwer und leicht zugleich. Solche Rollen wollte ich später immer spielen, schwer und leicht zugleich.

Charles Aznavour, Yves Montand, Oskar Werner, Jeanne Moreau, Anna Karina, Jean Seberg und Jean-Paul Belmondo, »Außer Atem« – das war ich, das war mein Zeit-Gefühl.

Françoise Sagan – »Bonjour tristesse«, oh Gott, so frei und selbstbewusst wie Cécile in diesem Roman wollte ich sein, so schreiben können wie Françoise Sagan. Ich mochte diese Geschichten von Freiheit, von wirklicher Freiheit. Freiheit im Herzen, Mut, ein freies Leben anzufangen. Und ich sehnte mich nach diesem künstlerischen Lebensgefühl. Diese Filme haben mich süchtig gemacht nach einer solchen Kunst, nach solchen Möglichkeiten, nach der Möglichkeit, mit kreativen Menschen zusammen zu sein oder zu arbeiten. Es war manchmal schmerzhaft, wenn ich dachte, hier kenne ich niemanden weit und breit, der mir so etwas geben könnte, dem ich so angehören könnte. Einer Gruppe, nur ein paar Menschen vielleicht, die mich unterstützen würden, mit denen ich das, was ich eigentlich will, entdecken könnte. Man weiß ja selten so genau, was man eigentlich will. Das kann man nur langsam erfahren. Und auch nicht allein, sondern in Begleitung, mit Komplizen, mit Menschen, die gleich atmen, gleich denken.

Wenn man so arbeitet, in so einem Umfeld, macht man automatisch gute Filme, dachte ich. Und es gehörte für mich alles zusammen. So ein gestreiftes T-Shirt zu tragen wie Jeanne Moreau in »Jules et Jim«, in so einer Wohnlandschaft zu wohnen und leben wie Anna Karina in ihren Filmen, oder wie Jean-Pierre Léaud, zum Beispiel, einfach immer nur rumhocken, Zigaretten rauchen, essen, reden und diskutieren – also, wenn man so lebt, habe ich gedacht, wird man automatisch Künstlerin, ganz klar.

Als ich mit 18, 19, 20 in Schwabing herumlief und die engsten Jeans anhatte, und dazu, das war der allerletzte Schrei, High Heels und lange, weite schwarze Pullover, kam ich mir vor wie in einem französischen Film. Ich spiegelte mich in den Schaufenstern, sah mich da mit einem Lächeln auf den Lippen und dachte: Aha, das bin also ich.

Eigentlich bin ich als Juliette Gréco herumgelaufen.

Die deutschen Filme von damals haben mich nicht interessiert. Die fand ich verlogen und falsch. Papas Kino. Vielleicht habe ich einigen Filmen unrecht getan, denn ich hatte nicht so viele gesehen. Aber Curd Jürgens zum Beispiel, unseren normannischen Kleiderschrank, fand ich schrecklich. Und dann ist er auch noch in einem Film der Partner von Brigitte Bardot und spielt so schneidig und hölzern, dass es einem die Schuhe auszieht. Curd Jürgens, Martin Held, O. E. Hasse – all diese Helden mochte ich nicht. Wie sie herumgetönt haben, meine Güte. Das waren die Gesichter meiner Kindheit, vor denen ich geflohen bin. Man musste ja wirklich fliehen, weil sie immer riesig groß auf allen Filmplakaten zu sehen waren. Auch Peter van Eyck, Ruth Leuwerik, das war nicht's für mich. Einmal hatte ich eine Rolle in einem Film mit Ruth Leuwerik und Peter van Eyck, da war ich 21. »Ein Alibi zerbricht«, Regie Alfred Vohrer. Ich dachte nur: Was ist denn das? Wie spielen die denn da? Die sind ja wie meine Mutter. Und sehen auch noch alle so aus wie meine Mutter.

Als ich in einem dieser Schnulzenfilme mit Adrian Hoven die Hauptrolle spielte, sah ich dann selbst aus wie meine Mutter und habe auch so geklungen. So brav und geschniegelt und ein bisschen flirty – grauenvoll!

Die Filmmode der Fünfzigerjahre – bei allem, was so aussah, mit diesen kurzen, dauergewellten Frisuren, habe ich mich innerlich weggeduckt. Da war ich auch richtig rebellisch. Gut, ich bin nicht hingegangen und habe diese Filme laut angeprangert. Ich bin einfach so durchgegangen, um Geld zu verdienen. Aber gedacht habe ich: Um Gottes willen, was sind das für Filme? Wer soll da reingehen? Wer soll sich das anschauen?

Ich war auch nicht wirklich beeindruckt von all dem Drumherum im Filmgeschäft, bekam keine weichen Knie, wenn ich mit Stars wie Hans-Joachim Kulenkampff oder Freddy Quinn vor der Kamera stand. Im Gegenteil. Eigentlich wollte ich immer nur schnell weg vom Drehort. Als ich in Wien meinen ersten Film, »Immer die Mädchen«, drehte, war das Einzige, was mich interessierte, abends in den berühmten Jazzsaloon von Fatty George zu gehen. Da traten all die Jazzgrößen der damaligen Zeit auf: Oscar Peterson, Ella Fitzgerald, Stan Getz, alle, die Rang und Namen hatten. Zusammen mit Vivi Bach, die auch in »Immer die Mädchen« mitspielte, war ich so oft wie möglich dort.

Stan Getz, der berühmte Saxophonist, der Gott des Cool Jazz, den wir beide anhimmelten, und ein Freund von ihm, auch ein Jazzmusiker, luden uns eines Abends nach der Session zu sich in ihr Hotel ein. Wir waren begeistert, sind einfach mitgegangen und haben viel zu viel Alkohol getrunken, Schnaps, Whisky, Bier, Wein, alles durcheinander. Natürlich wollten die beiden uns verführen, aber das ist uns erst später klar geworden. Vivi und ich waren viel zu naiv, um das zu bemerken. Wir fanden es einfach toll, mit diesen berühmten Jazzmusikern in dieser schicken Suite zu sein. Irgendwann war ich so betrunken, dass mich Vivi in die Badewanne steckte und mich eiskalt abduschte.

Wie sie es geschafft hat, mich in unser Hotel zu bringen, weiß ich überhaupt nicht. Ich weiß nur, dass nichts passiert ist. So ein wehrloses, besoffenes, kleines Mädchen wollten die wohl auch nicht haben, ich war unbrauchbar für das, was die wollten.

Schade, dass ich nicht schon älter war. Eine verhängnisvolle Affäre mit dem Gott des Cool Jazz, der kurz nach unserem Besäufnis in Wien mit seinem Bossa-Nova-Hit »The Girl from Ipanema« weltberühmt wurde – das wäre schon cool gewesen.

»Lohn der Angst« mit Yves Montand, »Wenn die Kraniche ziehen«, »Asche und Diamant« von Andrzej Wajda, wie oft habe ich diese Filme gesehen. In »Asche und Diamant« spielte Zbigniew Cybulski die Hauptrolle, für den ich unendlich schwärmte. Er war der polnische James Dean. Ich konnte mich nicht dazu durchringen, zum Beispiel für Horst Buchholz oder Karin Baal zu schwärmen. Das ist mir nicht gelungen. Bei »Die Halbstarken« dachte ich: Was? Die wollen jetzt hier meine Jugend abbilden? Oder all diese Heimatfilme, Sonja Ziemann als Schwarzwaldmädel – das konnte ich nicht ertragen.

Ich wollte auch nicht so deutsch sein, wollte immer weg, in die Ferne. Ich mochte dieses biedere Deutsche nicht, habe mich immer geschämt, eine Deutsche zu sein, in dieser Zeit.

Nicht nur in dieser Zeit, sondern lange noch. Ich weiß gar nicht, ob man so etwas sagen soll, aber das war mein Grundgefühl. Das Grundgefühl war, dass ich nicht deutsch sein wollte. Das hatte sich in mir festgesetzt. Wenn ich im Ausland war und nicht sofort als Deutsche erkannt wurde, war ich fast ein bisschen stolz, oder beruhigt. Und ich fühlte mich überall woanders wohler als in Deutschland.

Das war keine äußerliche Spielerei. Dieses Schamgefühl hatte sicher mit dem langsamen Begreifen des Holocaust zu tun. In der Schule hatte ich über den Holocaust, über die Verbrechen des Krieges, nichts gehört und nichts erfahren. Einfach gar nichts. Auch zu Hause wurde darüber kein Wort gesprochen. Aber das weiß man ja. Was war das für ein Schock für mich, als ich mit 25 Jahren in Paris war, in einer Ausstellung mit einem Freund deutsch sprach und sich jemand zu mir umdrehte und »Boche!« hinter mir herrief. Und ich dachte nur: Um Gottes willen? Wieso ich? Ich habe doch keine Schuld an diesen Verbrechen.

Als ich angefangen hatte, über den Nationalsozialismus zu

lesen, Dokumentationen zu sehen – es gab ja noch nicht sehr viele –, Dichter wie Paul Celan, Rose Ausländer, Primo Levi, Else Lasker-Schüler, später auch Ingeborg Bachmann kennenzulernen, war ich total verzweifelt. Überall bestätigte sich das, was ich im Unbewussten schon wusste. Das heißt nicht, dass ich mich damals, als ganz junge Frau, schon konkret und systematisch mit den Kriegsverbrechen beschäftigt hätte. Da bin ich ganz ehrlich. Es war eine große Fassungslosigkeit, und Trauer.

Eigentlich ist es bis heute so. Obwohl ich heute so viel darüber weiß. Ich kann es nicht fassen, ich kann es nicht bewältigen und fühle bis heute eine Kollektivschuld. Die habe ich in mir, obwohl ich mir manchmal wünsche, dass ich sie nicht haben müsste.

Das Helle und das Dunkle

Diese Zeit, in der ich so jung war, war schon eine merkwürdig schlüpfrige, schwüle Zeit. Einerseits war alles ganz unterdrückend, hemmend, verklemmt und spießig, andererseits ging es ununterbrochen um Sex. Natürlich habe ich Begehrlichkeiten ausgelöst, aber ich war ja geschützt, ich war in sehr festen Händen. Dass ich da in meinen Anfängen so unbeschadet durchgegangen bin, hatte viel mit Fritz zu tun. Und auch mit Peter, meinem Freund nach Fritz, einem Jazzmusiker aus der »Nachteule«. Dass ich immer sehr verliebt war, war ein Schutz für mich. Ich gehörte nicht zu denen, die sich mit reichen, halbjungen Männern in Italien oder in Paris oder auf einer Yacht herumtrieben. Ich war in ganz anderen Gefilden.

Und irgendwie war das auch so normal, diese Schlüpfrigkeit, diese erotische Schwüle, all diese Verbote und Gebote. Man musste sich halt möglichst geschickt durchlavieren – so sah ich das.

Mir ist in dieser Beziehung nie etwas Schlimmes passiert. Auch mit all den Erpressungsversuchen von Produzenten oder Regisseuren, die man als junge Schauspielerin damals erlebte, hatte ich kein Problem. Die habe ich souverän abgewiesen, denn ich war viel zu stolz, um mich auf so etwas einzulassen. Bei den Dreharbeiten zu »Freddy unter fremden Sternen« ließ mich ein Produktionsleiter zu sich kommen, saß ziemlich mächtig hinter seinem riesigen Schreibtisch und fragte mich, ob ich mit ihm nach Paris fahren wolle. Paris? Das war ein eindeutiges Angebot. Ich fand das frech, ich war empört: »Fahren Sie mit Ihren Nutten nach Paris, aber nicht mit mir.« Da ließ ich mir nichts gefallen, da war ich auch nicht schüchtern. Ich dachte: »Mit denen niemals. Mit diesen sogenannten wichtigen Leuten werde ich mich niemals einlassen.« Da war ich ziemlich stur. Außerdem waren mir diese Männer viel zu alt. Die waren wahrscheinlich schon fast vierzig.

Später dachte ich mal: Wieso eigentlich nicht?

In den ersten Jahren in München hatte meine Mutter in unserer Wohnung ein Zimmer untervermietet, um finanziell zurechtzukommen. Da wohnte eine große, vollbusige Blondine und bekam regelmäßig Besuch von einem vornehmen Herrn mit Monjoux-Bärtchen, er war Verleger oder Zeitungsmogul und ziemlich reich. Er bezahlte das Zimmer der Blondine. Sie war seine Geliebte. Meistens habe ich ihm die Tür aufgemacht, wenn er kam. Da stand ich dann, 15 Jahre alt, in diesem großen, dunklen Flur unserer Altbauwohnung, er kniff mir in die Wange, murmelte, ich sei aber ein hübsches Mädchen, und verschwand in dem Zimmer der Blondine. Irgendwann hatte meine Mutter sich wohl bei ihm Geld geliehen und stotterte die Raten mühsam ab. Später, als ich schon 18 oder 19 war, kam er dann zu mir und bot mir an, ich könne das Geld auch anders abbezahlen... Überrascht oder entsetzt war ich inzwischen nicht mehr. Ich habe ganz ruhig geantwortet: »Nein, vielen Dank, Sie bekommen das Geld zurück, auf Heller und Pfennig!«

Natürlich fand ich so etwas zutiefst unanständig.

Aber das hatte nichts mit Moral zu tun. Ich glaube, es hatte etwas mit einer inneren Reinheit zu tun, die ich nicht verlieren wollte. Denn Bedenken, mit jemandem ins Bett zu gehen, hatte ich überhaupt nicht, da fühlte ich mich frei von moralischen Zwängen. Eines Tages, als ich durch die Stadt stromerte, neugierig und aufmerksam, ob irgendetwas geschieht, hielt ein Auto neben mir und ein sehr attraktiver älterer Mann fragte mich, ob ich nicht mit ihm fahren möchte. Das war, kurz nachdem Fritz und ich uns getrennt hatten, ich war also frei. Es war eine Anziehung auf den ersten Blick, und ich sagte Ja. Wir fuhren in seine Wohnung, oder in ein Hotel, ich weiß es nicht mehr. Wir haben uns sofort ausgezogen und miteinander geschlafen, ohne ein Wort. Es war süß und leidenschaftlich und zärtlich und fremdartig. Wie im Film.

Danach bin ich einfach wieder gegangen. Es war schön – und ich war total stolz, ich wollte das einfach. Natürlich wurde ich auch manchmal verführt, aber das klappte nur, wenn auch ich es wollte. Ich fühlte mich nie benutzt.

Meine Naivität, meine Unbefangenheit hat mich vor einigem bewahrt. Ich erinnere mich an eine Begegnung mit dem Regisseur und Autor Will Tremper auf einer Party in München. Inzwischen – ich war vielleicht siebzehn – war ich in der angesehenen Agentur von Ada Tschechowa. Frau Tschechowa war sehr streng – und sehr merkwürdig. Sie riet mir, meine Zähne begradigen und meine Nase schmaler machen zu lassen. Und mir einen schillernden Künstlernamen zuzulegen. Das Einzige, was ich tat, war das T aus meinem Namen Elstner zu streichen. Mein Künstlername war jetzt Elsner, Hannelore Elsner, das sprach sich flüssiger, war nicht so ein Gestolpere wie mit dem T in Elstner.

Manchmal veranstaltete Ada Tschechowa aufwendige Partys, um Kontakte zu Produzenten und Regisseuren herzustellen und zu pflegen. Es ging zu wie auf dem Heiratsmarkt. Junge Schauspielerinnen – manche nannten sich nur so – waren bestimmten Herren zugedacht, natürlich nicht zum Heiraten.

Auch ich war einmal eingeladen. Da kam es zu der Begegnung mit Will Tremper. Er war sehr höflich und zuvorkommend zu mir. Irgendwann bot er mir an, mich nach Hause zu fahren – auch das fand ich sehr freundlich. Fritz konnte mich nicht abholen, es war schon spät und es fuhr keine Straßenbahn mehr. Also stieg ich in sein Auto, es war ein ziemlich weiter Weg von Obermenzing in die Karolinenstraße, und wir unterhielten uns sehr angeregt. Ich fühlte mich angenommen und erwachsen. Er brachte mich an die Haustür, er küsste mir die Hand, sagte, ich solle meine Mutter grüßen, und ich ging ganz euphorisch in mein Zimmer. Zwei Jahre später, als wir den Kinofilm »Die endlose Nacht« drehten, erzählte mir Will Tremper, dass ich ihm damals gleichsam versprochen war und er mich an diesem Abend eigentlich aufreißen wollte. Aber ich sei so naiv, so fröhlich und unschuldig gewesen, dass er sich überhaupt nicht getraut habe, irgendetwas in der Richtung zu unternehmen oder zu erwarten.

Schon lustig, wie anders ich die Situation wahrgenommen hatte.

Einmal hatte meine Agentur eine ganz besondere Sache vermittelt: Ein paar junge Schauspielerinnen und ich – Barbara Valentin war auch dabei – sollten König Hussein von Jordanien, der auf Deutschlandbesuch war, bei einem Abendessen in einem Hotel in Köln oder Düsseldorf Gesellschaft leisten. Ich kam nach Hause, überschwänglich wie immer, wenn ich etwas nicht ganz koscher fand: »Mutti, es ist unglaublich, stell dir vor, ich bin eingeladen bei König Hussein von Jordanien.« Meine Mutter sagte nur: »Pass bloß auf, Kind.« Ich sagte: »Was soll ich denn da aufpassen, der König von Jordanien ist in Deutschland, mit seinen Ministern, es ist ein besonderes Ereignis, wir sollen so was wie Hofdamen sein und ihnen Gesellschaft leisten, abends beim Abendessen, also wirklich – das ist doch großartig, das Hotel wird bezahlt, die Reise, es gibt wunderbares Essen – das ist doch alles ein Traum.«

Ich fuhr nach Köln oder Düsseldorf, machte mich schön für den Abend und es war ein festliches Abendessen, ein Gala Diner, es war vornehm und fein und für mich ganz und gar überwältigend. Ich kam mir vor wie eine Prinzessin. Vera Tschechowa, die Tochter meiner Agentin, hatte mir ihr pinkfarbenes Samtkleid geliehen, wie schon ein paar Mal zuvor bei besonderen Anlässen. Empire-Schnitt, ärmellos, eine Schleife unterm Busen, tief ausgeschnitten. Trotzdem war mein Ausschnitt nicht so beeindruckend wie die ausladenden Dekolletés der anderen Mädchen.

Die Konversation lief ganz gut. Naja, mit unserem bescheidenen Englisch haben wir uns irgendwie verständigt. König Hussein verabschiedete sich bald sehr höflich von uns und ging in seine Suite. Ich dachte, gut, dann geh ich jetzt auch. Einer seiner Minister sagte, er werde mich begleiten. Sympathisch war er mir nicht. Aber gut, dachte ich, soll er mich halt zu meinem Zimmer begleiten. Vor meinem Zimmer wurde er sehr zudringlich. Ich bekam knallheiße Ohren und versuchte ihn abzuwehren: »Entschuldigen Sie, was erlauben Sie sich? Ich bin Gast von König Hussein – was denken Sie sich eigentlich?« Da wurde er plötzlich richtig ordinär: »Sag mal, was glaubst du eigentlich, wofür du hier bist?« Ich erklärte ihm ganz ruhig, trotzdem ein bisschen theatralisch, dass ich Zeter und Mordio schreien würde, wenn er mich nicht in Ruhe ließe, und dass ich mich bei König Hussein über ihn beschweren würde. Da wurde es ihm wohl zu dumm, und verächtlich abwinkend machte er sich davon. Er wollte keinen Ärger, sondern eine willige Gefährtin und nicht so ein abweisendes, zickiges Biest.

Ich rannte zur Rezeption und schrieb einen kleinen Brief an König Hussein, dass ich mich beschweren möchte und ihn am nächsten Tag unbedingt sprechen müsste. Am nächsten Morgen gab König Hussein ein kleines Frühstück für die Mädchen, die sich beschwert hatten. Von den ungefähr zehn »Hofdamen« kamen nur drei.

König Hussein war hinreißend, entschuldigte sich tausendmal für die Aufdringlichkeiten seiner Minister, ich fühlte mich rehabilitiert und fuhr ganz stolz wieder nach Hause. König Hussein hat mir noch ungefähr ein Jahr lang Briefe geschrieben und eine Karte. Meine Mutter hat sie sorgfältig aufbewahrt.

Ich war natürlich nicht immer nur naiv. Ich war jung und habe mir mit offenen Augen und ohne Vorurteile alles angeschaut, ohne überall die große Gefahr zu wittern. Dazu war ich viel zu abenteuerlustig. Aber ich musste auf mich aufpassen, ich war nicht in so einer vertrauten Umgebung wie Fritz und seine Studentenfreunde, die immer unter ihresgleichen waren und meist auch ein intaktes Zuhause hatten.

Es ist schon ein Unterschied, wenn man erst mit 25 oder später selbstständig wird und in einen Beruf geht, als mit 17. Und so habe ich eben, wie jeder Autodidakt, meine Fühler ausgestreckt, alle Poren geöffnet, einfach beobachtet und gesammelt. Erst mal gar nicht sortiert, woher sollte ich wissen, was richtig und falsch ist? Außerdem wollte ich das selbst erfahren, mir nicht von außen diktieren lassen, was gut und böse und richtig und falsch ist. Ich musste mich irgendwie zurechtfinden. Und alles hatte diese zwei Seiten vom Überschwang, das ganz Helle und das ganz Dunkle, das Oben und das Unten, auch in der Beurteilung. Manches, was ich ganz schrecklich fand, fand ich später nicht mehr schrecklich. Und umgekehrt.

Es ist für mich ein Erlebnis, zu beobachten, wie ich mich an dieses junge Mädchen, das ich war, erinnere. Zu sehen, wie viele verschiedene Schichten es da gibt, wie ich plötzlich anfange, mich selbst zu verteidigen und zu sagen, nein, nein, Moment mal, ich war ja nicht nur dumm und naiv. Ich war wie Alice im Wunderland, einfach offen und bereit, alles wahrzunehmen und zu erkennen. Mich ein-zu-lassen. Ich war auf der Suche. Wie Alice im Wunderland, sie war unkonventionell, bereit, sich auf tiefere Dinge einzulassen, auch auf alles Schräge und Verrückte. Das Biedere – das mochte ich schon lange nicht mehr.

Es ist ein zärtlicher Blick, den ich habe, wenn ich mich betrachte, wie ich damals mit 17,18,19 durch die Gegend gestiefelt bin. Da denke ich manchmal, oh Gott, du Arme, und dann wieder, oh Gott, wie mutig du da warst, wie unaufhörlich positiv, trotz deiner ganzen Melancholie, wie fleißig vor allen Dingen.

Ich war immer so unendlich fleißig.

Und ich spüre, woher meine Sehnsucht kommt nach diesen lümmelnden, sich räkelnden Studenten, die natürlich nur im Film so viel Zeit haben.

Auf einer Theaterbühne stand ich zum ersten Mal mit ungefähr 19, im »Intimen Theater« in München. Das war ein kleines und eben intimes Theater direkt am Odeonsplatz, im ersten Stock des Annast-Hauses am Hofgarten. Hier wurden Schwänke und Komödien von Arnold und Bach und ähnlichen Autoren gespielt. Der Intendant Charly Müller und seine Frau waren nicht nur die Leiter des Theaters, sondern spielten auch immer die Hauptrollen. Chef und Chefin spielten also Familienoberhaupt und Grande Dame, und wir Jungen die Töchter, die Söhne, die Dienstmädchen, Kammerkätzchen oder die jugendlichen Liebhaber. Einmal hatte ich Percy Adlon als Partner. Er spielte einen ungelenken jungen Mann, ich eine biedere höhere Tochter, in die er unglücklich verliebt war. Der Theaterregisseur Dieter Giesing, der mich fünf Jahre später an die Münchner Kammerspiele holte, sah mich hier zum ersten Mal auf der Bühne – und er fand mich schrecklich, besonders mein Lachen, wie er mir später erzählte.

Es war ein richtiger Familienbetrieb. Wenn der Chef oder die Chefin keine Zeit hatten, saßen wir jungen Schauspieler auch an der Kasse und verkauften die Karten. Ich bekam 10 DM pro Vorstellung, also ungefähr 300 DM im Monat. Wir hatten jeden Abend Vorstellung, außer Montag; samstags und sonntags jeweils zwei. Silvester, das weiß ich noch, spielten wir auch zwei Vorstellungen. Nach der zweiten, die gegen halb zwölf zu Ende war, stieg ich in die Straßenbahn und fuhr nach Schwabing, in die »Nachteule« in der Occamstraße. Da war schon Peter mein Freund, Schlagzeuger einer Jazzband in der »Nachteule«. Um Mitternacht, wenn alle Münchner Kirchenglocken das neue Jahr einläuteten, saß ich noch in der Straßenbahn. In der »Nachteule« spielte die Band, es wurde getanzt, aber ich als Musikerbraut habe nicht getanzt. Ich konnte da nicht mit anderen Männern rumtanzen, während Peter seinen Job machte. Und das nicht nur zu Silvester. Da war er eifersüchtig. Also saß ich hinten in der Küche, mit den zwei Besitzern des Lokals, und trank Dornkaat und Bier.

Das war jetzt ein ganz eigenes Leben. Ich verdiente mein Geld, konnte mein Leben bezahlen und meiner Mutter 100 DM abgeben für das Zimmer der Blondine, in dem jetzt ich wohnte – es war eigentlich ein erwachsenes Leben. Dabei war ich noch gar nicht erwachsen.

Die Sehnsucht nach dem Müßiggang – mir ist schon klar, woher sie kommt. Ich habe immer gearbeitet. Wie oft habe ich damals erlebt, dass andere viel mehr Zeit hatten als ich.

Als ich mit Peter, seinen Musiker- und Malerfreunden und ihren Freundinnen, nach Ibiza gefahren bin, war das mein allererster Urlaub überhaupt. Und zum ersten Mal war ich mit einer Clique unterwegs. Zu sechst in einer alten Kiste, tage- und nächtelang sind wir gefahren, von München über Genf in die Camargue. Reiten auf den stämmigen, buntscheckigen Camargue-Pferden, übernachten in der Scheune, zu sechst in einem riesigen Bauernbett. Dann nach Barcelona, der Wahnsinnsstadt. Weite Plätze, fröhliche Menschen, die Rambla, die Jazzlokale, Flamencokneipen – hier haben wir gar nicht geschlafen. Von Barcelona mit dem Schiff nach Ibiza, es war wunderbar: Ibiza, die weiße Stadt, und das kleine billige Hotel, das Frühstücken im Schatten auf der Straße, die Hitze und die Langeweile, der Rotwein schon am Nachmittag, die Kleidchen aus Leinen und die Espadrilles und die schönen ibizenkischen Strohhüte, und wir alle mit klapprigen Fahrrädern auf der stundenlangen Suche nach der besten, einsamsten Bucht. Und da im Meer schwimmen – schwimmen bei Tag oder Nacht, das war der Traum. Unendlich lang kommt mir die Zeit dort vor, es macht sich alles so groß in meinem Gedächtnis, weil es so grenzenlos und neu für mich war.

In Wahrheit war ich nur sieben Tage in Ibiza. Dann musste ich zurück. Ich musste zurück nach München, weil ich einen Synchrontermin hatte. Die anderen sind geblieben. Noch sechs Wochen. So etwas konnte ich mir gar nicht vorstellen. Bei mir ging es einfach immer weiter. Ich hatte überhaupt keine Zeit, Atem zu holen.

Und ich musste an Studenten und Semesterferien denken. Mein Gott, dachte ich, das hätte ich auch gerne. Wenn ich so viel Zeit hätte, dann würde ich erst mal ganz lange nach Paris fahren, wochenlang nach Ibiza, noch einmal endlos in die Camargue, Südfrankreich, New York natürlich, San Francisco, *Rom*. Das waren meine Sehnsüchte, ganz klar. Und die Studenten haben wahrscheinlich gedacht, mein Gott, ich würde jetzt auch mal gerne ein bisschen Theater spielen oder einen Film drehen.

Das ist die ganz normale Sehnsucht nach dem anderen, nach dem, was man gerade nicht haben kann. Später dann die Vorstellung, dass ich mal ein Jahr abhaue – das ist der Traum meines Lebens, den ich mir noch nie erfüllt habe. Viele haben diesen Traum, das ist nicht einzigartig. Aber ich habe wirklich so oft darüber nachgedacht – und tue es bis heute.

Vor ein paar Jahren lief ein Film von mir in Burghausen. Ich war dort und traf meine Schulkameradinnen von früher. Eine von ihnen zeigte mir ihr Poesiealbum, in das ich als Kind ein Gedicht geschrieben und mit Buntstiften eine ganze Szene gezeichnet hatte. In dem Gedicht heißt es ungefähr: Das Leben ist Mühe, Not und Pflicht, man muss seine Pflicht tun, seine Not ertragen, man darf niemals ruhen und so weiter. In der Zeichnung sitze ich an einem großen Tisch, ein kleines Mädchen mit braunen Zöpfen, und lerne. Vor mir Bücher und ein aufgeschlagenes Heft. Draußen vor dem Fenster scheint die Sonne, ihre gelb gemalten Strahlen reichen in das Zimmer, und sie sagt in einer Sprechblase: Komm heraus, liebe Hanni, hier ist es so schön. Ich antworte in der Sprechblase: Ich kann nicht, liebe Sonne, ich muss lernen. Und unter dem Tisch sitzt ein kleiner Hund, der hat auch so eine Sprechblase vor der Schnauze, in der er sagt: Wau, wau, bitte, kommt mit zum Spielen raus, es ist so schön draußen. Aber ich sage: Nein, lieber Wauwau, ich kann nicht, ich muss lernen.

Das fand ich im ersten Moment lustig, aber dann fand ich es erschreckend. Dieser Druck, immer etwas leisten zu müssen – das hat mich sehr berührt.

»Die endlose Nacht«

»Die endlose Nacht« war der erste gute Kinofilm, den ich machen durfte. Ich hatte gerade ein Engagement am Volkstheater München, wir hatten schon drei Wochen geprobt für ein Stück von Molière, in zehn Tagen sollte Premiere sein. Es war Sonntagnachmittag. Ich lag zu Hause in meinem Zimmer auf dem Bett und überlegte, ob ich ins Kino gehen sollte. Das Telefon klingelte ewig lange im Wohnzimmer meiner Mutter, und ich war genervt, weil niemand ranging. Endlich nahm meine Mutter den Hörer ab, kam nach ein paar Sekunden in mein Zimmer gestürzt, ohne anzuklopfen, und sagte irritiert und mit wichtigem Gesicht: »Kind, es ist Will Tremper.«

Wow! Mit einem Satz war ich am Telefon. Will Tremper fragte mich, ob ich in seinem Film mitspielen will. Und ich sagte: »Ja! Natürlich!«

»Dann musst du sofort ins Flugzeug steigen und nach Berlin kommen.«

»Wie sofort?«

»Sofort. Jetzt. Du könntest so gegen sechs Uhr fliegen, dann bist du um sieben Uhr da und wir fangen gleich an zu drehen.«

Ich musste noch kurz überlegen, weil ich ja am nächsten Tag Probe hatte. Aber das war mir egal. Tremper bat mich noch, ein schwarzes Kleid mitzubringen. Und ich hatte natürlich so ein kleines schwarzes Kleid mit Spaghettiträgern wie Monica Vitti in dem berühmten Antonioni-Film »La Notte«. Das mussten wir damals alle haben, ich hatte es mir von einer Schneiderin nähen lassen, die kaum älter war als ich. Das kleine schwarze Kleid mit den Spaghettiträgern. Wunderbar.

Ich packte es ein, ich flog nach Berlin, ich kam am Flughafen Tempelhof an, wurde geschminkt, zog das kleine Schwarze an und spielte in dem Film »Die endlose Nacht« ein Starlet.

Am Montag, nach meiner ersten Drehnacht rief ich beim Volkstheater in München an und sagte, dass ich nicht mehr komme. Der Intendant schrie mich richtig zusammen, brüllte, er werde dafür sorgen, dass ich nie mehr in meinem Leben in irgendeinem Theater unterkomme. Ich sagte nur, ja, tun Sie das, aber ich kann das jetzt nicht ändern, ich muss in diesem Film spielen. Ich hatte keine Skrupel. In diesem Molière-Stück sollte ich nur eine kleine Rolle spielen, die Premiere war nicht gefährdet. Das war kein großer Verlust, für mich sowieso nicht und für den Theaterintendanten auch nicht. Aber die Arbeit an dem Film war ein großer Gewinn für mich.

Will Tremper, Autorenfilmer – mit ihm fing es eigentlich an mit dem Neuen Deutschen Film. Er drehte schnell, ohne festes Drehbuch, und oft ließ er die Schauspieler improvisieren. »Die endlose Nacht« ist ein großartiger Episodenfilm. Alles spielt in einer einzigen Nacht auf dem Flughafen Tempelhof, die Flugzeuge fallen wegen Nebel aus und alle Passagiere stecken fest. Ich spiele das Starlet Sylvia, das die ganze Nacht auf dem Flughafen herumläuft und zu Beginn sehr arrogant jede Hilfe ablehnt, auch von wirklich seriösen Herren. Und im Morgengrauen wird sie, völlig am Boden zerstört, von zwei jugendlichen Straßenkötern abgeschleppt. Harald Leipnitz spielt den Spekulanten, der weg wollte, weil ihm ein Scheck geplatzt war, und der am Morgen von der Polizei abgeführt wird, Louise Martini spielt eine Frau, die in dieser Nacht ihrem Mann weggelaufen ist und mit ihrem sehr südländischen Lover abhauen will – es waren viele einzelne Geschichten und Tragödien. Menschen im Wartesaal – einer der ersten deutschen Filmkunst-Filme. Preisgekrönt. Und ich war damals sehr, sehr glücklich, dabei sein zu dürfen. Es gab sehr wenig Geld, aber das war egal.

Sechs Wochen dauerten die Dreharbeiten. Gedreht haben wir nur nachts, weil nachts kein Flugbetrieb war. Und in den

Drehpausen spielte ich mit den Kollegen, die alle viel älter waren als ich, Skat und Poker. Es mussten immer alle anwesend sein, weil die Filmfiguren und ihre Geschichten miteinander verknüpft waren und nur in dieser Abflughalle spielten. Außerdem fiel Will Tremper immer etwas Neues ein. Ich glaube, er hat wirklich Tag und Nacht gearbeitet, am Drehbuch gefeilt, neue Texte herausgegeben. Ich habe noch ein Foto von ihm: Da sitzt er an der Kamera, hat eine Zigarette im Mund, fast bis zu seinen Lippen heruntergebrannt, und ist gerade eingeschlafen.

Tempelhof gehörte uns, das war unser Flughafen. Und wenn morgens die ersten Fluggäste ankamen oder Menschen, die jemanden abholen wollten, dachten wir: Was wollen die denn hier? Das ist doch unser Ort, unser Flughafen, unsere Filmkulisse.

Die große Premiere fand auch in der Abflughalle in Tempelhof statt. Dort, wo die berühmte große Uhr hing, war eine riesige Leinwand aufgespannt, und dort, wo auf den Laufbändern die Koffer ankamen, standen die Stuhlreihen fürs Publikum. Es war toll, eine großartige Premiere. Der Film bekam viele Preise, vor allem den Bundesfilmpreis für den besten Film.

Ein Jahr zuvor hatte ich meine erste gute Rolle im Fernsehen, 1962, in »Stahlnetz«, einer Krimireihe, die als Vorgänger-Produktion der »Tatort«-Krimis gilt und die ein richtiger Straßenfeger war. Die Folge »Spur 211«, für die mich der Regisseur Jürgen Roland engagiert hatte, war einer der ersten Zweiteiler in der Fernsehgeschichte und ein Riesenerfolg beim Publikum. Da stand ich dann in den Zeitungen und war schon ein bisschen berühmt.

Alle Filme in der »Stahlnetz«-Reihe basierten auf wahren Begebenheiten, auf Kriminalfällen, die tatsächlich so passiert waren. Und der Fall der Inge Marchlowitz, sehr bekannt und berüchtigt damals, war die grauenhafte Geschichte eines jungen Mädchens, das sich an zwei Morden mitschuldig gemacht hatte. Die Rolle habe ich, glaube ich, bekommen, weil ich der echten Inge Marchlowitz so ähnlich sah. Das war eine wirkliche Aufgabe, eine gute Rolle. Da fühlte ich mich auf dem richtigen Weg. Auch weil mir Jan Hendriks – ein empfindsamer, großartiger Schauspieler – ein wunderbarer Partner war.

Achtsamkeit und Leichtsinn

»Vater einer Tochter«, ein Stück von Curt Flatow, war eine geradezu berühmte Aufführung am Theater am Kurfürstendamm, mit Georg Thomalla, Jürgen Wölffer und mir in den Hauptrollen. Es war jeden Abend ausverkauft, ein ganzes Jahr lang, Samstag und Sonntag gab es zwei Vorstellungen. Die Leute kamen sogar mit Bussen aus dem Westen nach Berlin, um die Vorstellung zu sehen.

Dieses Jahr am Theater am Kurfürstendamm war eine wichtige Lehrzeit für mich, meine *Provinz*. Meine wirkliche Lehrzeit. Da habe ich meine Disziplin gelernt, die Begabung dafür, das immer Gleiche immer wieder neu zu erfinden. Und ich habe das Gefühl für mein Publikum bekommen, für die Menschen, die uns sehen wollen, die bezahlt haben und das Stück zum ersten Mal erleben. Ich habe mir gedacht: Auch wenn ich 365 Mal die gleiche Vorstellung spiele, dieselben Texte sage – das Publikum sieht das zum ersten Mal, es will das Neue sehen und erleben. Also strenge ich mich an, weil das mein Beruf ist. Nicht in Routine zu verfallen, das habe ich da gelernt.

Natürlich muss man als Schauspielerin Fertigkeiten entwickeln. Natürlich muss man auch irgendwann eine Routine dafür entwickeln, wie dieses unordentliche, durcheinanderne tägliche Leben vor sich gehen soll. Man muss lernen, leichter seine Koffer einzupacken oder wieder auszupacken und sich in einem fremden Umfeld einzufinden und zurechtzufinden. Man sollte das schon irgendwann beherrschen, sich schneller heimisch zu fühlen, und begreifen, dass man sowieso nur in sich selbst zu Hause ist.

In der Schauspielerei möchte ich immer wieder neu sein. Das habe ich schon als Kind geübt: Kinder können mit den gleichen Dingen immer wieder neu spielen und etwas anderes erleben. Zum Beispiel meine Schulwege, dieses Glück und dieses Wunder, immer wieder etwas Neues zu entdecken, durch Neugier, durch dieses Gierigsein auf etwas Neues. Und jedes Jahr die gleichen Schneeglöckchen unter der Schneedecke entdecken. Das Immergleiche immer wieder neu empfinden und neu entdecken – das ist etwas ganz Wichtiges und Großes für mich. Diese Sisyphosarbeit in meinem Beruf, dieses ewige Üben und Wiederholen und Von-vorne-Anfangen liebe ich. Es ist ein Geschenk, wenn man wiederholen kann. Das ist das Schöne an meinem Beruf, das, was so lebendig hält: dass man nie ab-geschlossen hat, nie aus-gebildet, nie fertig ist. Wenn man »fertig« ist, ist man tot. Und wirklich gut kann man ja sowieso nur die Dinge, die man immer und immer wieder übt, und immer und immer wiederholt und neu wahrnimmt.

Als mein Sohn, mitten in seiner Pubertät steckend, sagte, essen, lernen, schlafen, das soll das Leben sein, wie langweilig, was soll ich jetzt noch lernen, es ist immer das Gleiche, antwortete ich ihm: Wenn man denkt, man kann schon gehen, dann stolpert man.

Wenn ich 365 Mal die gleiche Vorstellung spiele, dieselben Texte sage, dieselben Gefühle erzeuge und darstelle und es schaffe, das immer wieder neu zu empfinden, dann ist das auch wichtig für das Leben. Wie schnell würden wir uns abnutzen, wenn wir wirklich sagen würden: Das ist ja immer das Gleiche, aufstehen, frühstücken, arbeiten, schlafen. Ich muss es nicht mehr genießen, ich muss es nicht mehr wahrnehmen. Dann fehlt die Achtsamkeit. Und in dem Moment, wo die Achtsamkeit fehlt, lebt man nicht. Man ist nicht mehr da. Wenn man das gelernt und geübt hat und vielleicht auch kultiviert, dann kann einem eigentlich nichts passieren. Dann bleibt man ewig jung. Im Sinne von lebendig.

Ich kann in allem etwas Schönes finden. Vielleicht kommt das aus meiner Kindheit. Die Begabung, bekannte Dinge neu wahrzunehmen und sich an ihnen zu erfreuen, sollte man hüten und pflegen. Ich kann mir alles verwandeln. Zum Beispiel wenn ich gerade diese Regentropfen an den Ästen sehe: Die glitzern mich an und das gefällt mir, sie leuchten in mein Inneres und ich kann strahlen.

Mein Sohn sagte eines Tages: »Mama, du bist unmöglich, du freust dich an jeder Blume, die am Wegesrand steht.« Und ich ganz begeistert: »Ja, das ist es. Genau das. Ich kann mich an allem erfreuen.« Schon immer, wenn ich mit ihm unterwegs war, rief ich aus: »Ist das nicht schön? Schau mal dieser Baum da, schau mal diese Hecke, dieses alte Haus, diese Blume, ist das nicht wunderschön?« Und er sagte erschöpft: »Mama, das ist mir zu anstrengend. Du bist so enthusiastisch, das strengt mich an. Ich kann nicht immer so begeistert sein wie du. Du bist so überschwänglich.«

Später fing er an, mich aufzuziehen: »Guck mal, Mama, dieses Auto, ist das nicht geil?« Und ich: »Komm, Autos interessieren mich nun wirklich nicht.« Er ließ nicht locker: »Schau mal hier, hast du das gesehen?« »Was? Diese Pflanze da?« »Nein, Mama, dieses Auto.« Ich war überfordert: »Ich verstehe nichts von Autos, ich interessiere mich nicht für Autos – und lass mich mal mit deinen Autos in Ruhe.« Jetzt hatte er mich: »Siehst du, Mama, die Autos sind für mich das, was für dich die Blumen am Wegesrand sind.« Da hatte er recht.

Dabei hatte er einmal, als er noch klein war und ich morgens – von einem Filmball nach Hause kommend und noch im Abendkleid – an sein Bett huschte, zu mir gesagt, fast noch im Traum: »Mama, du riechst so abenteuerlich, so nach Nacht.«

Und dann musste ich, unbedingt im Abendkleid, sehr lange mit ihm frühstücken.

Wenn das nicht überschwänglich ist!

Auch wenn ich diese Achtsamkeit im Kleinen immer schon hatte, vielleicht auch manchmal übertrieben habe – im Großen ging das Leben lange Zeit so dahin, unheimlich leichtsinnig, ohne bestimmtes Ziel, ohne bestimmten Zweck. Als sei das Leben ein Spiel, denke ich manchmal. Auch die Engagements für diesen Film, für jenen Film – ich habe das alles nicht so ernst genommen. Es war ein im wahrsten Sinne des Wortes leicht-sinniges Leben, ein Leben mit einem bestimmten leichten Sinn, das ich da lange Zeit geführt habe.

Ich hatte mit 22 Jahren geheiratet. Diese zweijährige Ehe mit dem Schauspieler Gerd Vespermann, der 18 Jahre älter war – wenn ich daran denke, habe ich manchmal das Gefühl, als hätte ich mich in dieser Zeit nur gespielt. Als hätte ich mich als die erwachsene Frau gespielt, die ich unbedingt sein wollte. Ich wollte nicht mehr mit Fräulein angesprochen werden, sondern mit Frau. Sogar Fritz hatte ich, als er mich in Berlin besuchte, ganz stolz meinen Ehering präsentiert. Er sagte nur, mein Gott, ja, dann hättest du auch mich heiraten können. Noch lange, nachdem wir uns getrennt hatten, schickten wir uns Geschenke und Fotos von unseren Erlebnissen. Einmal schickte er mir Fotos von der Hochzeit seiner Schwester und später Fotos von Schwester mit Baby. Ich klebte sie alle in unser Fototagebuch und schrieb darunter: *Sie muss wohl die glücklichste Frau der Welt sein, oder?*

Da wäre ich am liebsten auf der Stelle mit Fritz verheiratet gewesen.

Als wir noch zusammen waren, hatten wir gemeinsam eine Zeichnung gemacht, ein großes, rundes Zimmer, in dem nur ein großes, rundes Bett stand, in das man von allen Seiten einsteigen konnte. Darin wollten wir mindestens fünf Kinder zeugen, und natürlich wollten wir auch heiraten.

Aber wir waren unheimlich leichtsinnig, suchten Gründe für unsere Trennung und wir fanden sie auch; und wir waren beide, glaube ich, nicht zu sehr traurig darüber, zumindest ich habe gedacht, wir gehen uns nicht verloren.

Wahrscheinlich habe ich Gerd geheiratet, damit das Ganze nicht zu ernst werden würde, nicht zu sehr *für immer und ewig*.

Natürlich klappte das mit dem Erwachsenwerden durchs Heiraten nicht. Ich passte sowieso nicht in Gerds Berliner Umgebung, alle seine Freunde waren so viel älter als ich, 40-jährige Playboys beinahe. Ich mochte die Lokale, die Restaurants, die Kneipen nicht, in die sie gingen. Ich kam mir immer ein bisschen fremd vor. Das waren nicht meine Jazzkneipen, sondern teure Nachtclubs, Bars, in denen Whiskey statt Bier getrunken wurde.

Und ich mochte die Musik nicht, die Gerd mochte. Er war nicht nur Schauspieler, er spielte Klavier und sang ziemlich gut. Wenn er Klavier spielte und sang, war das schon verführerisch. Er sang und spielte am liebsten Songs von Frank Sinatra. Das war nicht meine Musik, Frank Sinatra mochte ich damals überhaupt nicht. Ich liebte Jazz, Elvis, Aretha Franklin, »Respect«, Ella Fitzgerald, Mahalia Jackson, Otis Redding, schwarze Musik, später die Beatles, aber vor allem die Rolling Stones, die Doors – das war mein Musikgeschmack. Und natürlich Patti Smith, Bob Dylan, Leonard Cohen, Pink Floyd, Santana.

Ich war auch eifersüchtig, denn ich war für ihn die Kleine, die Süße. Gerd war vor unserer Ehe immer mit diesen schönen Frauen zusammen, die Mitte 30 waren. Und ich dachte: Ach, wann bin ich endlich 35?

Gerd spielte in München Theater und ich in Berlin. Wir haben uns eigentlich kaum gesehen. Unsere Ehe war nicht besonders aufregend, es gab weder große Höhen noch Tiefen.

Geheiratet haben wir in München. Standesamtlich, an einem Montag, weil Gerd montags nicht Theater spielen musste. Es war keine rauschende Hochzeit, aber ganz lustig. Ich hatte ein hellblaues Kostüm an, ein bisschen auf Chanel geändert, Peter Frankenfeld, ein Freund von Gerd, war unser Trauzeuge – und meine Internatsfreundin Bettina, die inzwischen Fotografin war und schon Fritz und mich in unserem ersten Sommer fotografiert hatte, machte die Hochzeitsfotos.

Unsere Hochzeitsreise war eigentlich nur ein Hochzeitsausflug. Ein Hotel in Garmisch-Partenkirchen oder am Tegernsee, ich kann mich an gar nichts mehr erinnern. Nur dass am nächsten Morgen Gerds Mutter nebenan auf dem Balkon stand. Seine Mutter war dabei.

Meine Mutter hatte sich von allem ziemlich distanziert, außer von der standesamtlichen Trauung. Sie war nicht wirklich glücklich mit der ganzen Geschichte.

Nach dem Hochzeitsausflug fuhren wir wieder zurück, er spielte weiter in München Theater und ich in Berlin.

Eines Tages haben Gerd und ich uns einen Scherz gemacht. Gerd fragte an einer Hotelrezeption nach einem Zimmer, ich stand etwas abseits und tat so, als drückte ich mich ein bisschen verschämt in der Ecke herum. Dann gingen wir zusammen zum Aufzug und ich schlüpfte schnell hinein. So, als wolle ich nicht gesehen werden. Kaum waren wir im Zimmer, rief der Portier an, sagte, es wäre per Gesetz verboten, als unverheiratetes Paar in einem Zimmer zu übernachten: »Die Dame muss sofort das Zimmer verlassen.« Da haben wir triumphiert: sind runtergefahren, zur Rezeption stolziert, haben Pass samt Heiratsurkunde vorgezeigt – und uns auf dem Weg zurück ins Hotelzimmer totgelacht über das verdutzte Gesicht des Portiers.

Manchmal fuhren wir an die Nordsee nach Sylt, Nacktbadestrand, FKK. Hier war mir alles zu flach, in jeder Beziehung. Nackt zu sein und all die nackten Menschen zu sehen, machte mich verlegen. Die Männer spielten Ball und trugen meist nur ein kurzes T-Shirt. Man konnte ihre nackten Hintern sehen und die hüpfenden Schwänzchen. Ich fand das grotesk. Einmal gingen Gerd und ich nackt am Strand spazieren, ich wusste wieder mal nicht, wo ich hinschauen sollte, und ein kugelrunder, nackter Mann mit einem freundlichen, heiteren Gesicht kam uns entgegen. Er blickte mir fröhlich, aber starr in die Augen, nahm meine Hand, küsste sie und stellte sich mir vor: Boleslav Barlog – Intendant des Schillertheaters in Berlin. Eine komische Situation.

Fast zehn Jahre später inszenierte er ein Theaterstück mit mir, »Von Mäusen und Menschen« von John Steinbeck.

Ich konnte überhaupt nicht kochen. Ich wusste nicht einmal, wie man Kartoffeln kocht. Das Einzige, was ich konnte, war das Spiegeleibrot, das ich immer für Fritz zubereitet hatte. Es war ein Liebesgeschenk: ein schönes, frisches Brot mit Butter, und darauf das Spiegelei mit Schnittlauch. Aber vom Kochen hatte ich wirklich überhaupt keine Ahnung, also bin ich in einen Kochkurs gegangen. Abends spielte ich Theater, tagsüber war ich in einem Kochkurs.

Das darf man sich aber nicht als nette Freizeitbeschäftigung vorstellen, eher wie eine Art Haushaltsschule. Eine richtig dröge Berliner Großküche. Hier habe ich gelernt, wie man Pfannkuchen zubereitet, oder Schweinerollbraten mit Mehlsauce und fettes Kassler mit Sauerkraut. Hinterher durfte man das alles aufessen, da war ich aber schon weg.

Es war lustig und schrecklich zugleich. Es ging so altmodisch zu wie in diesen Werbespots aus den Fünfzigerjahren. Da sagt der Ehemann: »Oh, meine Hemden sind nicht wirklich weiß, der Mann unserer Nachbarin hat es viel besser, der kann mit einem wirklich weißen Hemd ins Büro gehen.« Und die Ehefrau ist ganz unglücklich, läuft mit Schürze und Puschen herum und ruft die Freundin an, denn vor der Nachbarin würde sie sich schämen: »Sag mal, wie machst du das mit den weißen Hemden?«

Es ging mir nicht darum, so eine Ehefrau zu werden. Ich wollte gut kochen können, ich fand es schade, dass ich keine Ahnung davon hatte. Und Gerd auch. Er konnte sehr gut kochen.

In dieser Zeit wohnte ich in seiner kleinen Berliner Wohnung in der Uhlandstraße, und er, wenn er nicht gerade in München

Theater spielte, natürlich auch. Er hatte eine alte, schmächtige Putzfrau, die schon die Putzfrau seiner Eltern war, er kannte sie schon von Kindesbeinen an. Bevor sie in die Wohnung kam, musste ich immer sauber machen, damit es nicht dreckig aussah. Weil er sich sonst geschämt hätte. Weil er doch jetzt eine Ehefrau hatte.

Einmal dachte ich, dass ich schwanger sei. Er nahm meine Hand, zeigte mir die weihnachtlich geschmückten Geschäfte und die üppigen Auslagen und sagte zu mir: Schau mal, Kleines, dann können wir uns dieses nicht mehr leisten und jenes nicht mehr leisten – und dass er schon eine Abtreibung organisiert hätte. Damals war das streng verboten und auch gefährlich.

Es stellte sich bald heraus, dass ich doch nicht schwanger war. Gott sei Dank ging der Kelch an mir vorüber – sowohl der eine als auch der andere.

Dass mir diese Geschichte wirklich bewusst wurde, habe ich erst sehr viel später zugelassen.

Unser Geld hatten wir getrennt. Auf Versorgung war ich nie aus. Das hatte ich immer im Gespür, dass ich mich mein Leben lang selbst versorge. Oder dass ich andere versorge, das war ich ja gewohnt, von klein auf. Das habe ich verinnerlicht, dass man sich nicht auf andere verlassen soll und auch nicht kann. Ich war 22, war längst in meinem Beruf, habe Theater gespielt und mein Geld verdient. Ich habe meine Mutter regelmäßig monatlich unterstützt, ich habe meinen Bruder unterstützt. Ich brauchte auch nicht viel.

Nur einen Traum hatte ich.

Ich wollte unbedingt einen Persianer-Mantel haben. Wenn ich heute darüber nachdenke: absurd! Aber damals musste es sein: natürlich nicht der spießige kleingekräuselte, sondern der großflächig gemusterte, in diesem französischen, wunderschönen Balmain- oder Cardinschnitt, mit dem kleinen, runden Kragen, schmalen Ärmeln, ein bisschen empire – die höher angesetzte Taille –, nach unten ausgestellt und mit großen Knöpfen. Ganz jugendlich und wunderschön. Ich dachte, wenn ich mir diesen Traum nicht erfülle, dann muss ich sterben.

Also bin ich in Berlin in ein Pelzgeschäft gegangen, in ein kleines Geschäft, in dem ich darum bitten konnte, den Mantel so günstig wie möglich nach Maß anzufertigen. Er wurde mir auf den Leib geschneidert, richtig handgemacht und er kostete ein absolutes Vermögen, ich glaube 3000 Mark. Nachdem ich eine Summe angezahlt hatte, habe ich mit dem Besitzer verabredet, dass ich das restliche Geld im Laufe der nächsten zwei Jahre abbezahle.

Eigentlich wollte ich meinen Ehemann mit dem Traummantel überraschen. Aber vor lauter Freude erzählte ich ihm viel zu früh davon. Er nahm mich an der Hand, raste mit mir zu diesem Pelzsalon, stellte mich in die Mitte des Geschäfts vor den Geschäftsinhaber hin und sagte: »Meine kleine Frau hat da einen Fehler gemacht. Wir müssen das rückgängig machen.« Ich stand da und hörte mir das an – ich kam mir vor wie im Theater. Der Besitzer sagte: »Ja, aber entschuldigen Sie, das ist ein maßgeschneiderter Mantel, wir hatten schon zwei Anproben, und Ihre Frau hat ja auch schon etwas angezahlt.« Ich stand immer noch da und konnte es nicht fassen. Das war wieder so ein Moment, in dem ich eigentlich gar nicht da war. Ich schaute von irgendwo anders her zu.

Innerlich musste ich grinsen, ich dachte, das geht sowieso gut für mich aus, ich werde diesen Mantel behalten, ich werde ihn selbst bezahlen, und danke lieber Gott, dass ich mein eigenes Geld verdiene!

Klar haben wir danach gestritten, natürlich. Obwohl: Er hat mich beschimpft, ich habe nicht gestritten. Komischerweise habe ich mir alles gefallen lassen, als hätte ich es gesammelt – dafür ließ ich mich einfach ein Jahr später ohne ein Wort von ihm scheiden. Nein, wir konnten uns nicht verstehen. Da war kein Verstehen. Ich habe alles über mich ergehen lassen, ich habe beobachtet von einer ganz merkwürdigen Warte aus, ich weiß gar nicht, wo die war. Ich habe uns beobachtet und gedacht, das ist nicht das Richtige.

Ich fühlte mich auch nicht moralisch verpflichtet. Ich ließ mich einfach scheiden. Für mich war das selbstverständlich. Das war keine revolutionäre Tat, kein intellektueller Erkenntnisprozess. Ich dachte nicht: Frauen, befreit euch, steht alle auf, lasst euch das nicht gefallen – ich hab es mir einfach nicht gefallen lassen, das war's. Das hatte ich ja von Anfang an gelernt, dass ich etwas darstelle. Dass ich wer bin. Dass ich auf meinen eigenen Füßen stehe. Dass ich mir keine kleinkrämerischen Demütigungen gefallen lasse.

Dass noch bis kurz zuvor die Ehemänner tatsächlich die Verfügungsgewalt über ihre Ehefrauen hatten, Verträge auflösen konnten, bestimmen konnten, ob die Frau arbeiten darf oder nicht – von all diesen Gesetzen wusste ich nichts. Und wenn ich davon gewusst hätte, hätte ich diese Gesetze gebrochen.

Die Scheidung war ganz einfach. Keiner musste dem anderen etwas bezahlen. Und da wir beide nicht viel Geld hatten, war die Scheidungsgebühr gering.

Unsere Ehe war *amtlich zerrüttet*. Da einer von uns beiden trotzdem offiziell die Schuld auf sich nehmen musste, empfahl der Richter meinem Mann, das zu übernehmen: »als Kavalier«.

Paris

Mit 25 bin ich nach Paris gefahren und habe endlich angefangen, Französisch zu lernen. Das wollte ich schon immer. Ich hatte 5000 DM gespart, eine große Summe für mich – so viel kostete der Kurs an der Berlitz-School. Die »Immersion totale« dauerte vier Wochen; sechs Tage in der Woche, zehn Stunden am Tag. Immerger heißt Eintauchen, Maximilian Berlitz hatte Ende des 19. Jahrhunderts diese Lernmethode erfunden, bei der nicht übersetzt wird, sondern von der ersten Stunde an in der Sprache, die man lernt, unterrichtet und gesprochen wird. So brachten zum Beispiel damals die Amerikaner ihren Soldaten Vietnamesisch bei, habe ich mal gehört.

Eigentlich nahmen sie nur Leute an, die schon in der Schule Französisch hatten. Das hatte ich nicht, aber ich hatte Latein und Griechisch gelernt und eine Ahnung vom Aufbau einer Sprache.

Es war sehr anstrengend. Ich nahm Einzelunterricht, deshalb war es auch so teuer. Den ganzen Tag lang wurde ausschließlich französisch gesprochen. Selbst in den Pausen, wenn alle aufeinander zustürzten, um zur Erholung in der jeweils eigenen Sprache oder in Englisch miteinander zu sprechen, wurde man ermahnt: Vous parlez francais! Mittagessen nur mit der jeweiligen Lehrerin, man sprach nur französisch. Ich hatte mir bewusst Lehrerinnen ausgesucht. Ich dachte, ein Französischlehrer fängt vielleicht an, mit mir zu flirten, oder ich mit ihm, und so etwas konnte ich jetzt überhaupt nicht gebrauchen. Ich wollte einfach lernen. Unbedingt. Jede Stunde kostete mein Geld, auch jede Stunde, in der ich nichts gelernt hätte. Da war ich geizig.

Gewohnt habe ich in einer billigen Pension in der Nähe vom Gare de l'Est, sie hieß »Villa des Fleurs«. Ich hatte ein Zimmer mit Dusche in der oberen Etage. Die Dusche stand mitten im Raum, Plastikvorhänge drum herum. Unten im Parterre war die *Villa des Fleurs* ein Stundenhotel, es wurden Zimmer an Freier vermietet, auch als Tageszimmer. Im zweiten Stock gab es eine riesige Küche, da saßen die Mademoiselles herum. Prostituierte, Nutten. Natürlich waren das Nutten, aber ich will sie im Moment gar nicht so nennen, sie waren so süß und so freundlich. Sie saßen herum, in plüschigen Bademänteln, mit kleinen Pantoffeln an den Füßen, und vertrieben sich die Zeit. Sie tranken Kaffee oder Rotwein, rauchten viel und sahen sich Klatschmagazine an, oder sie machten Handarbeiten oder lackierten sich die Fingernägel. Es war so neu und spannend, das alles zu beobachten, ich saß mit ihnen in der Küche, aber ich konnte kein Wort mit ihnen sprechen, nur »Mon nome est Hannelore«, und Bonjour und Au revoir, mehr nicht. Ich mochte es so gerne, wie sie meinen Namen aussprachen: Anne-Laure.

Die ersten Tage verständigten wir uns mit viel Lachen und vielen Gesten, und schon nach einer knappen Woche *ecole berlitz* kamen die Wörter. Sie hatten mich in den Nächten überfallen und wollten gesprochen werden. In meinen Träumen schwelgte ich in französischen Wörtern und Sätzen. Es ging wahnsinnig schnell. Nach zwei Wochen sprach ich schon fast fließend und schnell, ein verwirrendes Gefühl: Als wäre ich vorher stumm und taub gewesen, fast blind auch, und auf einmal konnte ich lesen, konnte ich verstehen, konnte ich sprechen. Ich las die Straßenschilder, die Kinoplakate, die Schlagzeilen, Zeitungen, Speisekarten. Ich belauschte Gespräche, spürte die Melodie, verstand die Wörter. Und die Kellner in meinem Café gegenüber der *Villa des Fleurs*, bei denen ich am Anfang mein Frühstück mit Händen und Füßen bestellt hatte, konnten es nicht glauben, dass ich auf einmal sprechen konnte. Und auch noch Französisch.

Einmal, als ich mit meinem VW-Käfer ein bisschen durch die Stadt fuhr, hielt ich an einer Kreuzung und fragte den Polizisten, der dort stand, nach einer bestimmten Straße. Die Straße muss wohl sehr berühmt gewesen sein, der Polizist war fassungslos und arrogant ungeduldig und glaubte mir einfach nicht, dass mir diese Straße unbekannt war. Er hielt mich für eine Pariserin und dachte, dass ich ihn auf den Arm nehmen will. Er wurde streng und wütend, er war so sauer, dass ich ihm meinen Pass zeigen musste. Ich war ein bisschen stolz.

In der Zeit der Immersion totale habe ich nicht so viel gesehen von Paris. Ich war am Abend todmüde und eigentlich immer ziemlich allein. Ich hatte keine Zeit für irgendwelche Flirtereien und Bekanntschaften. Ich bin durch die Straßen gegangen, habe in den Cafés gesessen und einfach alles aufgenommen. Ich war nicht als Touristin unterwegs, wollte die großartigen Sehenswürdigkeiten nicht schnell abhaken, sondern sie sollten mir wie zufällig begegnen und mir einen freudigen Schreck einjagen, immer wieder, als wäre es meine Stadt, als würde ich hier leben. Ich wollte mich fühlen wie eine Pariserin. Es war mir alles vertraut. Ich kannte Paris aus den Filmen. Alles war genauso. Die Boutiquen waren so, die Cafés, die Frauen, die Männer, die Mädchen waren so – wie in den Filmen.

Und ich war auch sofort so.

Nach vier Wochen gab es als Abschlussbericht eine Art Punktesystem, ich glaube, ich hatte von 20 Punkten 17 oder 18, war also ziemlich gut. Danach hätte es noch verschiedene Kurse gegeben, um zum Beispiel französische Literatur im Original zu lesen, Zeitungen richtig verstehen zu lernen. Mit meinem kleinen Französisch jetzt konnte ich mich nur gut verständigen, mit den Mademoiselles in der Villa des Fleurs plaudern und mich pariserisch fühlen. Wenn ich länger an der Berlitz-School geblieben wäre, dann wäre mein Französisch wahrscheinlich richtig gut geworden. Aber dafür hatte ich kein Geld mehr.

Mit einem Freund zusammen mietete ich mir recht bald eine kleine Wohnung in Paris. In dieser Zeit streckte meine Münchner Agentur ein wenig die Fühler aus, um berufliche Kontakte herzustellen. Dadurch lernte ich einen einflussreichen französischen Filmproduzenten kennen. Aber es wurde nichts aus dieser Bekanntschaft, er hatte keine Filmrolle für mich, er wollte nur mit mir ins Bett.

Hätte ich mich wirklich bemüht, mich ernsthaft als Schauspielerin beworben, dann hätte ich vielleicht Erfolg haben können. Aber so viel Energie hatte ich nicht, meine Begeisterung bekam einen Sprung. Und viel Zeit konnte ich in Paris sowieso nicht verbringen, ich konnte nicht in Ruhe auf eine Rolle warten, weil ich genau in dieser Zeit in München an den Kammerspielen engagiert war. Also fuhr ich oft mit dem Nachtzug nach Paris. Oder von Paris zurück nach München.

Tango

Nach dem Jahr in Berlin mit »Vater einer Tochter« bin ich nach München zurückgegangen und spielte das Stück dort noch einmal in der Kleinen Komödie. Dann kamen 1966 die Münchner Kammerspiele auf mich zu. Dieter Giesing und Peter Stein hatten sich für mich eingesetzt. Die Kammerspiele waren für mich der Olymp. Zum Vorstellungsgespräch erschien ich in Begleitung meines Bruders, weil ich so schüchtern war. Dieter Giesing hat mich deshalb noch sehr oft und sehr lange ausgelacht.

In der Aufführung von Slawomir Mrozeks schwarzer Groteske »Tango« habe ich also die Nichte Ala gespielt, die, die immer unterm Teppich liegt. Regie führte Dieter Giesing und Peter Stein war sein Regieassistent. Großartige, wunderbare Schauspieler waren mit mir auf der Bühne: Maria Nicklisch spielte die Mutter, Horst Tappert den Vater, die verrückten Hippie-Eltern, Moje Vohrbach die Großmutter, Helmut Griem spielte Sohn Artur, den Gescheitelten, Braven. Und Klaus Löwitsch war Edek, der geschniegelte Verführer, der Stenz.

Alle hatten mich vor Maria Nicklisch gewarnt. Maria Nicklisch sei wahnsinnig eifersüchtig auf die jungen Kolleginnen. Sie war damals, glaube ich, 65, und ich war 24 – doch auf mich war sie nicht eifersüchtig, nicht neidisch, weil auch ich nicht neidisch war. Auf jeden Fall hat sie mich geliebt. Und ich habe sie so verehrt, dass ich bei den Proben dauernd meinen Text vergaß. Wenn Dieter Giesing, der Regisseur, mich deshalb anschrie, nahm sie mich in Schutz und sagte lächelnd, mit dem unverwechselbaren Ton in ihrer schönen Stimme: »Lass sie doch, sie bewundert mich.«

Ich erinnere mich, dass Maria Nicklisch nur mit mir an der Hand auf die Bühne gehen wollte, bevor sich der Vorhang hob. Das war ihr Ritual. Dann legte ich mich unter einen staubigen Teppich, und über meinem Gesicht wurde ein kleines, hölzernes Gestell installiert, damit ich nicht erstickte unter den schweren Teppichmassen. Nachdem die Vorstellung eine halbe Stunde lief, hatte ich meinen Auftritt. Laut gähnend und mich streckend tauchte ich auf aus dem Gerümpel, barfuss, in einem langen, hoch geschlossenen, weißen Leinennachthemd. Ich als Ala wollte Helmut Griem als Arthur unbedingt verführen, einfach so zum Zeitvertreib. Aber der brav gescheitelte Artur war ein anständiger Bürger und sagte, nein, zuerst müssen wir heiraten. Vorher darfst du mich nicht verführen. Doch die kindliche, unmoralische Ala wollte nur mit ihm spielen und lachte: Wer kann mir das verbieten? Du vielleicht, Artur? Oder die Kirche, oder der liebe Gott? Bei *oder der liebe Gott* hob ich das Nachthemd hoch, mit ausgestreckten Armen, weit über meinen Kopf, und darunter war ich nackt. Artur sah mich von vorne nackt, das Publikum sah mich von hinten nackt, und nur die Zuschauer, die ganz links von der Bühne saßen, konnten auch einen Schimmer von meinem linken Busen sehen, drei Sekunden lang. Dann ließ ich das Nachthemd wieder fallen. Die Zuschauerplätze ganz links sollen meistens ausverkauft gewesen sein, angeblich war ich die erste Nackte auf einer deutschen Bühne.

Nur zwei Jahre später, 1968, war das Ganze nicht mehr so sensationell. Da bevölkerten schon viele Nackte die Bühnen, da war die sexuelle Revolution schon weiter fortgeschritten – hatte ich gehört.

In dieser Zeit war ich noch viel in Paris, bin mit dem Nachtzug und einem Urlaubsschein vom Theater hin und her gefahren. Und ich war völlig verrückt nach schöner Unterwäsche.

Die achtzigjährige Moje Vohrbach, Maria Nicklisch und ich, wir drei Frauen hatten eine gemeinsame Garderobe, in der jeder eine kleine Ecke zugeteilt war. Maria Nicklisch hatte die größte Ecke, abgeteilt mit einem Vorhang.

Im ersten Teil des Stücks bin ich barfuß, im zweiten Teil nach der Pause muss ich ein Brautkleid tragen und weiße Strümpfe. Am Eingang der Garderobe gab es ein einfaches Waschbecken mit einem Spiegel darüber. Da stand ich dann in der Pause, habe nur ein Höschen an und wasche mir im Waschbecken die Füße. Und die beiden Frauen treten hinter mich, umfassen mich ein bisschen, aber nicht sehr, nur so ein bisschen, ganz sanft, und sagen: »Ist sie nicht hübsch?« Und wir schauen uns im Spiegel an, drei Frauen, drei Generationen.

Einmal sagte Maria Nicklisch: »Zeig mal, was du mitgebracht hast aus Paris. Was hast du denn jetzt wieder an?« Und ich saß in meiner Unterwäsche auf dem Garderobenhocker und zeigte ihr Spitzen-BH und Spitzen-Höschen.

Das war verspielt und spielerisch und sehr erotisch. Ich hatte sie auch schon nackt gesehen. Und dachte, ach, sie hat eine Figur wie eine Elfe, wie ein junges Mädchen, zart und einfach, mein Gott, so will ich auch mal sein, wenn ich so alt bin.

Da habe ich erlebt, dass es diese Grenze zwischen Jung und Alt nicht gibt. Das war so schön mit diesen zwei alten Frauen, einfach wunderbar. In meinem Beruf habe ich das oft erfahren, diese Nähe zwischen Jung und Alt, die wehmütige Vertrautheit, diese Freundlichkeit und Zuneigung. Wenn man nicht verdorben ist und denkt: Ach, die ist doch jetzt alt. Oder: Ach, die ist ja viel zu jung.

Eifersucht habe ich fast nie erlebt. Weil auch ich nicht eifersüchtig war.

Drei Jahre lang spielten wir »Tango«, natürlich nicht en suite, es gab längere Pausen zwischen den Aufführungen. Und immer wieder nach so einer Pause, wenn das Stück wieder aufgenommen wurde – das ich ja am Anfang gar nicht so richtig verstanden hatte –, war es für mich ein großes Erlebnis zu entdecken, wie das Stück auf einmal anders in mir wirkte, wie ich den Text immer besser verstand, wie da plötzlich etwas in mir ankam. Das war eine schöne Erfahrung.

Die Kammerspiele wollten mich fest unter Vertrag nehmen und ich hätte in eine klassische Theaterarbeit hineinwachsen können. Aber das wollte ich nicht. Es wäre unmöglich gewesen, in der Vertragszeit Filme zu drehen. Ich habe zum Beispiel erlebt, wie Klaus Löwitsch und andere, die fest engagiert waren, in der Kantine weinten und brüllten, weil sie nicht aus dem Vertrag kamen für einen Film. Da dachte ich, lieber bin ich nur Gast an den Kammerspielen und kann frei sein, wann ich es will. Obwohl ich nicht genau wusste, was auf mich zukommen könnte an Filmen. Oder es war meine Unruhe, das Bedürfnis, immer wieder an einem anderen Ort zu sein. Obwohl ich mich schon sehr nach Kontinuität, nach einer künstlerischen Gemeinschaft gesehnt hatte, nach einer Gruppe, mit der man leben und arbeiten könnte. Später habe ich sie gefunden, mit Alf Brustellin und Edgar Reitz und Bernhard Sinkel.

Peter Stein inszenierte in dieser Zeit an den Kammerspielen sein erstes Stück, die deutsche Erstaufführung von »Gerettet« von Edward Bond, in bayerischem Dialekt. Er wollte, dass ich die Hauptrolle spiele. Aber ich war zu feige, ich lehnte ab, behauptete, ich könne nicht bayerisch sprechen. Konnte ich in dem Moment auch wirklich nicht, ich war blockiert. Ich hatte eine Identitätskrise.

Jedenfalls war das ein Scheideweg, mein Leben wäre anders verlaufen, wenn ich an den Kammerspielen geblieben wäre. Oder wenn ich zu Fassbinder gegangen wäre. Er hatte irgendwann bei mir angerufen und wollte mich für sein Action Theater in München engagieren. Da hatte ich aber gerade bei den Kammerspielen unterschrieben. Und wenn ich ehrlich bin, muss ich sagen, dass die Fassbinder-Truppe wahrscheinlich nichts für mich gewesen wäre, diese Art von Abhängigkeiten und Merkwürdigkeiten hätte ich, glaube ich, nicht vertragen. Auch wenn ich Fassbinders Filme wunderbar finde.

Das war damals eine Art Verkehrsknotenpunkt. Nicht nur ein Scheideweg, an dem man sich für rechts oder links entscheiden muss, sondern ein richtiger Verkehrsknotenpunkt mit ganz vielen Möglichkeiten. Da stand ich manchmal davor und wusste nicht wohin.

Wo es mich hinzog, das wusste ich schon. Ich wollte solche Filme machen, wie ich sie gesehen hatte von Truffaut und Godard, von Andrzej Wajda oder von Michail Kalatosow. Aber wie sollte ich solche Filme machen in Deutschland? Und für die paar anderen Möglichkeiten, die ich hatte – vielleicht –, mit einigen der Jungfilmer von damals, war ich einfach zu brav, glaube ich. Oder ich saß in den falschen Cafés herum.

Ich werde nie meine Begegnung mit Volker Schlöndorff vergessen. Ich stellte mich im Büro seines Produzenten Rob Houwer bei ihm vor für seinen zweiten Film »Mord und Totschlag«. Schlöndorff saß auf einem Sofa, ich saß auf dem Sofa gegenüber, er sprach kein Wort, er fotografierte mich nur ununterbrochen. Ich war total nervös und wusste überhaupt nicht mehr, wie ich mich hinsetzen sollte, er hatte nur die Kamera vor der Nase und fotografierte und fotografierte. Die Rolle habe ich nicht bekommen. Die hat Anita Pallenberg gespielt. Groupie bei den Rolling Stones und natürlich viel cooler – und so wahnsinnig verdorben. Ich war wieder mal zu brav. Ich war viel zu brav – selbst für Schlöndorff.

Vor Kurzem habe ich ihn sehr fröhlich darauf angesprochen. Er war ganz entsetzt: »Oh nein, wie schrecklich, entschuldige, hab ich dich da wirklich nur fotografiert?« Ich sagte lachend: »Ja. Ich konnte dich kaum sehen hinter deiner Kamera.« Und Volker umarmte mich liebevoll und meinte, er habe Anita Pallenberg damals eben als Typ besetzt, natürlich, und nicht als Schauspielerin.

Na klar.

Ich hatte das angenommen oder auch abgelehnt, was mir angeboten wurde an Rollen oder an Honorar, ich habe nicht gekämpft und herumgefeilscht. Ich dachte immer, die werden mich schon nicht betrügen.

Ich war auch nicht neidisch. Als ich zum Beispiel 1973 mit Elke Sommer und Mario Adorf den Film »Die Reise nach Wien« gedreht habe – das Jahr, in dem meine Mutter gestorben ist –, kam Elke Sommer gerade aus Hollywood und hatte wohl ziemlich viel Geld verdient. Aber es wäre mir nicht im Traum eingefallen, auf sie neidisch zu sein, weil das sowieso nicht mein Weg gewesen wäre. Ich wollte nicht an ihrer Stelle sein oder an der Stelle irgendeiner anderen. Ich wollte nie an der Stelle von jemand anderem sein.

Nur wenn ich dann später, so in den Achtzigerjahren, manchmal hörte: Wenn du in Frankreich geblieben wärst, hätte es bessere Chancen für dich gegeben, du hättest mehr Kinofilme gedreht, du wärst ganz anders aufgeblüht als Schauspielerin – das hat mir dann einen Stich versetzt. Das tat manchmal weh.

Es gab ja auch diese im Nachhinein ziemlich witzigen Kämpfe zwischen den Filmemachern und dem Medium Fernsehen. Nach »Papas Kino« wurde das Fernsehen der große Feind der Filmemacher, Fernsehen und Kino waren unglaublich verfeindet. Das kann man sich heute kaum noch vorstellen. Vor dem Kinofilm »Die Reise nach Wien« von Edgar Reitz hatte ich einige gute Rollen in Fernsehproduktionen gespielt. Das waren gute, gestandene Fernsehspiele, zum Beispiel »Wölfe und Schafe« von Ostrowski oder »Iwanow« von Tschechow, wofür ich mit der Goldenen Kamera als beste Schauspielerin ausgezeichnet worden war.

Edgar Reitz hatte mich in seine Wohnung bestellt, ich kam dahin, wir unterhielten uns kurz und ich bekam die Rolle der Marga. Dann gab es aber trotzdem eine kleine Spitze, ob man mich denn wirklich nehmen könnte, denn ich sei ja eigentlich eine Fernsehschauspielerin.

Schon komisch. Vor allem wenn ich daran denke, dass sieben Jahre später ein Regisseur, der damals im Fernsehen schon eine Größe war – wovon ich gar nichts wusste, weil ich keinen Fernseher hatte – überlegte, ob er mich denn nehmen könne, denn ich sei doch so eine aus dieser Jungfilmer-Ecke. So war das.

Das, was ich in mir hatte und was mein Traum war, habe ich damals nicht verwirklichen können, oder nur hin und wieder. Und ich meine nicht bestimmte Filme, sondern ich meine die Notwendigkeit und den Wunsch, mich künstlerisch auszudrücken. Ich war noch nicht am richtigen Platz. Die richtigen Menschen hatten mich noch nicht gefunden. Ich war nicht wirklich zufrieden, aber wahrscheinlich ist man nie zufrieden. Ich zumindest nicht.

Aber von meiner Oma habe ich gelernt, mein Leben, mein Schicksal so anzunehmen, wie es ist, ohne dauernd zu hadern. Natürlich kann ich mir heute vorstellen, wie es gewesen wäre, wenn mir mehr Menschen begegnet wären, die mich damals wirklich gefördert hätten. Ich hätte kluge Freundinnen gebraucht und mehr väterliche oder brüderliche Freunde. Die hatte ich nicht. Stattdessen begegneten mir – wie vielen anderen jungen Frauen auch – nur diese Papa-Männer, diese väterlichen Vergewaltiger, die mich angeblich fördern wollten, aber nie ernst genommen haben. Deswegen war ich in dieser Zeit mutterseelenallein und so fühlte ich mich auch. Und malte mir aus, was mein großer Bruder und mein Vater, die mich in meinem Herzen mein Leben lang begleiten, jetzt tun würden, wie sie mir beistehen würden.

Und so bin ich durch die Gegend getorkelt, war sehr vorsichtig und habe versucht, auf mich aufzupassen.

Inzwischen sind viele meiner Träume erfüllt worden.

Mein wehes Herz

Meine Mutter konnte jedenfalls nicht für mich da sein. Das war während meiner Kindheit so und änderte sich auch nicht, als ich älter wurde. Sie wirkte immer so verloren auf mich, so durcheinander, als sei das Leben irgendwie zu schwer für sie. In München hat sie bei verschiedenen Firmen als Sekretärin gearbeitet, später dann beim Bundesnachrichtendienst in Pullach. Das heißt, sie musste einen anderen Namen annehmen und ich durfte nicht mit dem Zug durch die Zone nach Berlin fahren. Ich konnte nur fliegen. Und da sie Geheimnisträgerin war, musste sie alle ihre Begegnungen und Freundschaften offenlegen. In dieser Zeit lernte sie einen Mann kennen, einen Journalisten, mit dem sie dann ziemlich lang zusammen war, vier Jahre, glaube ich. Irgendwann fuhr sie mit meinem Bruder in die Ferien nach Italien, und als sie zurückkam, war der Mann weg. Er war einfach verschwunden. Meine Mutter war völlig verzweifelt, denn die beiden wollten eigentlich wegziehen aus München und irgendwo an der Ostsee oder Nordsee eine kleine Pension eröffnen. Sie wollten gemeinsam ihr Leben verbringen. Doch der Mann war und blieb weg, und sie wurde vom BND erst beurlaubt und dann entlassen.

Vielleicht war er ein Spion – jedenfalls ein neues Unglück für meine Mutter.

1973 ist meine Mutter ganz plötzlich gestorben.

Zu der Zeit hatten gerade die Vorbereitungen zu dem Kinofilm »Die Reise nach Wien« begonnen.

Wir waren zu unserem Spaziergang verabredet, sonntags,

mein Bruder, seine Freundin Evelyn, meine Mutter, die inzwischen in Taufkirchen wohnte, und ich. Es war so ein merkwürdiger Frühlingstag im März 1973, mit noch tiefem Schnee und strahlender Sonne. Wir machten öfter solche Spaziergänge zusammen. Meine Mutter ging vor mir, die Freundin meines Bruders hatte sich bei ihr eingehakt, und ich habe sie beneidet, weil sie so unbefangen sein konnte mit meiner Mutter. Das konnte sie schon immer und ich nicht. Ich lief hinterher, hatte eine schmerzhafte Sehnsucht nach meiner Mutter und dachte: Was ist da eigentlich los? Warum ist alles so verlogen zwischen uns? Warum können wir nicht normal miteinander reden? Wir müssen jetzt einfach mal reden.

Später saßen wir gemeinsam auf einer Bank in der grellen Schneesonne, sie nahm mir meine Sonnenbrille ab, setzte sie sich auf und machte wieder ihr kleines Näschen: »Steht mir die?« Und ich sagte, nein, die steht dir nicht. Und ich habe sie ihr weggerissen, aus dem Gesicht geradezu. Ich war ganz entsetzt über mich, weil ich so böse zu ihr war. Dann gingen wir wieder zurück und sie ging wieder mit der Evelyn und ich latschte hinterher.

Beim Abschied sagte ich, hör mal, Mutti, wir müssen reden, unbedingt, wir müssen reden. Und wir verabredeten uns, für zwei Tage später, um elf Uhr bei mir in der Raintalerstraße. Dann ging sie die Treppen hoch, und ich sagte, also dann, bis übermorgen, und sie schaute zu mir runter und sagte lächelnd und mit dem Zeigefinger drohend: »Du bist eine ganz Böse, du.«

Zwei Tage später habe ich in meiner Wohnung auf sie gewartet und gewartet, den ganzen Tag lang, habe dauernd bei ihr angerufen, aber niemand ging ans Telefon. Um sechs Uhr abends rief mich ihr Freund an und sagte, komm sofort, deine Mutter ist tot. Ich war so geschockt, dass ich ihn anschrie, das ist nicht wahr, bist du verrückt, ruf die Feuerwehr an, einen Arzt, ruf einen Krankenwagen, wir müssen sie retten. Und ich setzte mich in meinen Mini und raste nach Taufkirchen, besinnungslos, ich weiß nicht mehr, wie ich da angekommen bin.

Die Polizei ist da und ein Blechsarg. Und ein sehr junger Polizist steht da und lacht, ununterbrochen, er lacht die ganze Zeit und ich nehme ihn ganz fest in die Arme und versuche ihn zu trösten. Er hört nicht auf, er heult Rotz und Wasser, er löst sich auf und lacht und lacht und lacht. Wir sind ineinander verkrallt.

Die Badezimmertür ist ein bisschen geöffnet, ich sehe nur ihr Bein, halb, und einen Pantoffel, er liegt neben ihrem Fuß. Ich will da reingehen und der Freund meiner Mutter sagt, *nein, bitte geh nicht rein.*

Sie war an Herzversagen gestorben. Sie wollte sich gerade im Badezimmer zurechtmachen, um zu mir zu kommen. Sie war nach vorne übergefallen, hatte sich das Nasenbein gebrochen und war schon seit mehreren Stunden tot.

Sie ist erst 59 Jahre alt.

Das war einer der schrecklichsten Momente in meinem Leben. Und ich war so verzweifelt wütend auf sie und dachte, du bist gemein, bist einfach abgehauen, du wolltest nicht, dass wir miteinander reden.

Ein Jahr später war ich mit einer Theatertournee mit dem Stück »Von Mäusen und Menschen« von John Steinbeck unterwegs. Ich spielte Curleys Frau, das etwas ältere Mädchen, wie eine Marilyn Monroe, so dachte ich es mir. Verführerisch und unschuldig zugleich, in einem rosaroten Kleidchen und mit knallroter Sonnenbrille in Herzform, wie sie Nabokovs Lolita in der Kubrick-Verfilmung mit Sue Lyon und James Mason trug. Die Herzbrille hatte ich extra für dieses Stück anfertigen lassen. Und ich trug zarte, hochhackige Pantoletten. Curleys Frau wird von Lennie, einem dicklichen, ungeschickten, einsamen jungen Mann, der sie begehrt, aus Versehen umgebracht. So wie er ein Vögelchen einfach zerdrückt hätte mit seinen tolpatschigen Händen, aus lauter Liebe. Und so musste ich eine halbe Stunde lang bis zum Ende des Stücks auf der Bühne liegen, reglos auf dem Bauch, ein Bein nach hinten ausgestreckt, und jeden Abend fehlte mir ein Pantoffel. Er lag neben meinem Fuß, genau wie bei meiner Mutter, als man sie gefunden hatte. Jeden Abend weinte ich still in mich hinein, ich musste mich beherrschen, man durfte nichts hören und keine Bewegung sehen, weil ich ja tot war bis zum Ende des Stücks.

Am späten Abend des Tages, an dem meine Mutter gestorben ist, am 13. März 1973, fuhr ich zu meinem Bruder, zu seiner kleinen Wohnung neben dem Bavaria-Gelände. Ich war vollkommen zerstört. Seine Vermieterin sagte mir, dass Berndi mit Evelyn unterwegs sei, und so habe ich draußen auf ihn gewartet, auf der Treppe vor dem Haus. Ich wollte unbedingt mit ihm zusammen sein. Und keine Sekunde versäumen, ihm zu sagen, dass unsere Mutter tot ist.

Die beiden kamen erst um zwei Uhr nachts, sahen mich vor dem Haus auf der Treppe sitzen und wussten sofort, dass etwas passiert war. Wir haben die ganze Nacht zusammengesessen und getrauert. Und geweint.

Ich glaube, die Dreharbeiten zu »Die Reise nach Wien« haben mich vor einem Zusammenbruch beschützt, denn wenn man dreht, kann und darf man nicht zusammenbrechen. Ich hatte das Glück, in dieser Gemeinschaft zu arbeiten, mit diesen verbündeten Menschen. Ich wäre versunken sonst, ich hätte mich allein nicht wieder aufrichten können, glaube ich. Ich erinnere mich noch, dass ich ein paar Tage nach der Beerdigung meiner Mutter die letzten Kostümproben in der »Theaterkunst« in München hatte. Ich stehe da und mir laufen ununterbrochen die Tränen herunter, ununterbrochen, ich kann sie überhaupt nicht stoppen. Ich bin ganz dünn geworden in der Zeit.

Natürlich wussten alle, was geschehen war, und sie waren verständnisvoll und liebevoll zu mir. Edgar Reitz, der Regisseur, Alf Brustellin, Elke Sommer, Mario Adorf, das ganze Team, alle haben mich umarmt, mich getröstet, mit mir gesprochen. Vor allem Elke Sommer war so liebevoll zu mir in dieser Zeit, sie war sehr an meiner Seite. Das Reden mit ihr hat mich aufgefangen.

Ich erinnere mich an das Drehen einer Szene ziemlich am Anfang unserer Drehzeit in Simmern, Elke als Toni und ich als Marga, beide im schwarzen Trauerkleid und Schleier, stehen während einer Trauerfeier vor den Särgen der im Krieg gefallenen jungen Männer. Toni flüstert Marga zu: »Du brauchst keine Angst haben, die Särge sind leer. Da liegt ja niemand drin, geht ja gar nicht.«

Das ist lustig im Film, aber auch im Leben.

Es war nicht einfach für mich. Aber meine tiefe Wunde, mein tiefer Schmerz wurde durch diese Menschen um mich herum gemildert. Während der Dreharbeiten im Hunsrück – »Die Reise nach Wien« spielt zum größten Teil in Simmern während des Zweiten Weltkriegs – wohnte das ganze Team zusammen in einem Hotel. Nicht alleine nach Hause gehen zu müssen, unter einem Dach in einer Gemeinschaft leben zu können, das war in diesen Wochen die Rettung für mich.

Während wir drehen, kommt es mir vor, als wäre ich meine Mutter. Der Film spielt 1942. Es ist das Jahr, in dem ich geboren bin, und als Marga sehe ich aus wie eine junge Frau von damals, wie meine Mutter, als sie jung war. Das Schöne ist – das fällt mir jetzt gerade ein –, dass ich mich noch gemeinsam mit meiner Mutter ein bisschen der Rolle der Marga nähern konnte, dieser Frau, die jung war, als meine Mutter jung war. Die Vorbesprechungen, Leseproben und ersten Kostümproben hatten alle schon vor dem Tod meiner Mutter stattgefunden. Und ich hatte sie gebeten, mir ein paar Fotos von früher zu zeigen. Das musste ich mir erkämpfen. Zum ersten Mal rückte meine Mutter die Fotos heraus, die ich fast nie zu Gesicht bekam, weil sie sie immer weggesperrt hatte. Da gab es ein Foto, das wunderbar war: *Sie*, in einem weißen Kleid, sehr jung, sehr süß, steht breitbeinig auf einer Wiese in der Sonne und die Sonne scheint von hinten durch das Kleid, es ist fast durchsichtig und man sieht ihre Beine bis obenhin und auf der Rückseite des Fotos steht in einer Handschrift, die *nicht* die meines Vaters ist: »Das ist aber ein sehr durchsichtiges Kleidchen.«

Meine Mutter ist gestorben und gleichzeitig verkörpere ich sie in einem Film. Ich fühle mich auch wie sie, mit der Frisur der Marga, dieser hochgesteckten Rolle vorne über der Stirn, dem nach hinten gebürsteten langen Haar, mit diesen altmodischen Strumpfhaltern und Seidenstrümpfen und Stöckelschuhen, den zarten Unterröckchen und diesen Flatterkleidern, in denen man sich fast automatisch ein bisschen kokett bewegt. Und kokett bin ich als Marga, genauso kokett wie meine Mutter. Das hatte ich ihr abgeschaut.

Elke Sommer als Toni und ich als Marga, wir waren beide unsagbar kokett in unseren Rollen. Und auch in Wirklichkeit fanden wir beide die Strumpfhalter und Strümpfe und die Stöckelschuhe unglaublich sexy, in dieser Zeit der Strumpfhosen, der Turnschuhe und Latzhosen.

Es gibt eine Szene, in der die beiden Frauen in Wien beim Heurigen sitzen, ein älterer Offizier tritt auf sie zu und sagt sehr Wienerisch: »Na, meine Damen, ham's denn noch an Platz frei? Kann man sich zu Ihnen setzen?« Und Marga hat eine Großaufnahme, den »magic moment«, hinreißend kitschig, mit einem Glitzern und einem Strahlen im Gesicht und dem besonderen Augenlicht – wie in alten Filmen –, sie blickt auf zu diesem Offizier und flötet: »Platz ist in der kleinsten Hütte.«

Um so einen Satz überhaupt sagen zu können, musste ich natürlich an meine Mutter denken.

Ich bin jetzt sie, ich bin erfüllt von ihr, sie ist in mir.

In meinem wehen Herzen der Versuch zu verzeihen, ihr und mir. Ein Bedürfnis.

Diese Flirterei war es ja, die mich oft so aggressiv gemacht hat, diese altmodische Art. Aber während ich Marga war, begriff ich langsam, dass das die Zeit war. Dass das nicht unbedingt eine Charaktereigenschaft meiner Mutter war, sondern dass die

Frauen damals einfach so waren. Wahrscheinlich blieb ihnen in dieser Zeit gar nichts anderes übrig, als sich so aufzuführen. Man sieht es auch in vielen Filmen aus den Fünfzigerjahren, wie Frauen sich besonders niedlich, weiblich geben, wie sie sofort eine höhere Stimme bekommen, wenn ein Mann in der Nähe ist, sofort Klein-Mädchen spielen und süß und kokett werden.

Die Reise nach Wien

Ich hatte Alf Brustellin schon beim ersten Treffen mit Edgar Reitz kurz kennengelernt. Er kam einfach zur Tür rein, sah mich da auf dem Sofa sitzen und hörte, dass ich eigentlich die andere Rolle spielen wollte, die Toni, weil ich fand, dass mir die Marga zu ähnlich sei. Und Alf sagte zu Edgar Reitz nur: »Da hast du ja deine Marga.« Als Edgars Freund und Vertrauter war er bei dem Film Mitarbeiter, Regieassistent, Tontechniker, er war alles.

Bei den Dreharbeiten im Hunsrück ist Alf mein Halt. Er ist beruhigend und klar. Sein Trost ist besonders. Nach ungefähr vier Wochen reist das ganze Filmteam nach Wien, um dort weiterzudrehen. Denn Toni und Marga, diese beiden lebenshungrigen und abenteuerlustigen Frauen aus dem Hunsrück, reisen mitten im Krieg nach Wien, um illegale Geschäfte zu machen, einem Ritterkreuzträger zu begegnen, unbedingt, und ihre selbst genähten feinen Kleidchen auszuführen. Ihre Männer sind an der Front. Toni sagt: »Die würden sich im Grab umdrehen, wenn sie wüssten, was wir hier tun« – und Toni und Marga erschrecken, weil die Männer ja noch gar nicht tot sind.

Ich fahre alleine nach Wien, mit meinem roten Mini von München aus, und komme später an als die anderen. Sie hatten mir eine Nachricht im Hotel hinterlassen, dass wir uns alle in einem Restaurant treffen. Alle sind schon da und wir begrüßen uns und freuen uns auf die Zeit in Wien. Ich sitze den ganzen Abend neben Alf und bin irgendwie glücklich. Irgendwann sagen wir beide, wir gehen jetzt.

Wir gehen aus dem Lokal, nehmen uns ein Taxi, fahren ins Hotel und gehen über sechs Jahre lang nicht mehr auseinander. So einfach war das.

Alle anderen schauen uns feixend hinterher, so als wüssten sie schon, dass wir ein Paar sein werden. Ich denke nur: Was ist denn das jetzt? Weil ich ja selbst noch gar nichts wusste. Ich hatte nur dieses schöne, zärtliche, vertraute Gefühl und diese Freude, neben Alf zu sitzen. Es war ganz selbstverständlich, gemeinsam aufzustehen und zu gehen. Vielleicht sind die anderen auch aufgebrochen, das weiß ich nicht mehr, auf jeden Fall sind wir zu zweit in ein Taxi gestiegen und haben wohl ausgestrahlt, dass da kein anderer mehr reinkommt.

Wir sind unendlich verliebt ineinander, das hat sich ganz schnell herausgestellt. Am nächsten Morgen beim Drehen wissen alle einfach alles. Das Schöne ist, dass sie sich über uns freuen, dass sie sich gewünscht haben, dass wir zueinanderfinden. Alf und ich sind glücklich. Als wir vier Wochen später zurück nach München fahren, fahre ich hinter ihm her. Er in seinem riesigen Citroen, diesem französischen Gangsterauto, und ich in meinem roten Mini hintendran. In München gehen wir als allererstes zu seinem Freund Bernhard Sinkel und dessen Frau Ruth – und Alf stellt mich vor wie seine Braut.

Anfangs behalten wir unsere Wohnungen, sind mal bei ihm, mal bei mir. Immer wenn meine Wohnung ein bisschen verwüstet ist, gehen wir zu ihm, dann kommt meine Putzfrau, macht sauber und wir ziehen wieder zu mir. Ich habe meine süße, kleine Wohnung unterm Dach in der Raintalerstraße in Giesing. Eine Mädchenwohnung, sehr verwinkelt und romantisch, mit schrägen Wänden und vor allem mit einer riesigen Terrasse. Die Terrasse, eingeschnitten in das Dach mit den roten Schindeln, ist das Wichtigste und Schönste an der Wohnung, vollgepflanzt mit meinen Bäumen und Sträuchern und riesigen Sonnenblumen, Rosen, Kletterpflanzen.

In meinem Notizbuch von 1977 steht: *13. April, Bäume ge-*

pflanzt. Fächerahorn, Atlaszeder, japanische Mädchenkiefer, Birke, Lärche, Mandelbaum.

Ich kann von meiner Terrasse auf den Dachgiebel klettern und ganz Giesing überblicken. Alfs Wohnung liegt in der Rümannstraße in Nordschwabing, in einem großen, modernen Wohnblock. Das ist eine etwas kühlere Wohnung.

Später ziehen wir zusammen, in meine Wohnung, aber nur weil sie ein wenig größer ist. Ich weiß gar nicht mehr genau, ab wann, mit Alf ist alles so selbstverständlich. Es ist nur ein Übergang, wir sind eh dauernd unterwegs.

Und wir sind oft in Hall in Tirol, in dem großen, alten Haus, das Alfs Mutter gehörte, sie war Österreicherin. Hier erinnert mich alles an meine Oma, die Wiesen und Felder und die Schafe auf der Weide und der Gemüse- und Blumengarten vor dem Haus. Alfs Eltern leben teilweise dort, teilweise in München, und er selbst hat eine kleine Wohnung in dem Haus. Fast jedes Wochenende fahren wir nach Hall, viele Sommer verbringen wir dort, und auch die Winter: Skilanglaufen, Schneespaziergänge. Ende Juli gibt es immer ein Riesenfest, weil wir beide Geburtstag haben, ich am 26., er am 27. Wir kommen aus dem Feiern gar nicht mehr heraus.

Mit Alf habe ich noch einmal eine Familie bekommen, seinen Vater und seine Mutter. Es ist schön bei seinen Eltern. Sie mögen mich. Sie sind offen und gastfreundlich. Alle Freunde von Alf sind willkommen, und auch meine, ein offenes Haus. Wir spielen Karten, Poker, Skat, Schwarzer Peter, Rommé und Mahjong, und wir reden wahnsinnig viel und rauchen wie verrückt und diskutieren und trinken wahnsinnig viel Wein. Mir wird immer schlecht nach dem vielen Wein, immer. Da habe ich etwas ganz Tolles in mir eingebaut, ich kotze fast jeden Abend. Alfs Mutter Ilse sagte immer, *gut, dass es draußen ist*. Mit Alfs Vater Hansei pflanze ich Bäume und Sträucher und grabe in der Erde herum. Das tut mir gut, es ist gemütlich für mich, ist das Allerschönste überhaupt, so ein Leben in einer großen Familie. Es ist wie ein Wunder.

Zweimal bin ich schwanger von Alf. Seine Eltern feiern die Überraschung jedes Mal mit einer Flasche Champagner und freuen sich unendlich. So hat es mir Alf erzählt, am Telefon. Da war ich immer auf Theatertournee. Die Schwangerschaften gehen schon sehr früh nicht weiter. Fehlgeburten. Zweimal muss ich die Tourneen für mehrere Tage unterbrechen und ins Krankenhaus. Es ist sehr traurig, aber nicht so unendlich traurig, nicht so eine große Verzweiflung, weil es noch nicht so tief angekommen war in mir. Es war wie ein Versuch, und noch mal ein Versuch.

Aber es war so schön, diese Freude zu erleben.

Mit Alf bin ich nicht mehr mutterseelenallein, jetzt bin ich angekommen, bin fast wieder heil. Alf nimmt mich an, so wie ich bin, er nimmt mich ernst und er schätzt mich. Er mag mich, er mag mich wirklich, zusätzlich zu seiner Liebe, das ist sehr wichtig für mich. Wir sind zusammen. Wir sind Mann und Frau.

Wir haben ein schönes, kleines, geklautes Leben. Seine Freunde mögen es, dass wir ein Paar sind. Wir haben unsere Lokale, unsere eigenen Orte, unsere Freunde, unsere Bücher, Musik, Filme, Reisen. Wir sind mit Filmemachern zusammen, mit Schriftstellern, Intellektuellen, mit interessanten Menschen, die ich alle durch ihn kennengelernt habe. Alexander Kluge, Nikos Perakis, Michael Krüger, Peter Hamm, Marianne Koch, Joachim Kaiser und dessen Frau, Tankred Dorst, Martin Walser, Victor von Bülow und dessen Frau und natürlich Edgar Reitz und Ula Stöckl und Petra, Bernhard Sinkel und Ruth. Dafür bin ich dankbar.

Wir haben unsere gemeinsame berufliche Arbeit. Alf Brustellin und Bernhard Sinkel gründen die ABS-Filmproduktion in der Agnesstraße in München. Sie schreiben das Drehbuch zu dem Film »Berlinger« und führen auch gemeinsam Regie. Ich spiele eine Doppelrolle. Martin Benrath, Tilo Brückner, Peter Ehrlich, Martin Lüttge sind meine Partner. Davor drehte Bernhard Sinkel den erfolgreichen, schönen Film »Lina Braake oder die Interessen der Bank können nicht die Interessen sein, die Lina Braake hat« mit Lina Carstens, und Alf war der Kameramann des Films.

Manche sind eifersüchtig auf uns und meinen, man könne mit der eigenen Freundin keine Filme machen. Das ist natürlich völliger Quatsch. Es gibt viele wunderbare Beispiele in der Filmgeschichte. Zum Beispiel Jean-Luc Godard und Anna Karina, Ingmar Bergmann und Liv Ullmann. Oder John Cassavetes und Gena Rowlands, die ich beide sehr verehre. Später bei einer Berlinale sollte ich sie kennenlernen. Für Alf und mich ist die Zusammenarbeit kein Problem. Das hat mit gegenseitigem Respekt und gegenseitiger Achtung zu tun, natürlich auch mit dem gleichen Geschmack.

Alf schreibt das Drehbuch für den Film »Der Sturz« nach dem Roman von Martin Walser aus der Anselm-Kristlein-Trilogie. Ich spiele Alissa, eine starke, liebende Frau mit einem leichtsinnigen, untreuen Mann, Anselm, den Franz Buchrieser spielt. Am Schluss segeln sie nachts bei schwerem Gewitter über den aufgewühlten Bodensee und beschwören ihren Untergang – oder die Überwindung.

Alissa sagt zu einem, der ihr Angst machen will: Ich habe drei schreckliche Kinder und einen schrecklichen Ehemann, mir macht keiner mehr Angst. Und sie sagt zu ihrem abtrünnigen Mann: Meine Liebe wirst du nie erreichen.

Wir drehen mitten im Sommer '78 in einer alten Villa direkt am Starnberger See, Tag und Nacht. Es ist eine wunderbar leichte und schwere Zeit. Aufregend und anstrengend und fast ohne Schlaf. Ich mache mit dem Fotografen Emil Perauer, mit dem wir befreundet sind, meine ersten und einzigen Nacktfotos. Es ist ganz einfach, wir springen sowieso jeden Tag alle nackt in den See. Die Fotos sind sehr schön, sie gefallen mir. Sie sollten nie veröffentlicht werden. Ich will sie irgendwann nur meinen Enkelkindern zeigen. Sehr viel später erscheinen sie in dem Magazin »Lui«, mit meiner Zustimmung.

Wir hatten eine gute, wunderbare Zeit. Ich liebe diesen Film »Der Sturz«, ich finde ihn großartig. Aber Alf ist nicht glücklich, er quält sich. Die Kritiken ein halbes Jahr später sind gespalten. Die einen vergleichen ihn gar mit »Citizen Kane«. Bei den meisten heißt es, der Film gehöre in den Mülleimer. Martin Walser und ich begeben uns auf eine kurze Pressereise. Wir geben viele Interviews und verteidigen den Film mit großer Leidenschaft. »Der Sturz« ist Alfs letzter Film.

Natürlich hatten wir unsere Krisen, ganz klar. Und wir waren auch zu oft getrennt. Ich habe ununterbrochen gearbeitet, Filme, Fernsehspiele und vor allem Theater gespielt in dieser Zeit mit Alf. Ich war monatelang auf Tournee, einmal fest engagiert, drei Monate am Theater an der Josefstadt in Wien. Während ich dort war, drehte Alf Brustellin mit Bernhard Sinkel gerade in Prag den Kinofilm »Der Mädchenkrieg«, ein schöner Film, nach dem Roman von Manfred Bieler. Immer wenn ich frei hatte, setzte ich mich in mein Auto und fuhr von Wien nach Prag. Oder er fuhr von Prag nach Wien. Immer weg zu sein, hat alles natürlich ein bisschen schwer gemacht. Auch während meiner Tourneen hat mich Alf so oft wie möglich besucht, wenn ich vielleicht mal zwei oder sogar drei Nächte an einem Ort bleiben konnte, weil die Theater in der Nähe lagen. Aber es war schwierig, ich finde, dass man auf Tourneen richtig depressiv werden kann. Am Anfang haben wir versucht, nicht allzu viel Geld auszugeben für Telefonate, später war's uns dann egal. Und wir haben uns sehnsüchtige Briefe geschrieben.
 Dieses Immer-wieder-Getrenntsein war normal für mich. Ich kenne es nicht anders. Das war schon immer so.
 Aber – Angstgefühle, Einsamkeitsgefühle.

Diese Theatertourneen waren schon bitter manchmal. Drei, vier Monate unterwegs sein, kreuz und quer durch Deutschland, durch die Schweiz und Österreich. Jeden Tag in einer anderen Stadt, jeden Abend auf einer anderen Bühne. Trotzdem: Ich habe in dieser Zeit gelernt, das richtige Gefühl für die verschiedenen Bühnen zu bekommen. Dasselbe Stück vor tausend Leuten zu spielen oder vor hundert, in einer Turnhalle, in einer Aula oder in einem Stadttheater aufzutreten – das waren wichtige Erfahrungen für mich. Meine Stimme auszuloten und den richtigen Klang für mich zu finden.

Jeden Tag mit dem Bus unterwegs. Als ich die Nina in »Die Möwe« von Tschechow gespielt habe, waren wir ein Riesenensemble. Manchmal dauerte die Fahrt bis zu acht Stunden. Das Gute daran war, dass ich Zeit hatte zu lesen. Ganz hinten im Bus verschanzt habe ich alles gelesen, was ich an Büchern immer so mit mir herumschleppte, zum Beispiel »Mann ohne Eigenschaften« von Robert Musil, solche Wälzer.

Man ist schon einsam, wenn man nach der Vorstellung ins Hotelzimmer zurückkommt, jede Nacht in einem anderen Hotel, nach der Freude auf der Bühne, nach dem Erfolg und dem Applaus in den immer ausverkauften Vorstellungen. Das hat mich ein wenig zermürbt. Trotzdem, es war ja mein Beruf und es waren meine Fingerübungen. Überall, wo ich war, habe ich mir einen Ort errichtet, meinen Ort geschaffen, sodass er gut für mich war. Das Wichtigste in den Hotelzimmern war die Aussicht, so weit wie möglich, der freie Blick. Und Bewegung. Wir kamen an, die anderen setzten sich in die Kneipe, und ich bin stundenlang zu Fuß gegangen. Ich wusste Bescheid über jede Stadt, ich hatte mich vorbereitet und meinen Baedeker immer dabei. Ich kannte mich aus. Ins Theater am frühen Abend war ich immer zu Fuß unterwegs, mit dem kleinen Stadtplan vom Hotel, egal bei welchem Wetter, ich brauchte die Bewegung. Und machte meine Stimmübungen und Sprechübungen. Die Aufwärmphase.

In jeder Stadt wusste ich schnell, wo die Reformhäuser waren, kaufte ein bisschen Obst, Joghurt, Quark, Tomaten, Vollkornbrot, Tee – der Versuch, einigermaßen gesund zu leben auf diesen Reisen. Ich wollte autark sein. In einer kleinen Extratasche Wasserkocher, Besteck und Plastikgeschirr, nicht dauernd in irgendwelchen Gaststätten Schweinebraten essen und Bier trinken. Also zum Teil Selbstversorgung. Außerdem gab es in den kleinen Städten nach den Vorstellungen um elf sowieso nichts mehr zu essen. Manchmal hat uns eine nette Wirtin im Hotel eine riesige Wurstplatte hingestellt, mit vielen sauren Gurken.

Drei Jahre nach dem Tod meiner Mutter ist Alfs Mutter gestorben. Ilse, die ich so sehr mochte, mit der ich so oft Karten gespielt hatte, starb genauso plötzlich wie meine Mutter.

Ich bin auf Tournee, irgendwo im Norden, und gehe spazieren an diesem Nachmittag, komischerweise auf einem Friedhof. Ich gehe in eine Telefonzelle am Friedhof und rufe Alf an. Er ist ziemlich verstört, aber sehr gefasst, und sagt mir, dass vor einer Stunde seine Mutter gestorben ist. Dass sie nachmittags mit einem Tablett mit Kaffee und Kuchen zu seinem Vater ins Zimmer kam und plötzlich umgefallen ist. Dass sie auf der Stelle tot war. Und ich bin sehr erschrocken, aber nicht wirklich, denn ich habe das irgendwie gewusst.

Die folgende Woche war ziemlich verrückt, jeden Abend bin ich nach der Vorstellung, egal wo die war, in Westfalen oder da oder dort, mit einem Nachtzug nach München gefahren und habe mit Alf und seinem Vater getrauert. Ein paar Stunden nur. Am frühen Nachmittag musste ich mit dem Flugzeug zurückfliegen, in die Nähe des nächsten Vorstellungsortes. Nach der Vorstellung wieder los, mit dem Nachtzug, nach München. Drei, vier Mal. Fünf Mal.

Ein Tod in der Familie – für Alf ist es das erste Mal. Ich hatte da schon Übung.

Trauerfeier in München, später die Beisetzung der Urne in Hall in Tirol, im Familiengrab. In dem auch Alfs Asche beigesetzt werden sollte. Fünf Jahre später.

Manchmal habe ich beim Erinnern das Gefühl, das sei alles ein viel zu schnell geschnittener Film. Das heißt, ich schaue nur schnell in einen dieser Erinnerungsräume, erzähle, was ich auf den ersten Blick gesehen habe, und während ich schon wieder draußen bin, denke ich: Oh Gott, ich habe etwas ganz Wichtiges vergessen, ich habe doch dieses besondere Licht in diesem Raum gesehen. Und da ist die Gefahr für mich, wenn ich anfange zu denken: Habe ich das erzählt oder nicht? Ist das wichtig? War ich wirklich ganz in dem Raum? Dann komme ich durcheinander. Oder mir kommt alles ausgeleiert vor, abgegriffen. Und ich möchte doch, wie beim Schauspiel, nicht das Erstbeste, das zu schnell Festgefügte zeigen. Obwohl.

Es ist wie mit der eigenen Stimme. Da gibt es nicht nur eine Ebene, sondern viele Facetten und Dimensionen, Schwingungen. Ich erlebe das bei meinen vielen Lesungen. Das Mikrofon muss ganz, ganz fein eingestellt sein, denn ich höre diese vielen verschiedenen Facetten sehr genau. Wenn die Tiefen weg sind, wird es eine Kinderstimme, wenn die Höhen weg sind, klingt es so, als würde man in einen Topf sprechen. Es ist, als würden bestimmte Saiten auf einem Instrument fehlen.

Man kann das zum Beispiel in meinem Hörbuch »Cherie« von Colette hören, die Jugend und das Alter in der Stimme, beide Ebenen, das Weiche und das Kratzige, die Tiefe und die Helligkeit, alles muss zu hören sein. Wenn der Klang stimmt, dann ist es ein Zusammenspiel, dann ist die Stimme wie eine Umarmung.

Manche Tontechniker sagen bei der Mikrofonprobe: Ja,

danke, wir hören Sie, Sie sind laut genug. Ich antworte dann, dass ich keine Ansagerin oder Nachrichtensprecherin bin, dass es nicht um laut oder leise genug geht, sondern darum, *dass man mein Herz hört.* Das Publikum soll mein Herz hören in meiner Stimme. Manche verstehen das, manche verstehen das nicht.

Und diesen Klang der Stimme, der so viel aussagt über einen Menschen, diesen Herzenston wünsche ich mir auch für das, was ich erzähle.

Die Reise nach Amerika

Im frühen Winter, nach dem Sommer, in dem »Der Sturz« gedreht wurde, fliegen Alf und ich nach New York. New York City, USA – Amerika, Amerika, zum ersten Mal in unserem Leben. Überwältigend und doch vertraut, wir kennen schon so viel aus Filmen, Literatur, von Fotografien.

Wir sind verabredet mit Dieter Giesing, Theaterregisseur und unser Freund, er sollte unser Guide sein, denn er kennt sich aus hier. Für uns kommt er direkt aus San Francisco nach New York, wo er das Stück »Trilogie des Wiedersehens« von Botho Strauß inszeniert hatte. Wir wohnen im unwiderstehlichen, geschichtsträchtigen Hotel Algonquin. Glücklich, gierig, aufgeregt schauen wir alles an, gehen wir alles ab, haben von nichts genug, nehmen, was wir kriegen können. Wir sehen die Broadway-Sensationen, »The Wiz«, »Ball Room«, »Chorus Line«, Modern Dance von Alvin Ailey.

Wir achten unser Geld und teilen alle Rechnungen sorgfältig durch drei. Wir leben wie nach einem Drehplan, jeden Tag gibt es ein Pensum zu absolvieren, Guggenheim, MoMA, United Nations, Greenwich Village, Empire State Building, SoHo, Little Italy, wir treffen uns pünktlich zu den festgelegten Zeiten. Ich darf nicht zu spät kommen. Wenn ich zu spät komme, werde ich gerügt, besonders von Dieter.

Er rügt mich auch, wenn ich mich zu lange in Boutiquen herumtreiben will, wenn mir die New Yorker Mode einfach den Atem nimmt. Nicht nur MoMA oder Guggenheim und so weiter. Und wenn ich unbedingt dieses schwarz glänzende, fließende Abendkleid von Halston haben muss, und koste es mein

Leben. Weil ich zu lange brauche, um mich dafür oder dagegen zu entscheiden, werde ich verachtet. Fünf Minuten lang begutachten sie mich gnädig, finden das Kleid wie ich unwiderstehlich in seiner Schlichtheit, aber nicht notwendig, und lassen mich allein mit meiner Sucht, ein Halston-Kleid besitzen zu wollen. Sie warten draußen, ungeduldig.

Und endlich können wir in die berühmte Boxer-Bar »Jimmy's Corner« gehen und danach in ein anderes berühmtes Lokal, mit extra scharfem Striptease. Es ist wirklich außergewöhnlich: keine Bühne, ein langer, schmaler Raum mit einer Theke, das Mädchen sehr direkt, nicht geschminkt oder besonders aufgemacht, daher sehr nah und sehr nackt. Ihr weicher Tanz wirkt intim und privat, so als würde sie ganz allein vor einem Spiegel stehen. Wir sind die einzigen Gäste, versuchen cool zu sein und gelangweilt auszusehen. Sie scheint wirklich nur sich selbst zu befriedigen, sich nicht an uns zu verkaufen, wir sind gar nicht da. Und es ist noch heller Nachmittag.

Verwirrt und erregt alle drei, verlassen wir das Lokal und stehen in der grellen Wintersonne herum. Wir sind verstört.

Ich finde mich plötzlich total blöd mit meinem Halston-Kleid, das ich mir nicht leisten kann, und ich hasse mich wegen meiner Verwirrung in dem Striptease-Lokal und dass ich überhaupt dabei bin. Sollen sich die Männer doch mal alleine vergnügen.

Ich spüre die Verstimmung. Schon gestern und vorgestern, und dass jeder von uns allein ist. Wir können uns plötzlich nicht leiden, obwohl wir uns doch lieben.

Wir trinken nicht zu viel und machen nicht die Nacht zum Tag. Wir stehen früh auf und wollen, dass die Tage uns gehören. Überwältigt von den vielen Eindrücken und Strömungen, denen wir uns aussetzen, fallen wir abends todmüde ins Bett. Alf und ich im Doppelzimmer, Dieter in seinem Einzelzimmer. Ich bin beunruhigt, weil er so allein ist.

Irritierende Gedanken. Wir sind zu dritt.

Wir haben uns viel vorgenommen, eine große, lange Reise. Eine Woche New York, drei Tage New Orleans, und dann mit dem Auto drei Wochen lang quer durch das Land nach Los Angeles.

In New Orleans stürzt sich Dieter ins Nachtleben. Alf würde das vielleicht auch gerne tun, aber er bleibt bei mir. Er will mich schützen. Wovor?

Ich wage nicht, ihm zu sagen, dass ich Lust hätte – Lust auf Abenteuer und Verstörung, nicht nur Jazz und Kneipen und Sehenswürdigkeiten.

Ich bin zu brav.

Wir mieten uns den großen amerikanischen Schlitten und fahren durch das Land, mal Alf, mal Dieter, mal ich. In den kleinen, verschlafenen Orten werden wir von den Sheriffs angehalten und nach unseren Pässen gefragt. Wir sind Fremdlinge. Was wollt ihr hier, wer seid ihr, wo kommt ihr her? Wo wollt ihr hin? Wie im Film.

In Houston, Texas, schauen wir uns begeistert die Mark Rothko Kapelle an und fotografieren uns gegenseitig in der Apollokapsel. Es gibt unendlich viele Fotos von dieser Reise, wir dokumentieren alles. Die Lagunenlandschaft, Rio Grande, El Paso, die mexikanische Grenze, Tombstone, Santa Fe. Das großartige Lightning Field, die neueste LandArt-Installation von Walter De Maria in der Wüste von New Mexico, die Motels, in denen wir übernachten. Billardspielen mit finsteren Cowboys in Allison's Motel, ein Traum. Die Tankstellen, die endlosen Highways.

Einmal, kurz vor einem staubigen Kaff, werden wir von einem Sheriff gestoppt, weil ich zu schnell gefahren bin. 41 Dollar und 50 Cent oder eine Nacht *in Jail*. Ich hätte gerne mal eine Nacht in einem amerikanischen Dorfgefängnis verbracht, aber es war Wochenende, dann wären es zwei Nächte gewesen. Also zahlen wir und fahren weiter.

Wir sind glücklich und unglücklich, hellwach und todmüde, euphorisch und niedergeschlagen, das Pendel schwingt zu hoch und zu tief, selten Ruhe und Gleichmaß.

In San Diego besuchen wir Fritz. Seine Eltern sind da, ich sehe sie zum letzten Mal. Und seine erste oder zweite Frau Martha, von der er sich gerade trennt. Es ist eine merkwürdige Begegnung. Weihnachtszeit. Auf dem Weg nach Los Angeles machen wir Rast in einem Ocean Beach Motel. Wir sind erschöpft. Es gibt Spannungen. Seit Wochen habe ich mit Alf nicht mehr geschlafen, ich wollte Rücksicht nehmen auf Dieter – irritierende Gedanken.

Am Nachmittag wollen Alf und ich uns sanft einander nähern.

Dieter wirft eine Frisbee-Scheibe an unser Fenster, er will mit uns spielen. Wir ziehen uns sofort wieder an und rennen raus zum Ozean. Wir spielen mit Dieter Frisbee.

Wir sind jetzt in Los Angeles und suchen drei Stunden nach einem Hotel, mitten in der Nacht. Wir besuchen Bekannte und Freunde, gehen in Venice Beach spazieren. Die Luft ist weich und wunderbar, und ab drei Uhr nachmittags ist die Sonne verschleiert vom feuchten Nebel. Ich sitze in einem Café auf einer Toilette, die man nicht abschließen kann. Die Tür geht plötzlich auf, eine hübsche Hippiefrau starrt auf meine Schnürstiefel und schreit *I love your boots!* und sie geht auch nicht weg und ich sitze da auf der Kloschüssel und erzähle ihr, dass ich aus *Europe* komme, *good old Europe* und die schönen Stiefel in *Munich* gekauft habe. *Wow! Munich!* Sie war ganz aus dem Häuschen, aber ich konnte meine Stiefel ja nicht ausziehen und ihr schenken.

Wir ziehen vom Motel Vagabund ins Holiday Inn. Ich hätte lieber im Chateau Marmont gewohnt. Große Diskussion, zu teuer.

Am letzten Tag des Jahres sind wir in das Haus von Freunden eingeladen, in Malibu Beach. Wir hängen den ganzen Tag am Strand herum, und Alf und Dieter haben zu nichts Lust. Ich schwimme im eiskalten Ozean, ich bin tapfer. Am Nachmittag gehe ich allein am Strand entlang, weg von den anderen, in die leuchtende, untergehende Sonne, wie zu einem Verhängnis. Und als der rot glühende Ball, der Flammengott der Schmerzen, fast untergegangen ist, kehre ich um und denke den erschreckenden Gedanken, dass ich mich von Alf trennen werde, wenn er mir nicht *jetzt, jetzt* entgegenkommt. Der Weg zurück in der Dämmerung dauert fast eine Stunde – und Alf kommt mir nicht entgegen.

Die Silvesternacht feiern wir im Beverly Hills Hotel in L.A., zusammen mit den Freunden aus Malibu. Das Fest ist fröhlich und gruselig zugleich. Wir sehen auf der leeren Tanzfläche eine dürre, sehr alte, sehr schöne, sehr geschminkte, einsame Frau, die sich die ganze Nacht sanft tanzend in den Armen eines sehr jungen Gigolo wiegt. Die anderen meinen, sie hätte ihn sich für die Silvesternacht gemietet. Wir trinken viel zu viel und werden einen Riesenkater haben.

Dieter bleibt noch in L.A., und Alf fliegt mit mir am nächsten Morgen nach New York und dann zurück nach München.

Alf und ich trennen uns dreieinhalb Monate später. Ich hatte Alf in einer Krise verlassen und war in ein vages Verhältnis mit einem Anderen gestürzt. Alles passierte gleichzeitig.

Nach unserer verzweifelten Trennung können wir es beide nicht fassen. Wir sprechen uns gegenseitig Trost zu, schreiben uns Briefe. Alf schickt mir das Buch »Ende einer Ehe«, von Uwe Schmidt. Auch hier zwei Liebende, die sich fast unmerklich verlieren. Wir sagen uns das Gedicht von Kästner vor. *Als sie einander acht Jahre kannten und sie dachten, sie kennen sich gut, kam ihre Liebe plötzlich abhanden wie anderen Leuten ein Stock oder Hut.*

Alf schreibt mir, dass er mich verstehen kann, auch mit seinem Herzen. Er könne alles, alles Mögliche verstehen, *nur das nicht*: Ich und *dieser Andere*.

Ein Fernsehregisseur und Pudelbesitzer.

Ich werde geächtet, verliere alles, bin getrennt, nicht nur von Alf, auch von allen unseren Freunden. Für sie bewege ich mich auf einem anderen Planeten.

Ich bin allein. Wer bin ich, was will ich? Ich kenne mich nicht.

Dieter Giesing werde ich erst nach Alfs Tod wiedersehen, bei Alfs Trauerfeier. Fast drei Jahre später, im November 81.

Noch viel später werden wir über unsere Amerikareise sprechen und uns sagen, dass wir wohl dumm waren und zu jung und nicht frei genug. Wir werden uns sagen, dass wir eine Liebe zu dritt hätten leben können für eine kurze Zeit, eine Ménage à trois – wie Jeanne Moreau und Oskar Werner und Henri Serre in dem Film »Jules et Jim«. Und wir werden uns sagen, dass unsere große Reise dann vielleicht, vielleicht noch viel aufregender und noch viel glücklicher gewesen wäre.

Unsere Freundschaft haben wir nie mehr aufs Spiel gesetzt. Sie besteht bis heute.

Kleiner Vogel Kukuli

Das letzte Stück, das ich auf Tournee gespielt habe, im November 1980, war von Klabund; ein Stück, das er für seine Frau Carola Neher geschrieben hatte, bevor sie ihm von Bertolt Brecht weggeschnappt wurde. Sein einziges Theaterstück, »XYZ – Je nachdem wie ich gelaunt bin«, ein Drei-Personen-Stück, eine Komödie. Ich spielte die Rolle der Carola Neher und sang auf der Bühne ein Lied. Dieses Lied war ein vertontes Gedicht, das Klabund seiner Frau gewidmet hatte: »Kleiner Vogel Kukuli«.

Vor jeder Vorstellung ging ich ins leere Theater und habe versucht, den Raum auszufüllen mit meiner Stimme; auszuloten, wie laut, wie leise, wie voll sie sein muss, damit sie klingt, für jeden im Theater. Meine Gesangslehrerin Monika Piper-Albach, mit der ich das Lied einstudierte, sagte mir etwas ganz Einfaches, und das hat mich fasziniert: Du musst dir vorstellen, deine Stimme ist wie ein Lasso, und dieses Lasso wirfst du aus bis in die letzte Reihe. Egal ob es ein großes oder kleines Haus ist, bis zur letzten Reihe muss die Stimme tragen.

Das habe ich dann gemacht.

Alf und ich sind jetzt seit eineinhalb Jahren getrennt, aber es gibt Telefonate, Briefe, Wissen voneinander. Und ich habe seither ein ziemlich unordentliches Verhältnis mit *dem Anderen*.

Das Lied, das ich während der Tournee jeden Abend auf der Bühne singe, wird später ein Gute-Nacht-Lied für meinen Sohn Dominik. Bei dieser Tournee bin ich schwanger mit ihm.

Der zukünftige Vater, *der Andere*, ist Dieter Wedel, der Regisseur des Stücks.

Kleiner Vogel Kukuli
Flieh den grauen Norden, flieh
Kleiner Vogel Kukuli
Flieh den grauen Norden, flieh
Flieg nach Indien, nach Ägypten
Über Gräber, über Krypten
Über Länder, über Meere
Kleiner Vogel Kukuli

Lass die schwere Erde unter dir
Und wiege dich im Himmelsäther
Fliege zwischen Monden, zwischen Sternen
Bis zum Sonnenthron, dem fernen
Kukuli, Kukuli, Kukuli
Flieg zum Flammengott der Schmerzen
Und verbrenn in seinem Herzen

Die beiden letzten Zeilen habe ich Dominik nicht vorgesungen.

Der goldene Ring

Sechs Wochen nach der Premiere – ich war unruhig und empfindlich und meine Periode längst überfällig – schickte ich meine Garderobiere unter dem Siegel der Verschwiegenheit los, um einen Schwangerschaftstest für mich zu besorgen.

Da war er nun, der leuchtende Ring. Mein inniges Geheimnis. Noch nie hatte ich in meinem Herzen ein solches Glücksgefühl. Ich sah den leuchtenden goldenen Ring, der mir anzeigte, dass ich schwanger war, dass ich ein Kind erwartete. Ich konnte empfinden, was es heißt, *gesegneten Leibes* zu sein. Ich lief durch die fremden Städte und dachte, ich trage ein Kind unter meinem Herzen, *ich bin gesegneten Leibes*.

Immer wieder ließ ich mir diese Schwangerschaftstests besorgen, nur um diesen goldenen Ring zu sehen, immer wieder, ich konnte gar nicht genug davon bekommen – von dem Beweis, dass ein Kind in mir wächst. Ein Kind, das mir von Anfang an bewusst war, das ich von Anfang an geliebt habe. Was für ein Glück!

Natürlich hatte ich auch Angst. Ich war allein mit meiner Schwangerschaft. Zweimal in der Woche musste ich zu irgendeinem Arzt in irgendeiner Stadt und untersuchen lassen, ob alles in Ordnung ist, meine Werte überprüfen lassen.

Diesmal sollte es gelingen. Diesmal sollte mein Kind bei mir bleiben, unbedingt.

Ich telefonierte fast täglich mit Alf wie auf all meinen Tourneen, er war immer mein Freund. Auch jetzt. Er stand mir bei, er beruhigte und tröstete mich. Meine Kollegen Jörg Pleva und Karl-Walter Diess gingen sehr vorsichtig mit mir um und behüteten mich wie einen Schatz. Sie beschlossen, keinen Knoblauch mehr zu essen und in den Garderoben und in dem Auto, in dem wir reisten, nicht mehr zu rauchen. Ich war geruchsempfindlich.

Man konnte noch nichts sehen von meiner Schwangerschaft, meine Bühnenkleider waren mir nur ein kleines bisschen knapp geworden. Trotz aller Befürchtungen der Theaterleitung konnte ich die Tournee zu Ende spielen.

Und dann endlich, Anfang Februar, kam ich nach Hause. Ich war im vierten Monat, und jetzt wollte ich so richtig schwanger sein und aufblühen und rund werden und einen großen Bauch bekommen – und frei sein, nicht arbeiten müssen, frei haben und mein Kind in Ruhe austragen.

Zum Aufblühen hatte ich nicht viel Zeit.

Plötzlich, Anfang März, musste ich ins Krankenhaus. Eine gefährliche Blutung, Kontraktionen. Eigentlich dachte ich, dass ich nach drei Tagen wieder nach Hause könnte, doch es sollte ein Aufenthalt bis zur Geburt werden. Obwohl ich gesund war und stark, blieb meine Schwangerschaft gefährdet.

Auf meinem Nachttisch zwei Bücher: »Hundert Jahre Einsamkeit« von Gabriel García Márquez, ein Geschenk von Alf, und »Die schöne Geburt. Protest gegen die Technik im Kreißsaal«. Zwischen der Oberärztin der Universitäts-Frauenklinik in der Maistraße und mir entstand eine große Zuneigung. Wir diskutierten über die Schmerzfähigkeit von Frauen und fanden – vor allem ich – jede Erleichterung wie diese Periduralanästhesie und so weiter übertrieben, unnötig und vor allem gefährlich für das Kind. Wir wollten jeden Schmerz aushalten für eine »schöne, sanfte Geburt«. Eigentlich wollten wir nichts weniger als die gesamte Geburtsklinik revolutionieren, wollten den Gebärstuhl einführen, damit die Frauen gebären könnten wie die Indianerinnen.

Kein Valium bei Schlafstörungen, keine Medikamente bei diesem doch nur »natürlichen« Schmerz, den Wehen, die doch so wehtun. Am besten sollte frau zu Hause gebären, vielleicht sogar unter Wasser, und nur, wenn es unbedingt sein muss, in der Klinik, was eigentlich schon ein Versagen war. Auf jeden Fall eine sanfte, natürliche Geburt mit schöner Musik und rosa Licht und allem Drum und Dran.

Und natürlich: *Protest gegen die Technik im Kreißsaal.* Keine Erleichterung.

Wir waren grausam.

Nach fast sechs Wochen Beobachtung und Ultraschall und Entspannungs- und Yogaübungen – ich machte noch jeden Tag einen Kopfstand, vielleicht hätte ich das nicht tun sollen – und himmelhoch jauchzend und zu Tode betrübt und Allmachtsgefühl und Verzagtheit, Liebeskraft und Liebeskummer, plötzlich regelmäßige Kontraktionen, Ziehen und Schmerzen, Rückenschmerzen, Medikamente, Antiwehentropf, Valiumtropf, eine Woche lang.

Herzweh und Angstweh.

Und weiter Zuversicht und Verzweiflung und immer wieder Vertrauen in mich und mein Kind.

Eine Woche später, am 17. April gegen Mittag, es ist Karfreitag, kündigten sich Wehen an. Große Aufregung. Das konnte nicht sein, das durfte nicht sein. Verstärkte Antiwehenmittel, Valium, Ultraschall, Abhören der Herztöne. Wieder Beruhigung.

Ich hatte an diesem Morgen eine Tonbandaufnahme unserer Herztöne gemacht. Dieses Tonband habe ich immer noch. Da sage ich: *Freitag, der 17. April 1981, Herztöne von Baby.* Und dann hört man dieses fauchende, peitschende Geräusch in meinem Bauch, wie ein Sturm in der Tiefe des Ozeans, unglaublich, und meine großen, dunklen, langsamen Herztöne – dong, dong, dong – und die schnellen, ungeduldigen Herztöne des Babys, klein und hell – dong-dong-dong-dong-dong –, wie Jazzmusik. Unvorstellbar schön.

Aber dann ging es los. Die Wehen kamen häufiger, taten weh, die höchste Dosis im Antiwehentropf, ich wurde in meinem Krankenbett von einer Untersuchung zur anderen, von einem Ultraschall zum nächsten gerollt. Sie rasten mit mir wie verrückt den ganzen Nachmittag und Abend durch die Klinik. Dramatische Szenen. Kaiserschnitt? Das Kind lag noch falsch herum, nichts war richtig. Mit zitternden Händen musste ich eine Einverständniserklärung unterschreiben: Im Falle eines Kaiserschnitts sei ich damit einverstanden, dass ich und all meine Innereien und vor allem mein Kind verletzt werden könnten. Nein, schrie ich, ich bin *nicht* damit einverstanden.

Irgendwann wurde ich nach meinen Angehörigen gefragt: Sollte man sie nicht benachrichtigen? Sie für mich anrufen? Meine Eltern? Habe ich nicht mehr. Den Vater des Kindes?

Sie sagten mir, dass der Vater des Kindes überhaupt nicht zu erreichen sei.

Ich hatte niemanden. Außer meinen Bruder, aber der war nicht da.

Aber es war mir fast egal, ich war nur damit beschäftigt, ruhig zu bleiben – trotz der hohen Dosis gegen die Wehen, trotz der fast hysterischen Aufregung der Ärzte. Ich horchte nur auf unseren Herzschlag und achtete auf meine gleichmäßige Atmung, um das Baby nicht zu ängstigen. Ich war nur damit beschäftigt, dass das Kind *nicht* zur Welt kommt, dass es bei mir bleibt, in meinem Bauch.

Während ich in meinem Krankenbett noch immer in rasender Eile durch die Gegend geschoben wurde, war irgendwann spätnachts plötzlich mein Bruder Berndi neben mir, sie hatten ihn aufgetrieben. Was für ein Glück. Er rannte neben mir und dem Antiwehentropf her und hielt meine Hand.

Und dann kam Dominik auf die Welt. In der 28. Schwangerschaftswoche, drei Monate zu früh, nachts um ein Uhr 19, es war schon der 18. April. Mit Kaiserschnitt.

Er wurde sofort weggebracht in die Unikinderklinik, eingepackt in eine silberne Folie wie ein Geschenk. Zu meinem Bruder, der ziemlich verzweifelt vor dem Kreißsaal gewartet hatte, sagten sie nur: Es ist ein Junge. Und weg waren sie. Sie rasten mit der Feuerwehr in die Kinderklinik, das Kind musste sofort in den Brutkasten und beatmet werden.

Irgendwann später bekam ich eine Rechnung von der *Brand-Direktion München*: Säugling Elstner von Klinik Maistraße in Unikinderklinik gebracht. Die Rechnung habe ich immer noch.

Ich hatte das Baby natürlich gar nicht gesehen. Am frühen Morgen, ich war gerade zu mir gekommen im Aufwachzimmer, hörte ich neben mir, hinter dem Vorhang, eine glückliche Mutter mit ihrem neuen Baby. Ich hatte überhaupt nichts, es war schrecklich. Mein Bauch war leer, so viel zu früh. Als hätten sie mir mein Kind geraubt. Mein Bruder saß an meinem Bett und sagte: »Schwesterlein, du hast einen Sohn.«

Das erzählen wir uns heute noch oft, und dann müssen wir auch immer ein bisschen weinen – vor lauter Glück und Rührung.

Am übernächsten Tag wurde ich in die Kinderklinik hinübergefahren, im Rollstuhl, es war nur um die Ecke, und dann kamen auch die ersten Glücksgefühle. Es ist ein Geschenk, dass man trotz all der Schrecken und der Angst so ein Glück empfinden kann. Wenn ich es recht bedenke, sah dieses winzige Kindlein unmöglich aus, überhaupt nicht wie ein Baby. 1220 Gramm schwer, 38 Zentimeter groß. Es sah aus wie die Miniatur von einem 180 Jahre alten Mann, also wirklich nicht, wie man sich ein Baby vorstellt – aber es war einfach trotzdem mein Kind und es war wunderbar.

Es konnte nicht alleine atmen, es wurde beatmet. Seine Lungenbläschen waren noch nicht voll entwickelt. Wenn es schrie, konnte man seinen Schrei nicht hören. Weil es künstlich beatmet wurde, mit einem Tubus in der Luftröhre, konnte ich es nicht hören, wenn es schrie, ich sah nur sein kleines aufgerissenes Gesichtlein.

Auf unserem Brutkasten stand »Säugling Elstner«. Nach einer Woche ermahnten mich die Schwestern: »Also, wenn Sie jetzt net bald einen Namen ham für den Bub, dann nennen wir ihn Seppl!« Weil alles viel zu früh passiert war und ich nicht wusste, ob es ein Bub werden würde oder ein Mädchen, hatte ich noch nicht über Namen nachgedacht. Ich dachte immer nur »mein Kind, mein Baby«. Aber jetzt hatte ich den Namen: Dominik David Maximilian. Ich dachte an David gegen Goliath und an Maximilian den Großen, damit er groß wird.

Die nächsten drei Monate habe ich fast nur auf dieser Frühgeborenen-Station verbracht. Ich wusste einfach, dass ich jeden Tag und jede Nacht da sein muss. In dieser Zeit bin ich fast zur Frühgeborenen-Schwester geworden, habe Dominik angefasst und mit den Fingerspitzen gestreichelt und ihn angesprochen und ihm leise vorgesungen, ihn massiert, auch reanimiert, wenn die Apparate Alarm schlugen.

Es klingelte ganz oft. Sie nennen es: Das Kind verfällt. Das heißt, wenn in diesen Augenblicken niemand da wäre, würde es einfach wegbleiben.

Die ersten Tage und Wochen kann man sich sowieso nicht vorstellen. Jedes einzelne Gramm wurde gewogen, mehrmals täglich wurde aus seiner winzigen Ferse ein Blutstropfen entnommen, um den Sauerstoffgehalt festzustellen. Wenn ich den Arzt gefragt habe, wie lange wird mein Baby leben, hat er gesagt: Bis morgen. Jedes Mal: Bis morgen. Und ich habe gesagt, okay, bis morgen, überleben wir bis morgen. Und ich war da, Tag und Nacht.

Von der Geburtsklinik lief ich rüber zur Frühgeborenen-Station der Kinderklinik, zog diesen hellblauen, sterilen Plastikmantel an, die Plastiküberzieher über die Schuhe, einen Mundschutz und brachte meine abgepumpte Muttermilch mit, die meinem Baby über eine Sonde in seiner winzigen Nase eingeflößt wurde.

Ich war bei meinem Sohn. Ununterbrochen, nur für ein paar Stunden Schlaf ging ich wieder zurück in die Frauenklinik.

Irgendwann erklärte mir der Chefarzt sehr freundlich, ich könne nicht länger bleiben, ich müsse jetzt nach Hause. Ich war verunsichert, alles war mir inzwischen so vertraut, auch so praktisch, weil ich mir hier keine Sorgen machen musste wegen der Milch, die ich viermal täglich steril abgepumpt habe. Es war alles da, die Apparate, die Fläschchen, alles war steril.

Ein paar Tage konnte ich noch heraushandeln, aber dann musste ich doch nach Hause.

Als Erstes habe ich mir Riesenkochtöpfe gekauft, um all die Flaschen für die Milch auskochen zu können. Das war ein Theater. Wenn ich mal ein wenig schlafen musste, habe ich Kühlbehälter mit der Milch vor die Tür gestellt, meine Freundin Monika, die Gesangslehrerin, hat sie abgeholt und in die Klinik gefahren – ein richtiger Muttermilchdienst. Später ging ich selbst wieder hin, ich konnte zu Hause abpumpen und in der Klinik. Tag und Nacht, ich konnte hier ein- und ausgehen.

Während unserer Brutkastenzeit ging ich nur ein einziges Mal aus. Abendessen in einem Restaurant. Ein Schwabinger Modeschöpfer entdeckte mich und umarmte mich stürmisch und auffällig, um mir zu meiner Schwangerschaft zu gratulieren. Obwohl ich ein sehr weites Kleid trug, fühlte er wohl meinen flachen Bauch.

Einige Tage später stand in einer Münchener Gesellschaftskolumne: »Jede Mutter wäre stolz und würde freudig von der Geburt ihres Sohnes berichten, nicht so H. E., sie freut sich offensichtlich nicht. Dabei strampelt ihr Kleiner schon längst fröhlich in einer Münchener Uniklinik.«

Schrecklich, sie müssen alles hervorzerren und veröffentlichen – und verzerren. Ich wollte, dass mein Kind unter meinem liebenden Blick um sein Leben kämpft, nicht unter dem der Klatschpresse.

Jahre zuvor, am Tag der Beerdigung meiner Mutter, klingelte es an meiner Wohnungstür. Ich öffnete einfach, weil ich dachte, es sei mein Bruder. Da stand ich nun, voller Trauer, und vor mir ein Bildzeitungs-Reporter mit seiner Kamera. Fassungslos fragte ich ihn, ob er mich denn jetzt wirklich fotografieren will mit all meinen Tränen, meine Trauer könnte er sowieso niemals einfangen. Er war sehr jung und noch nicht abgebrüht. Er stammelte eine Entschuldigung, und dass es ihm leid tut und dass ich bitte niemandem sagen soll, dass er mich angetroffen hätte, sonst wäre er seinen Job los, ohne ein Foto. Er verkrümelte sich mit hochrotem Kopf.

Drei Monate haben wir auf der Intensivstation verbracht.
So viele Kinder sind auf dieser Station gestorben. Ein Baby, das aussah wie ein richtiges Baby, so rosig, so dick und so schön, betrachtete ich fast eifersüchtig und in meiner Angst dachte ich, was machen sie mit dem? Wieso ist dieses Baby so rosig und so pummelig und mein Baby so mickrig und dünn? Da wollte ich fast mit einer Krankenschwester streiten, fragte sie, warum dieser andere Junge denn so schön dick sei. Sie fing an zu weinen und schrie es heraus: Weil er herzkrank ist, weil er bald stirbt, deshalb ist er so dick und aufgequollen.

Eines Tages kam ich an und mein Brutkasten war leer. Ich dachte, ich sterbe, ich sterbe auf der Stelle. Ich hatte diesen Schreck schon so oft erlebt, dass so plötzlich ein Brutkasten leer war, weil das Baby gestorben war. Und jetzt – *mein Brutkasten war leer*. Die Krankenschwester kam auf mich zu gerannt, aufgeregt, beschwichtigend: »Nein, nein, es ist alles in Ordnung, alles ist gut, alles gut. Beruhigen Sie sich.« Wir gingen raus auf den Gang, da kamen sie mir schon entgegen, der Professor und zwei Kinderärzte, eine Krankenschwester hatte mein winziges Kindchen auf dem Arm und ich sah es zum ersten Mal außerhalb vom Brutkasten.

Sie hatten Dominik im Hörsaal vor den Medizinstudenten gezeigt. Weil er sich so gut entwickelt hatte, verhältnismäßig, sagten sie. Ich war hin- und hergerissen, natürlich war ich stolz, aber auch empört vor lauter Schreck, ich lachte und weinte und sagte zu dem Professor nur: »Warum weiß ich nichts davon? Ich hätte mein Kind schon gerne selbst zum ersten Mal aus dem Brutkasten herausgeholt und in den Hörsaal getragen.«

Nach vier Wochen Beatmung konnte Dominik alleine atmen. Ich hörte sein Stimmchen, sein Weinen und Lachen, es ging aufwärts. Er kam aus dem Brutkasten in ein Wärmebettchen, und irgendwann, viel später, hatten sich seine Schluckreflexe so weit entwickelt, dass er nicht mehr über eine Sonde meine Milch bekam, sondern dass ich ihn selbst stillen konnte. Ich hielt mein Kind im Arm und es konnte von meiner Brust trinken.

Nach den drei Monaten in der Klinik sah Dominik endlich wie ein frisch geborenes Baby aus und wir konnten nach Hause gehen.

Es war der 20. Juli, um diese Zeit sollte er eigentlich auf die Welt kommen.

Jetzt war alles noch viel schlimmer, eine Zeit lang. Ich war daran gewöhnt, seine Herztöne laut zu hören. Nun konnte ich sie nicht mehr hören, weil er nicht mehr an die Apparate angeschlossen war. Ich habe kaum geschlafen. Ich hatte auch Angst, dass er nicht genug zunimmt. In ein Notizbuch trug ich jeden Tag jedes Gramm ein, das er zugenommen oder auch wieder abgenommen hatte: Heute geht es Baby schlecht, heute geht es Baby wieder besser, hurra, heute zwei Gramm zugenommen, hurra, was für ein Glück.

Irgendwann spuckte er alles wieder aus. Der Arzt sagte, er habe eine Magenausgangsverengung, also entweder eine kleine Operation, ein kleiner Schnitt nur, oder ich müsse ihn alle zwei Stunden füttern, ganz wenig, Tag und Nacht. Ich habe gesagt, gut, dann füttere ich ihn alle zwei Stunden, rund um die Uhr. Sechs Wochen lang. Das war anstrengend, aber es hat geklappt, Dominik brauchte keine Operation.

Na ja, und dann dieses Kind, mit Engelsflügelchen am kleinen krummen Rücken und schiefen Füßchen, und Senkfuß und Spreizfuß und spastisch und alles. Und er musste alles lernen, was »normale« Babys von alleine können, krabbeln und greifen und sitzen und das Köpfchen halten und stehen und laufen. Krankengymnastik und Logopädin, Therapien, Spieltherapien und Untersuchungen ohne Ende.

Vor Kurzem habe ich wieder eine Dokumentation über zu früh geborene Babys gesehen. Über die »Frühchen«. Technisch hat sich einiges verändert und vielleicht verbessert, ein bisschen, aber diese unbedingte Kraft der Eltern, diese Not, aber auch den Mut und das Vertrauen zu über-leben – das habe ich alles wiedererkannt bei diesen Eltern, die dort porträtiert wurden. Das hatte ich alles selbst erfahren. Dieser unbedingte Glaube, dass es gut ausgeht, ist wahrscheinlich notwendig, weil sonst weder das Kind noch die Eltern überleben würden.

Auch ich hatte eigentlich keine wirkliche Angst. Ich war fest entschlossen. Ich war stark. Ich war entschlossen, dass es gut geht, und ich habe die ganze Zeit versucht, ganz ruhig zu sein. Wie schon bei der Geburt.

Als wir im Kreißsaal angekommen waren, hatte es nämlich in der ganzen Hektik fast noch einen Aufruhr gegeben. Ich hatte nur darauf geachtet, meinen Herzschlag zu kontrollieren und regelmäßig zu halten und damit auch den des Babys. Und die Ärzte und Schwestern hatten sich lautstark gestritten, weil irgendjemand meine Oberärztin nicht hineinlassen wollte. Warum, weiß ich nicht mehr, es ging alles so schnell, alle waren sehr nervös. Ich weiß nur noch, dass ich kurz vor der Narkose – ich konnte noch den Einstich spüren, die kühle Flüssigkeit in meinen Adern – ganz ruhig und deutlich gesagt habe: Bitte, wenn mein Kind rauskommt, dann schreien Sie hier nicht so rum!

Das war das Letzte, an das ich mich erinnern konnte.

Es ist schon ein Wunder, dass man das alles irgendwie schafft. Man hat eine unglaubliche Kraft in solchen Momenten, glaube ich.

Aber ohne die Technik im Kreißsaal hätte mein Kind nicht überlebt, das war mir dann klar. Später wollte ich eigentlich noch einen Brief an die Autorin des Buchs »Die schöne Geburt. Protest gegen die Technik im Kreißsaal« schreiben, sie solle vorsichtiger mit ihren Formulierungen sein. Weil sie letztlich behauptet hatte, dass man sein Kind vergessen könnte, wenn man es nicht gleich auf den Bauch gelegt bekommt, bei rosa Licht. Dann werde da nichts draus. So steht es in diesem Buch eigentlich geschrieben.

Später gab es noch einmal eine dramatische Situation. Dominik war sechs Jahre alt. Es war Wochenende, er hatte Bauchschmerzen, ich rief den Kinderarzt, aber der sagte, nein, das ist nichts. Am nächsten Tag saß Dominik mit mir am Frühstückstisch und hatte eine ganz weiße, spitze Nase. Ich sagte, du gefällst mir gar nicht, wir fahren jetzt sofort ins Krankenhaus. Später erklärte mir die Ärztin, das sei die typische Blinddarmnase.

Die Ärztin war entsetzt, als sie Dominik sah. Er hatte einen Blinddarmdurchbruch. Er kam sofort in den OP und ich saß davor und versuchte zu beten, obwohl ich eigentlich gar nicht wollte. Ich sah den Eingang zur Krankenhauskapelle am Ende des Flurs, da wollte ich reingehen. Aber die Tür war verschlossen – und ich dachte nur, das ist typisch, wenn ich schon mal beten will.

Nach einer endlos langen Zeit kam die Ärztin aus dem OP und beruhigte mich: Es wird gut gehen, es ist alles in Ordnung, und sie ging sofort wieder zurück, weil die Operation noch nicht zu Ende war.

Es war die gleiche Klinik, in der Dominik auch auf der Frühgeborenen-Station war. Nach ein paar Tagen, als er schon aufstehen und herumlaufen konnte, bin ich mit ihm zu dieser Station gegangen, die aussah wie ein riesiger Glaskasten, und habe ihm von außen alles gezeigt: Schau mal, so wie diese kleinen Babys, so hast du ausgesehen.

Er war fasziniert und ungläubig: Was? So klein war ich? So winzig?

Hinter der Glasscheibe sah ich eine Mutter in diesem blauen, sterilen Plastikmantel, mit ihrem Baby auf dem Arm. Sie schaute halb zuversichtlich und halb verzweifelt auf ihr Kind. Da habe ich an die Scheibe geklopft, Dominik auf die kleine Balustrade gestellt, ihr Zeichen gemacht und gerufen: Schauen Sie mal hier, das ist mein Sohn, der war genauso klein, er war genauso ein kleines Frühchen wie Ihres.

Sie schaute mich an, dann Dominik, schaute hin und her und lächelte ganz glücklich.

Nachdem Dominik geboren war und ich vom Kreißsaal in das Aufwachzimmer gebracht worden war, hatte ich einen Zettel mit einer Telefonnummer in der Hand. Es war die Telefonnummer von Alf in Hall in Tirol. Alf und ich waren nun schon fast zwei Jahre getrennt, es war nicht sein Kind, dennoch hatte er sich um mich gekümmert, hatte mir und sich gewünscht, dass alles gut gehen soll. Seine Freundin, die auch Hannelore hieß, erzählte mir später, dass er mitten in der Nacht losgerannt sei, nachdem er aus dem Krankenhaus angerufen worden war. Er sei in den Wald gegangen und erst am Nachmittag wiedergekommen. Irgendetwas muss er für Dominik dort im Wald gemacht haben. Er war ein Zauberer.

Gesehen hatten wir uns nicht, nur einmal ganz kurz, als ich noch schwanger war. Wir waren uns längst wieder näher gekommen, immer und immer näher. Wir waren wieder auf dem Weg zueinander, ganz sanft. Es war für Alf nicht von Bedeutung, dass mein Kind nicht sein Kind war. Wenn wir wieder zusammen wären, sagte er, wäre es eben auch seines.

Und dann hatte Alf den Autounfall.

Weil er bei einer Geburtstagsfeier getrunken hatte, ließ er sein Auto stehen und nahm sich mit seinen Freunden ein Taxi. Alf saß auf dem Beifahrersitz. Auf der Ludwigstraße in München in Höhe der Universität fuhr ein betrunkener Porschefahrer mit hoher Geschwindigkeit in dieses Taxi. Alle Insassen wurden schwer verletzt.

Alf starb am 11. November 1981. Er war 41 Jahre alt.

Da war Dominik ein halbes Jahr auf der Welt.

Ich weiß nicht, wie ich das ohne mein Kind geschafft hätte. Dominik brauchte mich ja. Da konnte ich mich nicht gehen lassen, da konnte ich nicht verzweifeln, das ging einfach nicht. Und irgendwie war ich trotzdem mit Alf zusammen, es war einfach so. Ich habe sogar manchmal das Gefühl gehabt, als wäre er für Dominik gestorben. Ganz eigenartig.

Am Tag von Alfs Einäscherung hatte ich Dreharbeiten für einen Science-Fiction-Film. Die Produktion gab mir vormittags frei, für die Trauerfeier, aber am Nachmittag musste ich da sein. Ich spielte eine Frau, die aus der Zukunft kam und wieder zurückgebeamt werden sollte. Ich musste mich in der Szene auf eine Art Beamer legen und es sah aus, als würde ich brennen in einem gleißenden Licht. Ich lag nur da und dachte, es ist gut, Alf, jetzt komme ich auch, zu dir in die Zukunft, jetzt werde ich auch verbrannt.

Vormittags wollte ich einen Zweig unserer Japanischen Mädchenkiefer, die wir gemeinsam gepflanzt hatten, auf seinen Sarg stecken, damit er mit ihm zusammen verbrannt würde. Aber das wurde mir verboten. Also hielt ich den Zweig während der Trauerfeier in der Hand und nahm ihn wieder mit.

Ich hatte einen Altar aufgebaut bei mir zu Hause, Alfs Bild, die Kerzen – und jetzt der Zweig der Mädchenkiefer.

Mein kleines Kindchen wusste von Anfang an, wer Alf ist und war. Ich hatte ihm von Anfang an von ihm erzählt, immer wieder, bis er irgendwann alles verstanden hat. Alf ist für Dominik ganz wichtig.

Alfs Vater Hansei haben Dominik und ich in den Jahren nach Alfs Tod noch oft besucht. Hansei konnte *nicht mehr* richtig gehen und Dominik konnte *noch nicht* richtig gehen. Und so sind wir dann an der Auffahrtsallee zum Nymphenburger Schloss spazieren gegangen. Rund herum. Eine wackelige Angelegenheit.

Ich weiß nicht genau, wie ich das alles überstanden habe. Ich hatte eine unglaubliche Lebenskraft. Auch die Liebeskraft war da. Es wurde ja nicht leichter mit dem kleinen Baby, nichts wurde leichter, es war unheimlich viel zu tun und weiter Geld zu verdienen und den Beruf auszuüben und alles zu organisieren.

Und dann die verschiedenen Liebesgeschichten, oh Gott, unvorstellbar.

Ich weiß gar nicht, wie ich diese Zeit zwischen 35 und 55 hingekriegt habe, diese ganze Zeit, in der man alles sein will, die beste Geliebte, die beste Ehefrau, die beste Mutter, die beste Schauspielerin, die beste Geldverdienerin, von allem das Beste – unfassbar, dass man das hinkriegt.

Oder auch nicht.

Die unendliche Geschichte

Er hatte mich schon längst gesehen, mich ausgespäht, immer wieder, über Jahre – einer Berlinale, auf Filmpremieren, Preisverleihungen – lange bevor ich ihn wahrgenommen hatte. Manchmal, so hat er mir später erzählt, stellte er sich an so einem Abend in eine Ecke und beobachtete mich. Er hatte mich im Blick, den ganzen Abend lang. Von manchen Ereignissen wusste er sogar noch genau, welches Kleid ich getragen hatte, ein weißes oder schwarzes, lang oder kurz, wie ich ausgesehen hatte oder ob ich gerade glücklich war mit Alf oder nicht. Er stand einfach da und ließ mich nicht aus den Augen. Er ließ sich nichts von mir entgehen, und er dachte: So eine Frau will ich haben, irgendwann.

Ich kannte ihn schon lange flüchtig, aber erst jetzt, auf der großen Premierenfeier von »Das Boot« in den riesigen Hallen der Bavaria kam er auf mich zu. Ich schaute ihm zum ersten Mal in die Augen – blaue Augen, schwarzes Haar. Bernd Eichinger.

Es war Mitte September 81, und es war mein erster Ausflug in die Öffentlichkeit seit meiner Schwangerschaft. Bernd schaute mir auch in die Augen und gratulierte mir zu meinem Sohn, der gerade fünf Monate alt war. Er war der Gastgeber des Festes, und er schien unter Hochspannung zu stehen. Und er sagte mir, unendlich nervös vor lauter Freude, dass jetzt, jetzt, in der letzten Nacht seine Tochter geboren wurde, Nina ist auf der Welt, sein größtes Glück; sein innigster Wunsch, eine Tochter zu haben, sei in Erfüllung gegangen.

Drei Monate später, Mitte Dezember, trafen wir uns wieder, in Berlin, bei einer Retrospektive und Gedenkfeier für Alf Brustellin.

Wieder hatte er mich im Blick und sah sofort, wie traurig und wie einsam ich war, hörte aus den Gesprächen heraus, dass ich nicht in einer festen Beziehung bin, sondern allein lebe mit meinem Kind. Das war wichtig für ihn, und er dachte sich: *Jetzt greife ich an.*

Das hat er mir später genau so erzählt. Er fragte, ob er mich anrufen dürfe, fragte, ob er mich einladen dürfe, zum Essen oder so, und ich sagte ja, ja, natürlich, ich würde mich sehr freuen.

In den folgenden Monaten rief er mich an, lud mich zum Essen ein, fuhr mit mir herum, ging mit mir spazieren. Er hat um mich geworben.

Manchmal war er ein bisschen enttäuscht von mir – das erzählte er mir natürlich auch erst sehr viel später –, weil ich fast nie so aussah, wie er mich früher gesehen hatte, auf der Berlinale, auf Preisverleihungen, auf Events. Ich lief meistens nur in verschiedenen Arten von Baumwoll-Overalls herum, sogar bei einem wunderbaren Essen im *Tantris*. Ich hatte keine lackierten Fingernägel, so wie er es früher immer an mir gesehen hatte – dunkelrot lackierte Fingernägel –, keine Schminke, keinen Lippenstift, und vor allem hatte ich keinen Duft an mir, kein Parfum.

Jetzt fehlte das Glamouröse total. Ich war eine Mutter mit einem kleinen Baby.

Beim Essen erzählte ich ihm nur von meinem Kind, von den schwierigen Umständen. Ich redete ununterbrochen, ich musste reden, denn ich war so viel allein mit meinem Baby. Ich erzählte ihm von der zu frühen Geburt und von meinem Mutterglück, und dass ich alles alleine schaffen werde.

Er muss sich furchtbar gelangweilt haben. Sehr geduldig und aufmerksam hörte er mir gar nicht richtig zu. Er schaute mir nur in die Augen, und auf meine Lippen.

Eines Abends stand sein großes Auto vor meiner Wohnung in der Ohmstraße, ein amerikanischer Riesenschlitten mit Chauffeur, die Einlösung einer Wette mit einem Freund. Auffällig stand der Schlitten auf der Straße herum, während er auf mich wartete. Das hat mich ein bisschen geniert. Er bezahlte die Babysitterin (meine Babysitterinnen mochten ihn sehr, er hat sie immer fürstlich entlohnt), und fuhr mit mir durch die Stadt, mit Chauffeur, die ganze Nacht lang.

Da zeigte er mir sein Reich, zeigte mir seine neue Constantin Film, sein Büro und das gerahmte Foto von mir, das noch von früher da hing, neben anderen, in einem langen Flur.

Aus seinem Büro holte er das Buch von Michael Ende, »Die unendliche Geschichte«, er schenkte es mir und schrieb hinein: »Für Dich, Hanni. Dein Bernd.«

Wir fuhren weiter und er zeigte mir seine alte Schule, wir liefen mitten in der Nacht auf dem Schulhof herum, und ich pinkelte dort in eine dunkle Ecke.

Im Fond des Wagens fragte er mich, ob er den Arm um mich legen dürfe. So fuhren wir durch die Nacht, bis es hell wurde.

Er ging mit mir im verschneiten Englischen Garten spazieren, es war Februar und sehr kalt. Ich war warm eingemummelt und hatte mein Baby vor den Bauch geschnallt. Er lief neben mir her, blass und groß und schlaksig, in seinem dünnen schwarzen Anzug, mit der schmalen schwarzen Krawatte und seinen dünnen Schuhen. Er war zurückhaltend, fast vorsichtig, trotzdem sehr bestimmend. Er ließ keinen Zweifel aufkommen, dass das etwas werden sollte mit uns.

Wir unterhielten uns über Babyschnuller, und wieso seine Tochter Nina einen hätte und Dominik nicht. Ich erklärte ihm, dass das Genuckele den Gaumen eines Babys verformen würde, und mit dem Zeigefinger in meinem weit geöffneten Mund zeigte ich ihm ganz genau die Wölbung des Gaumenbodens. Er schaute interessiert in meinen Mund, und plötzlich spürte ich sehr, dass er an etwas ganz anderes dachte.

Lange hatte ich nicht gemerkt, dass er in mich verliebt war. Ich hatte nur meinen Mutterinstinkt in der Zeit. Doch auf einmal war etwas anderes in mir erwacht.

Er hatte ganze Menüs vom *Romania Antiqua* zu mir in die Wohnung bringen lassen. Er wollte nicht, dass ich für ihn koche, er wollte mich verwöhnen und bewirten.

An einem dieser schönen Abende schaute ich ihm in die blauen Augen und sagte: »Jetzt trinke ich noch ein Glas und rauche noch eine Zigarette, und dann muss ich dir etwas sagen, etwas Dringendes, Schönes.« Er wusste sofort, was ich ihm sagen wollte, und so war es auch: Ich nahm ihn an der Hand und ging mit ihm ins Bett.

Später sagte er mir, wie froh er war, und dass er selbst niemals die Initiative ergriffen hätte. Er hätte noch Monate gewartet, um ja nichts zu zerstören.

Noch eine Zeit lang verspeisten wir die Romania-Antiqua-Menüs in meiner Wohnung. Ich konnte nicht so oft ausgehen, und wir wollten unsere beginnende Liebe wenigstens ein bisschen geheim halten. Das ging natürlich nicht lange.

Wir waren *das* Paar, wir waren *das* Liebespaar, der Bernd und die Hanni. Drei Jahre lang waren wir zusammen, drei wunderschöne, lange Jahre.

Ich erlebte die aufreibenden Kämpfe um die Finanzierung seiner Filme, er kämpfte um seinen Traum, Kino zu machen, großes Kino, große internationale Kinofilme zu produzieren, unbedingt. Er kämpfte Tag und Nacht.

Und wir feierten unendlich viele Feste mit all seinen Freunden, die auch meine wurden, seine Geburtstagsfeste, immer mit Uli Edel, der am gleichen Tag wie er Geburtstag hat, rauschende Silvester nur mit Freunden – und Mirácoli-Spaghetti morgens um sechs in seiner Wohnung. Filmpremieren, Filmbälle. Bernd ist der großzügigste Gastgeber, den ich kenne.

Und immer an seiner Seite: Marianne, die Wunderbare, seine rechte Hand, langjährige Weggefährtin durch dick und dünn, die mich auch getröstet hat, wenn Bernd manchmal verschwunden war in irgendwelchen Abgründen. Seine Eltern, die er auf Händen trug und denen er alles beweisen wollte, mochten mich sehr, und wir verbrachten viele fröhliche Abende miteinander.

Mal übernachtete er bei mir, mal in seiner Ein-Zimmer-Wohnung im Parterre eines hässlichen grauen Mietshauses in Neuhausen. Damit ich dort auch mal sein konnte, ließ ich weiße Vorhänge nähen, denn man konnte von der Straße in seine Wohnung schauen. Und wenn ich bei ihm übernachtete, brachte ich mein Szegediner Gulasch mit Semmelknödeln in einem Riesentopf von zu Hause mit.

Zum ersten Mal in meinem Leben war ich mit ihm in Cannes bei den Filmfestspielen. Und schon längst hatte ich mich schön gemacht für ihn, das mochte er sehr. Ich war seine Königin.

An meinem ersten Geburtstagsfest mit ihm – meinem 40. – schenkte er mir einen nagelneuen Golf GTI. Er kam in meine Wohnung gerannt, sagte, sein Geschenk wäre zu groß, ich müsste schon auf die Straße gehen. Und da stand das schöne Auto, glänzend schwarz, mit einer riesigen Schleife drumherum.

Den ganzen Sommer 1983 verbrachte ich mit Dominik in Bernd's Traumhaus direkt am Wolfgangsee. Ich konnte fast von meinem Bett aus in den See springen und schwimmen, schwimmen.

Sooft er konnte, raste er mit seinem Porsche von München zum Wolfgangsee, um mich zu besuchen. Und frühmorgens um sechs wieder zurück nach München in sein Büro.

Drei Jahre waren wir ein Liebespaar, eine wilde, schöne Zeit – und wir sind befreundet bis heute.

Acht Jahre später ist Bernd mein Trauzeuge. Er richtet mir meine Hochzeit aus. Marianne organisiert alles und Bernd schenkt mir mein wunderschönes Hochzeitsfest auf einer Yacht in Südfrankreich. An Dominiks elftem Geburstag.

Für Bernd

Ende Januar 2011
Bernd – er war immer mein Freund, der Mensch, auf den ich immer zählen konnte. Durch ihn hatte ich das Gefühl, nie verlorenzugehen. Er war da für mich, wenn ich ihn brauchte.
Ich war so tief angerührt von seiner Lobrede auf mich auf der großen Leinwand im Prinzregententheater bei der Verleihung des Bayrischen Filmehrenpreises, und ich war so stolz, dass Bernd so über mich sprach. Gleich danach schickten wir uns fröhliche SMSe hin und her, Bernd, seine Frau Katja und ich, von München nach Los Angeles, von Los Angeles nach München. In einer aus L.A. heißt es: »Liebe Hanni!!! Gratulation zum Ehrenpreis!!! Wir haben den tosenden Applaus für Dich und Deine Dankesrede live am Telefon miterlebt. War super. Was für ein toller Moment. Grüße aus Hollywood, Dein Bernd und Katja.« Das war am 14. Januar 2011.
Am nächsten Tag sitze ich mit meinem Sohn Dominik und Bernds Tochter Nina auf dem Münchner Filmball am Tisch der Constantin Film. Zum ersten Mal ist Bernd nicht da. Wir spüren alle, wie sehr er fehlt. Er will arbeiten, sagt Nina, er schreibt an einem Drehbuch, und er will auch im Moment diesen Trubel nicht erleben.
Nina fliegt am nächsten Morgen nach Los Angeles zu ihrem Vater, und wir beauftragen sie, die innigsten Küsse und Herzensumarmungen an Bernd zu überbringen.
Er hat sie sicher bekommen, Nina hat ihn sicher umarmt und geküsst, auch von mir und Dominik.
Wir hoffen es so sehr und sprechen so viel darüber, und über Nina und Katja, die Gott sei Dank bei ihm waren.

Jetzt ist Bernd tot. Er starb eine Woche später, am 24. Januar in Los Angeles bei einem Abendessen inmitten seiner Familie. Seine Frau Katja, seine Tochter Nina und seine Freunde waren bei ihm.
Der plötzliche Herztod ist über ihn gekommen.
Es ist für mich, als wäre der Weltenbaum gefällt worden. Mein Halt, mein Bernd, von dem ich dachte, er sei immer da, er sei mindestens unsterblich, mein Freund ist nicht mehr auf der Welt.
Vor zehn Jahren hat er die schönste Laudatio gehalten, als er mir den Bayerischen Filmpreis für »Die Unberührbare« überreichte, die schönste überhaupt in meinem Leben. So etwas hatte ich noch nie gehört über mich, nicht davor und niemals danach. Er kannte mich, mein innerstes Wesen, er kannte meine Unsicherheit und meinen Stolz, meine überschäumende Lebenslust, die ich so gut mit ihm leben konnte. Aber er kannte auch meine tiefe Melancholie. Wir sind uns in vielen Dingen sehr ähnlich.
Er ist mein ewiger Freund. Ich liebe ihn für immer, für seinen feinen, bayrischen Humor, seine Standfestigkeit in allen Dingen und sein geradezu überwältigendes Selbstbewusstsein. Seine Direktheit und Wahrhaftigkeit, seine Verzweiflung und Einsamkeit. Sein Lachen.
Mit seinem starken Herzen war er von archaischer Treue und Anständigkeit.

Die Verliebung

Es war 1988, spätnachts im »Schumanns«, der angesagtesten Bar Münchens.
Uwe hatte Besuch von seinen Freunden aus Mainz, aus der Provinz, und sie standen im »Schumanns« herum, um Leute anzugucken.
Da sahen sie auch mich. Ich winkte nur ein »Hallo« und wollte gerade verschwinden, weil ich ein bisschen zu viel getrunken hatte. Uwe bot sich an, mich nach Hause zu fahren. Ich hatte ihn erst einmal gesehen, vor einem halben Jahr nach einer Premiere im Residenztheater, und dachte, das ist aber nett.
Sein Wagen war ein richtiges Schrottauto, es rumpelte durch die Gegend, mir wurde ziemlich schlecht. Uwe fuhr die ganze Zeit im zweiten Gang und hielt mit der rechten Hand meinen Kopf, der schwer an die Fensterscheibe dotzte. Er verfluchte sein Auto zum ersten Mal, weil es keine automatische Schaltung hatte. Und es war ziemlich lästig, ihm zu erklären, wo die Bothmerstraße war, in der ich jetzt wohnte.
Endlich fand er meine Straße und hielt auf dem Trottoir, unter einer Laterne. Er öffnete die Tür an meiner Seite, und langsam und vorsichtig schwang ich meine Beinchen nach draußen und stellte sie auf den Bürgersteig. Ich durfte keine schnellen Bewegungen machen. Ich sagte nur, entschuldigen Sie, einen Moment bitte, beugte mich nach vorne und – unglaublich graziös und ohne mich zu beflecken – kotzte ich in hohem Bogen unter die Laterne.
Uwe stand ein bisschen ratlos da. Mit so was kannte er sich nicht aus. Ich strahlte ihn erleichtert an und sagte: »Jetzt ist es

gut. Gut, dass alles draußen ist«, und bat ihn, mit mir zusammen die vier Stockwerke zu meiner Wohnung zu erklimmen.

Oben angekommen, endlich zu Hause, zog ich im Flur wie immer sofort meine Schuhe aus, und meine nackten Füße gefielen ihm sehr. Ich sagte, pscht, kommen Sie, ich zeig Ihnen was – und leise und barfuss ging ich ihm voran, noch eine kleine Wendeltreppe hoch, vorbei an dem Terrarium mit der Strumpfbandnatter und dem Aquarium mit den Futterfischen für die Schlange – die Wächterin vor dem großen, verwinkelten Reich unterm Dach.

Hier zeigte ich ihm meinen schlafenden Sohn, sieben Jahre alt.

Uwe war etwas verwirrt darüber, wie sich die Situation entwickelte. Er wusste auch nicht, dass ich einen Sohn hatte. Leise schlichen wir wieder nach unten. Ich sagte nur »Danke fürs Nachhausebringen« und »Tschau, tschau, bis irgendwann«.

Ein halbes Jahr zuvor, auf der Premierenfeier im Residenztheater, hatte ich ihn kennengelernt. Er stellte sich mir vor, sagte, er sei der Dramaturg dieses Hauses und er würde gerne einen Kaffee mit mir trinken. Ich sagte: »Ein Bier wäre mir lieber.« Aus dem Kaffee wurde also nichts. Er hatte sich schon einige Male bemüht, mit mir Kontakt aufzunehmen, jetzt wollte er mich engagieren für ein Stück von Woody Allen, die *Midsummer Night's Sex Comedy*. Aber ich hatte keine Zeit. Damals.

Nachdem ich ihm mein schlafendes Kind gezeigt hatte, verabredeten wir uns einige Male sporadisch, zwei Monate lang; wir gingen ins Kino, ins Theater – eine wundervolle Aufführung im Marstall-Theater werde ich nie vergessen, *Shakespeares Sonette*.

Ich konnte zwar nicht so spontan ausgehen wie andere, ich musste alles organisieren, dafür sorgen, dass jemand bei Dominik war, aber ich genoss es sehr, so unverbindlich und unbeschwert manchmal einfach auszugehen. Theater, Kino, Konzerte, Ausstellungseröffnungen – Uwe wusste immer, was gerade interessant war. Und er hatte immer Karten.

Einmal waren wir bei einer Filmpremiere im Tivoli-Kino, es war etwas Besonderes, alle waren da. Bernd Eichinger kam mir entgegen und sagte – mit seinem unwiderstehlichen Bernd-Lächeln: »Na, Hanni? Wer ist *er* denn?« Ich sagte: »Was na? Das ist Uwe Carstensen, Dramaturg am Residenztheater, sonst nichts.«

Und alle schauten uns komisch an, und ich dachte, was haben die denn, was soll das?

Nach der Premiere fuhr mich Uwe auf dem Gepäckträger seines klapprigen Fahrrads nach Hause. Sein Schrottauto hatte inzwischen den Geist aufgegeben.

Im frühen Dunkel der ersten Adventstage fuhren Dominik und ich auf unseren Fahrrädern die Auffahrtsallee zum Nymphenburger Schloss entlang. Es war wunderbar, die Haare flogen im Wind, Dominik konnte endlich richtig Fahrradfahren und wir sausten – laut jubelnd, wie verrückt – mehrere Male am Schlosskanal rauf und runter.

Auf einmal kam mir Uwe in den Sinn, und wie schön es sein könnte, wenn er jetzt da wäre. Wir rasten wieder zurück, zum Anfang der Auffahrtsallee, und da, am kleinen Pavillon, stand Uwe, an sein Fahrrad gelehnt, eine Tüte von Hugendubel in der Hand mit Büchern für uns beide. Ich war glücklich irgendwie, und Dominik ganz besonders.

Dominik wollte uns unbedingt in sein Dachzimmerreich einladen. Wir wohnten ja gleich um die Ecke.

Er machte uns Tee, brachte uns Plätzchen und wir durften uns nicht von der Stelle bewegen. Er wollte es uns schön machen, zündete Kerzen an für uns, und auch er leuchtete irgendwie. Das ganze Kind hat geleuchtet.

Dominik schaute uns aufmerksam an, schaute von einem zum anderen und sagte feierlich: *Ich glaube, hier findet eine Verliebung statt.*

Schöner hätte er es nicht sagen können.

Von jetzt an lebten wir zehn Jahre lang zusammen, wir alle drei. Sechs Jahre davon war ich mit Uwe verheiratet.

Bevor Uwe in unser Leben kam, hatte Dominik in der ersten Klasse der Montessori-Schule sieben DIN-A-4-Seiten voll Uwe in sein Heft geschrieben, mit bunten Stiften und in großen geschwungenen Buchstaben. Er übte Schreibschrift, und nichts ließ sich so weich schwingen wie Uwe, Uwe, Uwe. Da kannten wir Uwe noch gar nicht.

Jetzt gestalteten wir aus den DIN-A-4-Blättern ein großes rechteckiges Bild, und weil noch die achte Seite fehlte, schrieb Dominik in bunten Großbuchstaben sein Gedicht auf das letzte Blatt.

JA ABER WENN
DER HAFERBREI
KNISTERT
DANN GIBT ES
EIN GANZ SCHÖNES
IGELESSEN

Wir haben Uwe das gerahmte Bild an unserem ersten gemeinsamen Weihnachtsabend geschenkt.

Fast zwei Jahre lebten wir noch in München in meiner schönen Altbauwohnung in der Bothmerstraße. Uwe hatte sich längst von der Dramaturgie verabschiedet, er war frei und wir hatten viel Zeit füreinander, eine schöne, eine glückliche, unbeschwerte Zeit, eine normale Zeit mit der großen Freude am Alltag. Und Schulbesuche, Klassentreffen, Elternabende, Hausaufgaben.

Am liebsten wollte ich gar nicht mehr arbeiten, aber das ging natürlich nicht. Dominiks wunderbares Kindermädchen Ina ging mit ihm spazieren – ich musste Geld verdienen.

Ich hatte immer Sehnsucht nach meinem Kind. Meine Einstellung zu meinem Beruf wurde zwiespältiger. Wenn ich mit Dominik unterwegs war, mochte ich es nicht, wenn man mich erkannte. *Ich wollte privat sein.*

Einmal kam ich mit ihm vom Einkaufen, hatte einen rosafarbenen Trainingsanzug an, Dominik hielt sich am Fahrradlenker und den daran hängenden Plastiktüten fest, und plötzlich rief er: »Mama, das bist ja du!« Vom Titelbild einer Fernsehzeitschrift im Zeitungskasten gegenüber lächelte ich uns entgegen, in Großaufnahme. Ich sagte: »Ja, tatsächlich, das bin ich, das nehmen wir jetzt mit und schauen uns das an.«

Zu Hause lagen wir auf dem Boden, schauten uns das Titelbild an, lasen das Interview und bastelten nebenbei einen Pinocchio aus Holz.

Auf unseren gemeinsamen Spaziergängen war Dominik mal das sanfte Pferd Jenny, mal ein gefährlicher Puma. Wenn er ein Puma war, wurden Uwe und ich ziemlich wüst aus dem Hinterhalt überfallen und getötet. Ich mochte es lieber, wenn Dominik das Pferd Jenny war, dann konnte ich ihn mit kleinen Apfeloder Karottenstücken füttern, die ich immer bei mir hatte. Er fraß sie mir mit einer weichen Pferdeschnauze aus der flachen Hand.

Als Puma oder als Dominik hasste er Äpfel, und natürlich auch Gemüse. Es war gar nicht so einfach, ihn einigermaßen gesund zu ernähren.

Manchmal war er auch das verzauberte Einhorn, mit einem Papierhorn auf der Stirn, das wir gemeinsam gebastelt hatten. Dann lag er verträumt in den verborgenen Ecken unserer Wohnung herum und konnte leider gar nichts fressen, weil er ja reine ätherische Magie war.

Die Verschleppung

So hätte es ewig weitergehen können, aber dann bekam Uwe den Ruf nach Frankfurt, als Leiter der Theaterabteilung im S. Fischer Verlag. Ich reagierte spontan, dachte, warum sollten wir nicht nach Frankfurt ziehen? Trotzdem war es ein kleiner Schock. Von München nach Frankfurt? Aber eine Wochenendbeziehung wollte ich nicht.

Das größte Opfer musste Dominik bringen. Ihm fiel der Umzug sehr schwer. Er ging inzwischen in die dritte Klasse der Montessori-Schule, musste seine Klassenkameraden, seine Freunde und seine über alles geliebte Lehrerin Brigitte Pavlista verlassen – und seine Ina, das Kindermädchen.

In Frankfurt fiel es uns beiden wie Schuppen von den Augen: Obwohl ich in allem das Schöne sehen wollte, war das hier eine so andere Umgebung, eine so andere Ausstrahlung. Das hatte nichts mit der Größe und Weite und der großzügigen Schönheit von München zu tun. Überall blieb mein Auge hängen an Hässlichkeiten ohne Ende. Die meist engen Straßen, kleinlich eingezäunt mit grauen Eisenpfosten. Und keine Fahrradwege! Wir konnten ja einst mit dem Fahrrad sicher durch ganz München fahren, ich vorneweg, Dominik hintendran.

Alles war schwierig; die richtige Wohnung für uns zu finden, und für Dominik die richtige Schule. Es war bitter, obwohl wir hier von vielen so herzlich aufgenommen wurden. Wir fanden schnell Freunde, auch Münchner Freunde, die hier sozusagen im Exil wohnten.

Ich fing an, bei Sylvain Cambreling, dem damaligen künstlerischen Leiter der Oper Frankfurt, in musikalischen Märchen für Kinder die Erzählerin zu spielen, »Peter und der Wolf«, »Piccolo und Saxo«, »Karneval der Tiere«, auf der Opernbühne mit dem Frankfurter Museumsorchester. Und in der gleichen Besetzung auch Hörbücher zu lesen, in der Reihe »Musik für Kinder«. Oder ich machte Lesungen in Matinees für die jüdische Gemeinde, für das Kulturprogramm des Wiesbadener Kultusministeriums oder für das alte TAT während der Buchmesse.

Es fing etwas anderes an, etwas Neues, eine Entwicklungszeit.

Trotzdem fühlte ich mich am Anfang wie ein Vogel, der aus dem Nest gefallen ist. Ich wusste nicht mehr, wo ich hingehörte, ich war entwurzelt, rausgerissen, und es tat weh. Meine Wurzeln taten weh.

Ich hatte Heimweh nach München.

Die Natur hat mir gefehlt. Und wenn mir jemand vom Taunus vorschwärmte, sagte ich nur: Was, diese paar Hügel – das erzählt ihr mir – mir, die ich aus den Alpen komme?

Dieses Grüne, dieses Schöne, dieses Wilde konnte ich hier nicht finden. Das muss man halt in sich haben.

Dominik, der nur bis zu seinem neunten Lebensjahr in München war, hat all diese Schönheit in sich aufgenommen. Er spürt den Unterschied sehr genau und hat auch Heimweh nach Bayern. Da kommt er her, das weiß er, das hat er nicht vergessen.

Manchmal, in den ersten Wochen, frühmorgens, nachdem Dominik in der Schule war, habe ich mich ins Auto gesetzt, bin nach München gefahren, habe auf dem Elisabethmarkt oder auf dem Viktualienmarkt eingekauft – und bin schnell wieder zurück nach Frankfurt.

Ich vermisste den bayerischen Dialekt, diese ganze Melodie, dieses besondere Licht, meine Seen. Ich vermisste die roten Schindeldächer aus München, aus Bayern, ich konnte mich lange nicht an die schwarzen Schieferdächer und die Sandsteingebäude in Frankfurt gewöhnen.

Aber das Multikulturelle hat mir sehr gefallen. Das Polyglotte. Das Internationale. Die Wolkenkratzer. Das Moderne. Und dass ich mich hier ziemlich frei bewegen konnte, ohne in irgendwelchen Klatschspalten zu stehen.

Ich stürzte mich auf die Museen, die Galerien, auf das Künstlerhaus im Mousonturm – und das TAT. So etwas gab es in München nicht.

Und es war so viel zu tun. Wir waren jetzt eine kleine Familie. Unsere erste eigene Wohnung, Uwe neu in seinem Beruf, und ich immer wieder gedreht und gearbeitet. Das erste halbe Jahr war ziemlich abenteuerlich. Unsere Wohnung war noch nicht fertig renoviert, unsere Sachen aus München waren in Containern eingelagert – und wir wohnten fast ein halbes Jahr lang zu dritt in verschiedenen kleinen Ein-Zimmer-Wohnungen, die uns von Mitarbeiterinnen des Fischer-Verlags zur Verfügung gestellt wurden.

Es war eine tolle Zeit. Wir hatten nur zwei große Koffer, wunderbar!

Und plötzlich zu Weihnachten hatten wir unseren ganzen Kram wieder. Unsere Wohnung war endlich fertig – und alles war wieder da. All dieses Zeug, das man eigentlich nicht braucht.

Trotzdem wurde unsere große Wohnung wunderschön, in einem Jugendstilhaus mitten in der Stadt, ganz oben – wie immer –, wie in einem Baumhaus. Wir schauten nur auf Bäume und das mochte ich sehr.

Und ich mag es immer noch. Ich bin immer noch da, seit zwanzig Jahren – und manchmal auch Dominik.

Sehr bald kam Georg Althammer auf mich zu, der wunderbare Münchner Produzent, den ich schon so lange kannte und sehr mochte, er bot mir eine besondere Geschichte an.

Wir waren verabredet im kleinen, feinen Restaurant *Rosa* am Grüneburgweg, Althammer, Uwe und ich. Georg Althammer sprach von einer neuartigen Krimiserie. Begeistert erzählte er mir von seiner Idee: Im Zentrum der Serie sollte die spannende Ermittlungsarbeit stehen; nicht die Mörder und die Opfer und die weinenden Hinterbliebenen sollten die Hauptsache sein, sondern die minutiöse Polizeiarbeit. Das Aufspüren der Verbrecher. Der Mörder hat schon gemordet, die Opfer sind schon tot – jetzt sollte man einer Kommissarin beim Ermitteln zuschauen.

Und – es sollte vom privaten Leben dieser Frau erzählt werden: berufstätig, alleinerziehend, mit Sohn.

Althammers Plan B war »Mann, alleinerziehend, mit Tochter«. Aber am liebsten eben das Modell »Frau mit Sohn«. Das wollte er SAT1 anbieten.

Und das Ganze sollte in Berlin spielen!

Ich bin wahnsinnig erschrocken, und dachte, oh nein, das will ich nicht, außerdem mag ich keine Serien. Ich sagte: »Wie bitte? Das geht nicht, ich bin gerade erst nach Frankfurt gezogen, mein Kind geht hier zur Schule, ich kann keine Serie in Berlin drehen.«

Uwe sagte: »Mach dir keine Sorgen, die Idee ist *so gut* – das machen die sowieso nicht.«

Und in der Tat: Die Herren von SAT1 – es war 1991! – sagten, eine *Frau* als Ermittlerin, als *Hauptfigur* in einer Kriminalserie – *das geht nicht*.

Also nahmen sie Modell B, »Mann mit Tochter«, und daraus wurde »Wolffs Revier«.

Mir fiel ein Stein vom Herzen, ich dachte, okay, das ist weg, dieser Kelch geht an mir vorüber, ich muss keine Serie drehen. Berlin wäre sowieso nicht gegangen.

Doch Georg Althammer gab keine Ruhe. Er versuchte es noch einmal mit seiner Lieblingsidee, ein Jahr später, diesmal bei der ARD und die waren begeistert von seinem Projekt. Aber es sollte noch immer in Berlin gedreht werden, oder in München. Ich sagte zu Georg: »Es geht beides nicht. Ich wohne jetzt in Frankfurt, also – wenn *ich* es machen soll, dann geht es *nur* in Frankfurt.«

Und dann, noch ein Jahr später – nachdem die Autoren,

Klaus Bädekerl und Isolde Sammer, die Serie entwickelt und die ersten 13 Folgen geschrieben hatten, und nach vielen Besprechungen mit den Regisseuren dieser ersten Folgen, Jörg Grünler und Erwin Keusch –, wurde »Die Kommissarin« gedreht. In Frankfurt.

Eigentlich sollte die Serie »Dezernat M« heißen. Ich war unzufrieden, ich fand das zu langweilig. Und nach einigem Kopfzerbrechen schrieb ich auf einen Zettel *Die Kommissarin*. Das fand ich cool.

Da hatte ich noch einige Hürden zu überwinden. Man erklärte mir: »Es gibt doch schon die berühmte Serie ›Der Kommissar‹.« Ich sagte nur: »Die Leute werden mich schon nicht verwechseln. *Die* Kommissarin ist doch etwas anderes als *der* Kommissar, oder?«

Aus Martina Winter wurde Lea Sommer. Die Drehbuchautoren hatten ihr den Namen Martina Winter gegeben. Ich fand, das klang wie der Name eines Models. Martina Winter – das ging irgendwie nicht. *Winter*? Und auf einmal dachte ich: Ich bin im Sommer geboren, ich bin Löwin – Lea.

Lea Sommer finde ich wunderbar.

Dass diese Lea Sommer auch manchmal mit *Frau Sommer* angesprochen werden würde, damit hatte ich nicht gerechnet.

Jedenfalls ging es 1993 dann los mit den Dreharbeiten.

Mit der Kostümbildnerin Diemuth Remy hatte ich mir viele Gedanken gemacht, wie Lea Sommer aussehen sollte, wir brauchten eine Kleidung, in der sie Tag und Nacht überstehen konnte, in der sie in die reichsten Villen gehen konnte, um zu ermitteln, zu den Bankern in die gläsernen Türme, und in die schmuddeligsten Ecken und Absteigen. Und trotzdem immer etwas darstellt.

Ich finde, das, was wir gefunden hatten, war genial, diese schlichten, einfachen Kostüme, die Pumps – und die klassische Männerlederjacke.

Fast alle Kritiker – vor allem die Kritikerinnen – haben sich erst einmal mokiert: Was? Eine Kommissarin mit hohen Schuhen und Minirock?

Dabei ging der *Minirock* bis zu den Knien. Und die *High Heels* waren auch keine richtigen High Heels, sie hatten Plateausohlen. Die hohen Schuhe musste ich einfach tragen, weil ich so klein bin. Außerdem kann ich auf High Heels mindestens so gut rennen wie in Turnschuhen.

Wir wollten Lea Sommer nicht mit Jeans und Parka ausstatten. Sie sollte anders sein – mit einer Art Uniform, die weiblich ist. Klassisches Kostüm und schwarze Lederjacke. Wir haben uns an den Ermittlern der coolen amerikanischen FBI-Filme orientiert, klassischer schwarzer Anzug, weißes Hemd, schwarze Krawatte – die männliche Uniform.

Die *FAZ* hatte damals verstanden, was wir wollten. Sie schrieb in der ersten Kritik über »Die Kommissarin«: »Lässig und verletzlich«. Und – das weiß ich noch: »Mit ihrer Lederjacke überm Kostüm kann sie sich nicht entscheiden zwischen Draufgängerin und Dame.«

66 Folgen, 13 Jahre lang, trug ich diese einfache schwarze Lederjacke. Später haben wir nur die dicken Schulterposter herausgenommen. Wenn ich mir die Anfangsfolgen anschaue, bin ich an den Schultern noch sehr aufgepolstert – das finde ich heute irgendwie ein bisschen schrecklich.

Im ersten Jahr haben wir 13 Folgen hintereinander gedreht, von März bis Weihnachten. Im Sommer war ich so erschöpft, dass ich zum ersten Mal in meinem Leben in den Großen Ferien wirklich *Ferien* machen musste. Ich war es nicht gewöhnt, eine so lange Zeit am Stück zu drehen. Die Filme wurden in Blöcken gedreht, sechs Folgen, sieben Folgen, vier Folgen. Die in jeder Folge wiederkehrenden Motive wurden abgedreht, das heißt, alle Szenen in der Wohnung von Lea Sommer, alle Szenen im Kommissariat, hintereinander, durcheinander – wir sind von einer Geschichte zur nächsten gesprungen, wir mussten alle

Folgen im Kopf haben. So ist das bei Serien. Das war ziemlich neu für mich.

Die Arbeit an den Büchern war sehr intensiv und aufwendig. Durch den Regisseur Charly Weller, der später in einigen Folgen auch Regie führte, lernte ich Fred Prase kennen, einen ehemaligen Kommissar bei der Mordkommission Frankfurt. Ein kleiner, zäher, dunkelhaariger Mann. Ich mochte ihn sehr. Er wurde mein Alter Ego. Das heißt: Lea Sommers Alter Ego.

Ich ließ mir in den Vertrag schreiben, dass Fred Prase jedes Drehbuch bekommt, um eventuelle Fehler in der Darstellung des Polizeialltags aufzuspüren. Immer wieder, jahrelang, saßen wir in meiner Wohnung bis spät in die Nacht, mit dem jeweiligen Regisseur, und gingen die Drehbücher nach den Leseproben noch einmal gemeinsam durch. Und haben verbessert, verändert, umgeschrieben. Fred spürte alles auf, was irgendwie nicht stimmte. Er war ein Künstler, er wusste auch, wie man die Realität in Film verwandelt.

Er ist mit mir durch die Straßen der Stadt gegangen und hat mir seinen besonderen Blick gezeigt, den Blick, dem nichts entgeht, der alles abspeichert. Er hat mir erzählt, wie oft er selbst Angst hatte, früher in seinem Beruf, und dass man das auch zeigen sollte in einem Film. Gewappnet sein, immer auf Abstand. Er hat mir von seinen Ausflügen in den Schrecken erzählt.

Immer, wenn es um Polizeieinsätze ging, um Schießereien oder um besonders komplizierte, taktische Verhöre im Kommissariat, war er am Drehort. Das war sehr wichtig.

Wegen der richtigen Haltung und des richtigen Tons bei den Schießereien scherzte ich mit ihm herum und ließ mir jedes Mal alles von Neuem erklären. Weil ich mich innerlich geweigert habe, mich damit auszukennen, mir diese Haltung, diesen Ton anzueignen, mich mit einer Pistole auszukennen. Es machte uns Spaß und ich musste immer kichern, wenn er mir wieder und wieder erklärte, dass ich beim Stellen eines Verbrechers die Befehle laut und deutlich zuzurufen habe: »Stehen bleiben, Polizei!«, »Lassen Sie die Waffe fallen!«.

Und immer wieder fragte ich ihn: Geht das wirklich so?
Und er sagte jedes Mal: Ja, das geht so.

Wenn ich morgens zu meinem Wohnwagen gefahren wurde, der fast immer an einem anderen Drehort stand, habe ich Text gelernt oder gelesen. Ich wurde überall hingefahren, an den Drehorten abgeliefert. Frankfurt war für mich am Anfang vor allem Drehort, Kulisse. Ich kannte mich sehr lange nur in der Kulisse aus.

Aber es war auch mein Leben. Es ist immer das eigene Leben – das darf man nicht vergessen –, auch wenn man eine Rolle spielt.

Tommy, der Mann von Freds Tochter, war Kung-Fu-Lehrer. Ein Meister. Er kam in den ersten Drehwochen fast jeden Morgen zu mir nach Hause und trainierte mit mir Kung-Fu. Ich habe es geliebt. Und ich war sehr begabt, das muss ich schon sagen.

Von halb sechs bis halb sieben Kung-Fu-Training, Meditieren bis sieben, Duschen, Frühstückmachen für Dominik – um acht stand sein Schulbus vor der Tür. Erst dann durfte man mich zum Drehen abholen – das hatte ich mir in den Vertrag schreiben lassen. Dass ich erst ab acht abgeholt werden kann – weil ich mein Kind in den Schulbus setzen will.

Von Kung-Fu habe ich immer geträumt, es ist für mich die weiseste Kampfkunst. Kung-Fu heißt wörtlich: *Etwas durch harte, geduldige Arbeit Erreichtes*. Ich fühlte mich ausgezeichnet, mit Tommy zu trainieren. Aber das konnte ich leider nur acht Wochen durchhalten, die Drehtage waren einfach zu lang. Es ging nicht mehr mit dem regelmäßigen frühmorgendlichen Kung-Fu-Training. Das hat mich bekümmert.

Aber diese Haltung, diesen festen Stand, dieses sichere Körpergefühl habe ich mir bewahrt, für mich und meine Kommissarin. Ich habe sehr viel gelernt von Lea Sommer. Den festen Ton, einen klaren Ausdruck, dieses Abchecken und Erkennen von Körpersprache und Mimik, Reagieren auf jede Kleinigkeit, sich aber nicht beeinflussen zu lassen, sich emotional nicht ein-zu-lassen. Sich alles anzuschauen, mit einem kalten Herzen, was einem an Angst und Leid, an Bösartigkeit und Lüge oder auch an Wahrheit geboten wird. Sich genau anzuschauen, wenn einer ununterbrochen lügt, und diese Lügen irgendwann zu einer Wahrheit führen.

Diese Schulung und das Kung-Fu haben mich sehr fasziniert. Mit dem Körper und dem Geist *klar* zu sein. Dieser genaue Blick, den ich sehr mag, hat sich verschärft mit dieser Rolle.

Natürlich habe ich auch immer wieder gehadert, weil mir die Drehbücher manchmal zu gewöhnlich waren. Ich war oft so kritisch, so genau, so erbarmungslos mit den Büchern, jedes sollte ganz brillant und ganz toll und ganz gut sein. Immer wieder wollte ich aufhören, wenn ich ehrlich bin, alles war so wahnsinnig anstrengend, und ich als Ehefrau und Mutter – die Arbeit war manchmal einfach zu hart. Aber es war auch schön.

Und ich habe in der ganzen Zeit ja noch so viel anderes gemacht, meine Kinofilme, Fernsehspiele, Lesungen, Theater.

Schön war die Gemeinschaft mit dem Team. Das ganze Team war wunderbar. Stephanie Spitznagel, die in den letzten Jahren der Serie meine Kostümbildnerin war, ist bis heute meine Freundin. Und Johannes, mein damaliger Fahrer und Helfer im Alltagschaos, steht mir bis heute dabei zur Seite, mein durcheinanderes Leben zu ordnen und zu bewältigen.

Und der Erfolg war natürlich auch wunderbar. Das Publikum war begeistert. Bei einem Radiointerview sagte ich: »Wir machen Kino fürs Fernsehen.«

Lange lief »Die Kommissarin« im Vorabendprogramm. Immer wieder sagten die Fernsehleute, die Serie sei zu gut fürs Vorabendprogramm. Ich habe gelacht und gesagt, das gibt es doch nicht, man kann doch nicht für irgendetwas *zu* gut sein. Jahre später wurde sie dann im Abendprogramm ausgestrahlt. Mit großem Erfolg.

Warum die Serie so plötzlich und ohne Vorankündigung abgesetzt wurde, verstehe ich bis heute nicht.

Schon lange ist »Die Kommissarin« in über dreißig Länder

verkauft. Als ich in Moskau war, 2001, weil der Film »Die Unberührbare« dort auf einem Festival lief, erkannten mich die Menschen auf der Straße als »die Kommissarin«. Das war schön und merkwürdig zugleich.

Til Schweiger, 26 Folgen lang war er mein Assistent – er war unheimlich toll und auch sehr süß. Zwischendurch war er ein bisschen motzig.
Ich hatte ihn ein Jahr vor Drehbeginn bei Bernd Eichingers Geburtstagsfest kennengelernt. Bernd legte mir Til sehr ans Herz und wir mochten uns auf Anhieb. Zu fortgeschrittener Stunde und nach einigen Geburtstagswodkas spielten die beiden das Spiel »Wer hat die härteste Faust?«. Sie donnerten ihre Fäuste gegen eine Wand – und Bernd hat das Spiel verloren.
Eine Woche später, am Tag meiner Traumhochzeit in Südfrankreich, erschien Bernd, der mein Trauzeuge war, mit einem eingegipsten rechten Unterarm. Er hatte sich bei dem Faustspiel mit Til den kleinen Finger gebrochen.

Südfrankreich war unsere Ferienheimat. *Eze sur mer*.
Die glücklichen Nachtfahrten nach *Eze sur mer* werde ich nie vergessen. Schon als Uwe, Dominik und ich noch in München waren, und später von Frankfurt aus, fuhren wir, meist in den Weihnachts- und Faschingsferien, zu unserem Freund Philipp Kreutzer, der in Eze sur mer sein wunderschönes Haus hatte. Wir wollten dem Winter entkommen. Gegen Mitternacht packten wir Dominik nach hinten ins Auto, rasten durch das nächtliche Schneetreiben, hörten Kassetten mit den Liedern von Paolo Conte – und schon am frühen Morgen frühstückten wir in Nizza, am Meer, auf der *Promenade des Anglais*. Es war noch kalt und die südliche Sonne wärmte uns. Und wieder diese Luft, die ich so liebte. Vanilleeis mit heißen Himbeeren.
Wir verbrachten glückliche Tage und Nächte in dem traumhaften, großzügigen Anwesen von Philipp, direkt am Meer. Viele Jahre lang.

Mein Heimweh nach München wurde weniger, jetzt wollte ich nicht mehr zurück. München kam mir allmählich vor wie ein abgewohntes Wohnzimmer.

Und Frankfurt, in dem ich mich so lange so unbehaust gefühlt hatte, wurde mein Zuhause.

Auch ohne Uwe.

Es gab schon Zeiten, in denen Bernd Eichinger als mein Freund und Trauzeuge Uwe zur Seite nahm und ihm drohend sagte: »Das kriegst du doch wieder in Ordnung mit der Hanni, oder?«

Aber es kam nicht wieder in Ordnung, wir hatten uns verloren. 1998, nach zehn Jahren, habe ich mich von Uwe getrennt. Ich bat ihn, aus unserer Wohnung auszuziehen. Wir ließen uns scheiden. Ich wollte nicht mehr seine Frau sein. Ich war verwundet.

Eine tot-normale Frau

Das Theater am Turm, das berühmte TAT, war am Anfang, als ich mir noch ein wenig verloren vorkam in Frankfurt, mein wichtigster Ort, meine Anlaufstelle. Dort sah ich zum Beispiel Vorstellungen der Wooster Group mit Willem Dafoe, die unvorstellbar tolle Maria Abramovic, die verrückte Jan Lauwers Needcompany und andere avantgardistische Aufführungen, und die schöne Els Deceukelier in den Stücken und Installationen von Jan Fabre. Ich war begeistert, Uwe und ich sahen fast jede Premiere im TAT. Hinterher saßen wir beim Griechen mit den Künstlern und dem Intendanten des TAT zusammen, Tom Stromberg, mit dem wir befreundet waren. Jan Fabre, der belgische Autor, Regisseur und Performancekünstler, fragte mich eines Tages, ob ich nicht mit ihm arbeiten möchte. Er hätte eine Idee für mich, ein neues Stück. Ich hatte längst Feuer gefangen und sagte sofort Ja.

»Een doodnormale vrouw«, »Eine tot-normale Frau«, ein Monolog, dessen Text man fast nicht lernen konnte. Neunzig Minuten lang. Als ich das Stück gelesen hatte, verließ mich fast der Mut: ein Prosagedicht, ohne Punkt und Komma, keine Handlung, nur Emotionen, Assoziationen, Zauberformeln, magische Rituale. Die Frau, die ich spielen sollte, war jung und alt zugleich, Hausfrau und Geliebte, Heilige und Hexe, Schamanin, weise Frau – sie hatte viele Seelen. Und sie führte einen Dialog mit ihrem inneren Mann.

Das Ganze war schon etwas verquer und schwierig. Wie sollte ich das spielen? Ich hatte doch keine Ahnung von dieser Art Theater. Aber Jan Fabre ließ mich nicht entwischen und erklärte: »Now we do it!« Und Tom Stromberg tat mir den Gefallen und sagte, okay, ihr probt jetzt mal zwei, drei Wochen, wir sagen es niemandem. Wenn es etwas wird, dann machen wir das, wenn nicht, wenn du das Gefühl hast, das geht nicht, dann lassen wir es.

Vier Wochen probe ich in Antwerpen, es ist Februar 1996 und es ist eiskalt. Ich lerne verzweifelt Tag und Nacht Text und bin ziemlich einsam, habe Heimweh nach meiner Familie. Nachts habe ich Albträume. Ich träume, dass ich auf einer Freilichtbühne stehe, vor einer riesigen Menschenmenge, und plötzlich entdecke, dass ich nackt bin. In Panik versuche ich zu fliehen, sehe Uwe und Tom im Publikum, zeige mit dem Finger auf sie und schreie, *ihr seid schuld.* Ihr seid schuld, dass ich hier stehe. *Ihr seid der Albtraum.*

Bei den Proben stehe ich auf der Bühne und sage, ich weiß nicht, wie das geht, ich weiss nicht, wie man solche Texte spielt, du musst es mir zeigen. Und Jan Fabre ruft mir aus dem Zuschauerraum zu: »You are an actress, non?« Wir sprechen Englisch und Französisch durcheinander, ich den Text auf Deutsch. Ich weiß plötzlich nicht mehr, wie ich gehen soll, wie ich stehen soll, und habe keine Ahnung, wie man so ein Stück überhaupt aufführen kann. Jan Fabre schreit: »How old are you?« Und ich schreie zurück: »I'm fifteen.«

Das Ganze ist ein Experiment. Das Bühnenbild entsteht während der Proben. Irgendwann liegt ein riesiger Baum auf der Bühne, mit allen Ästen und Blättern. Ich soll irgendwas mit diesem Baum anfangen, aber die Äste sind zu wirr. Am nächsten Tag sind die Äste weg und es gibt nur noch diesen Baumstamm mit seiner Rinde, aufgebockt. So ist es gut, für einen Tag.

Dann hat Jan die Idee, dass ich mit nackten Füßen dunkelrote Weintrauben stampfen soll, während ich meinen Text spreche, wie beim Keltern. Also lässt er Berge von dunklen Weintrauben auf die Bühne kippen. Er hat die Vorstellung, dass meine Beine dann bis hoch zu den Knien rot wie Blut werden. Aber er irrt sich, der Saft der roten Trauben ist farblos und es ist nur ein schrecklicher Matsch auf der Bühne. Ich bin an einem Kunstprojekt beteiligt.

Nach zwei Wochen fängt der aufgebockte Baumstamm an zu stinken. Die Rinde wird schlabbrig und löst sich langsam ab – es riecht irgendwie unangenehm. Eigentlich riecht es nach Sperma. Und als Jan Fabre, der meistens im Zuschauerraum an seinem Regiepult sitzt, zu mir auf die Bühne stürmt, um mich noch ein bisschen heftiger anzuschreien, denke ich nur, jetzt riecht der das auch noch, das Sperma. Und ich sage nur: »Das bin nicht ich. Das ist der Baum.«

Irgendwann fällt die Rinde ab und er bearbeitet den Baum, hobelt ihn glatt, schleift ihn mit Sandpapier und schnitzt kleine Kuhlen hinein. In die Kuhlen werden Kerzenleuchter gestellt. Der Baumstamm sieht jetzt aus wie ein Altar und wird zum Mittelpunkt der Bühne. Es sieht fantastisch aus.

Tom Stromberg und Uwe kommen wichtig nach Antwerpen angereist und sehen sich eine Probeaufführung an. Ein bisschen ratlos empfehlen sie uns, weiterzuarbeiten.

Die Probenarbeit geht zu Ende und am Bühnenbild wird in Frankfurt weitergearbeitet bis zur letzten Minute. In der Aufführung im TAT trage ich ein schwarzes, wunderschön mit Strass besticktes Kleid, unter einem schwarzen Hexenumhang mit Kapuze.

Zu Beginn der Vorstellung halte ich ein großes, rundes Glas mit einem Goldfisch in den Händen und knie ganz vorne an der Rampe. Die schwarze Kapuze bedeckt mein Gesicht, ich schaue in das Goldfischglas wie in die Kristallkugel einer Wahrsagerin und flüstere dreimal laut: »Wie spät ist es? Wie spät ist es? Wie spät ist es?« Und beim dritten Mal ruft mir jemand aus dem Publikum zu: »Es ist Viertel nach acht.«

Wir wurden ziemlich verrissen. Aber das war mir egal. Ich dachte: «Kann ich nicht einfach mal etwas ausprobieren, kann ich nicht einfach mal ein Experiment wagen? Müssen die da so ein Theater drum machen?» Jan Fabre hatte bis dahin fast nur mit Els Deceukelier gearbeitet. Sie war seine Muse und sie war hinreißend. Alle waren in sie verliebt. Ich auch. Sie sprach in seinen Stücken Flämisch oder Französisch. Sowohl die Zuschauer als auch die Kritiker konnten natürlich nicht so richtig verstehen, was da auf der Bühne gesprochen wurde. Es klang einfach so schön. Als sie dann die Texte von Jan Fabre auf Deutsch hörten und wirklich verstehen konnten, fanden sie alles nicht mehr so toll. Zumindest die Kritiker.

Wir hatten eine fröhliche Premierenfeier, Jan hat gelacht und mich getröstet, er würde immer verrissen werden.

Das Publikum mochte den Abend. Es wurde eine kleine Kultveranstaltung. Wir hatten 40 Vorstellungen und waren immer ausverkauft.

Ich glaube, wenn ich das nicht gemacht hätte, wenn ich da nicht ein bisschen über mich hinausgewachsen wäre, mit einem ganz großen Mut auch, etwas Außer-Gewöhnliches zu machen, dann wäre ich für die Rolle der »Unberührbaren« zum Beispiel nicht so bereit gewesen. Das habe ich erst im Nachhinein begriffen, dass diese Hürden, die ich da übersprungen habe, richtig für mich waren. Es war ein Anfang für mich. Kein Anfang, weil vorher etwas zu Ende gewesen wäre, sondern ein Aufbruch. Weiterzugehen, ein bisschen mutiger zu sein. Ich hatte schon immer mit meinem Schamgefühl, mit meiner Scheu zu kämpfen, ich bin nicht so extrovertiert, wie die meisten Leute denken.

Eigentlich wollte ich nie mehr Theater spielen, das Lampenfieber bringt mich einfach um. Neunzig Minuten Monolog, ohne Souffleuse, das ist die Hölle. Während ich zum ersten Mal sage »Wie spät ist es?«, fällt mir ein, dass mir der erste Satz des Stücks nicht einfällt. Man kann sich nicht vorstellen, was da passiert, wie das Adrenalin hochschießt. Ich sage zum zweiten Mal »Wie spät ist es?« und ich weiß, dass ich den ersten Satz immer noch nicht weiß. Ich sage das dritte Mal »Wie spät ist es?« – und dann, plötzlich, sagt mein Mund diesen ersten Satz, ohne dass er mir wirklich eingefallen wäre: »Die Widerspiegelungen in meinen Augen lassen mich an zahllose Möglichkeiten denken.«

Das Adrenalin sinkt – und eigentlich könnte ich gleich nach Hause gehen, so erschöpft bin ich. Doch es geht weiter, die Vorstellung läuft, und es macht plötzlich Freude. Ich bin glücklich auf der Bühne.

Aber ich bin den ganzen Tag besetzt. Ich bin den ganzen Tag mit dem Stück beschäftigt, habe den ganzen Tag diese Buchstaben, diese Wörter, diese Sätze im Kopf, ich kann an nichts anderes denken – und das alles für nur zwei Stunden am Abend. Das ist schon eine Qual.

Mein letztes Theaterstück hatte ich gespielt, als ich schwanger war mit Dominik, vor sechzehn Jahren, dieses schöne Stück von Klabund. Damals dachte ich, jetzt ist es vorbei mit dem Theaterspielen, weil ich abends zu Hause sein will, weil ich mein Kind ins Bett bringen will. Ich dachte, Theaterspielen geht nicht mehr, weil ich dann zu sehr besetzt bin. Wenn ich einen Film drehe, dann ist das überschaubar für mich. Von den Szenen, die gedreht sind, bin ich befreit, die Wörter verschwinden aus meinem Kopf – dachte ich.

Als »tot-normale Frau« bin ich jetzt 53 Jahre alt. Jeder weiß es. Die Mitzähler und Mitzählerinnen, die mich schon mit 24 gefragt haben, ob ich nicht Angst davor hätte, 25 zu werden, können nicht irren. Nur einmal gab es eine kleine Irritation, da hatten sie nicht aufgepasst. Sie hatten sich verzählt, um zwei Jahre »zu meinen Gunsten«, und ich konnte glücklich und in Ruhe meinen fünfzigsten Geburtstag feiern, mit Uwe und Dominik, in einem Haus in Ibiza, mit Blick auf den Zauberfelsen und Blumen im Haar.

Und Dominik saß auf der Terrasse, verschlang ununterbrochen Bücher und hatte eine entzündete schwarze Nase, weil er dauernd über die Seiten schnüffelte. Er liebte den Geruch von frischer Druckerschwärze.

Zwei Jahre später wurde ich dann öffentlich als Fünfzigjährige gefeiert, mit großem Tamtam und Interviews, und ich konnte ziemlich gelassen sein, weil ich ja schon zwei Jahre älter war.

Sehr schnell jedoch wurde mein Alter korrigiert – die Medien verstehen da keinen Spaß.

Ich brauche sowieso mehr Zeit

Man kann viel lernen in der Jugend, auch in der Mittelzeit, aber wirklich begreifen kann man vieles erst später. Ich sage bewusst nicht das Wort Alter, sondern einfach später. Ich brauche sowieso mehr Zeit.

Mir gefällt die buddhistische Idee, die sagt, bis sechzig ist man jung, ab sechzig wird man älter. Also ist sechzig eigentlich die Mitte des Lebens, also bin ich jetzt in der Anfangszeit des Älterwerdens, ich bin in einem neuen Prozess, in einer neuen Zeit. Und das spüre ich auch. Und ich habe vor, 120 Jahre alt zu werden.

Diese allgemeine Larmoyanz, immer nur den Niedergang zu beschwören, oh Gott, jetzt werde ich schon dreißig, schon vierzig, schon fünfzig, es geht nur noch bergab, finde ich gedankenlos und traurig. Ich habe mir gesagt, trotz allem, manchmal wie eine Zauberformel: Wow, endlich bin ich dreißig, wow, ich werde vierzig, Bernd hat mir einen GTI geschenkt, mein Baby ist fünfzehn Monate alt und es ist gesund.

Wunderbar, jetzt werde ich fünfzig, habe geheiratet, an Dominiks elftem Geburtstag, ihm geht es gut – und wow, jetzt bin ich sechzig, mein Sohn ist 21, ein stattlicher junger Mann, und ich spiele gerade in einem Kinofilm eine Frau, die ihren fünfzigsten Geburtstag feiert.

Während wir das Bergfest dieses Films feiern – »Rot und blau« von Rudolf Thome –, werde ich sechzig, ab Mitternacht ist es mein Geburtstagsfest, *mein* Bergfest. Auf den Fotos steht mein Dominik – ein Meter und sechsundachtzig groß – neben mir, und, noch ein bisschen größer, sein bester Freund Ruben.

Und ich – ziemlich klein zwischen den beiden schönen, jungen Männern – bin glücklich; ich sehe aus wie ... – ich weiß nicht – einfach jung sehe ich aus.

In dunklen Zwischenzeiten immer wieder: nackte Angst, Zweifel, Liebeskummer, Lebenskummer, Schmerz, Gleichgültigkeit.

Natürlich.

Ich bin eine echte Melancholikerin. Wirklich himmelhoch jauchzend und zu Tode betrübt. Diesen Überschwang, den habe ich schon immer gehabt, das ist einfach so.

Also gut. Ich habe ja mal gesagt – in meiner Ungeduld, weil ich dauernd gefragt werde, wie das ist, mit dem Älterwerden: *Wer nicht älter werden will, muss einfach früher sterben.* Wenn ich daran denke, dass ich bald siebzig werde, muss ich lächeln.

Interviewgespräche bei Pressekonferenzen zu TV-Movie-Events: Ich sitze in einem Konferenzraum in irgendeinem Hotel, jede halbe Stunde kommt eine Journalistin oder ein Journalist herein und befragt mich. Am liebsten befragen sie mich über mein Alter, besonders die Frauen, und wie ich das mache, überhaupt noch zu leben und zu spielen und zu arbeiten. Sie sagen: »Sie spielen ja immer noch so schöne Rollen, das ist ja *fantastisch, gratuliere.*« Oder sie fragen: »Wie lange wollen Sie denn jetzt noch spielen, *jetzt noch*, in Ihrem Alter?«

Das hängt mir wirklich zum Hals raus. Ich will nicht immer über das Gleiche sprechen. Ich muss über mein Alter reden, seit ich 25 bin. Das geht mir auf die Nerven. Am Ende heißt es dann: »Frau Elsner spricht nicht gerne über ihr Alter.« Das ist falsch und hinterfotzig – um das schöne, kräftige bayerische Wort zu benutzen.

Eine Journalistin schaut mich an und fragt mich bemüht ernsthaft, ob ich mich nicht vielleicht doch schon mal ... – sie stottert ein bisschen herum – wir seien doch jetzt unter uns ... undsoweiterundsoweiter.

Und ich weiß schon, was sie mich fragen will, und sage, Entschuldigung, nein, ich habe mich nicht und ich will mich auch nicht liften lassen, ich will auch kein Botox, ich habe Angst davor, das ist ein Gift. Und ich will mein Gesicht bewegen können.

Sie schaut mir direkt in die Augen, fragt mich, wie alt ich sie schätzen würde.

Ich sage, 45 oder so.

Ja, das stimmt, sagt sie ein bisschen enttäuscht.

Und ich: Das ist doch okay, Sie sehen meinetwegen auch jünger aus, aber das ist doch egal. *Man sieht jung aus* mit 45, mit 50.

Sie schaut mich wieder an, sehr eindringlich, fragt mich, ob ich glaube, dass sie selbst »etwas hätte machen lassen«.

Und ich: Weiß ich nicht, ich hab da keine Erfahrung, ich sehe es immer nur als etwas Schreckliches, die aufgeblasenen Barbiepuppen-Lippen, diese hohen Wangen. Verkrampfte, unglückliche Gesichter, erschrockene, aufgerissene Augen.

Aber wenn ich Sie genau anschaue, sage ich zögernd, sehen Sie ein bisschen ... – ja – geschwollen aus, aber das ist vielleicht der Heuschnupfen.

Und sie sagt, nein, das sei kein Heuschnupfen, sie habe sich tatsächlich die Nasolabialfalte aufspritzen lassen.

Nasolabialfalte – ich kann das Wort kaum aussprechen.

Also gut, sage ich, es ist ja in Ordnung, danke, Sie haben es mir jetzt gesagt. Aber – tut mir leid, es sieht geschwollen aus. Wenn ich Heuschnupfen habe, sehe ich genauso aus. Und das hasse ich wie die Pest.

Es geht um etwas anderes beim Älterwerden. Mit gut Älterwerden meine ich mehr begreifen wollen und auch mehr begreifen können. Darauf achten, dass es einem gut geht, körperlich und seelisch. Ich bin nicht nur von Natur aus so beweglich, sondern weil ich Yoga mache, weil ich mich bewege, weil ich die Bewegung liebe und brauche, da bin ich wie ein Wildpferd. Ich muss laufen, ich muss mich bewegen.

Und man muss darauf achten, dass man sich immer wieder

neu betrachtet und neu begreift, eine Art Selbstfindung, die Reise zu sich selbst, die man eine so lange Zeit durchhalten muss, aushalten muss. Je älter ich werde und auch je mehr Rollen ich spiele, umso mehr weiß ich, wer ich bin. Man verliert sich nicht, wenn man bei sich bleibt, wenn man sein inwendiges Mädchen nicht verhungern und verdursten lässt, im Gegenteil: Man entdeckt in sich die Vielfalt, den Schatz, den Reichtum.

Die Liebe zu sich selbst, die Achtsamkeit seinem Körper und seinen Gedanken gegenüber ist so wichtig. Meditieren, sich immer wieder in die Ruhe begeben, oder in die Ewigkeit, wie man will, an einen Ort, an dem man ganz sicher geheilt wird, an dem man wieder repariert und zusammengesetzt wird. Ich weiß, dass es in einem selbst solche Orte gibt, man muss sie nur ab und zu aufsuchen. Aber das wusste ich schon immer.

Man wird nicht automatisch weise nur durch das Älterwerden. Natürlich nicht! Die Weisheit und die Achtsamkeit sich selbst und dem Leben gegenüber muss man üben. Und wenn ich mich erinnere, wie ich mich in meiner Kindheit bewegt habe, in diesen verschiedenen Welten, in den Graswelten, in den Gedanken- und Fantasiewelten auf meinen Spaziergängen oder in meinen Träumen – dann habe ich die Achtsamkeit schon immer geübt.

Man kann vieles besser verstehen, wenn man älter wird, aber vor allen Dingen auch anders. Die Vielfältigkeit finde ich so aufregend. Wenn ich an diese Mittelzeit meines Lebens denke, stehen mir die Haare zu Berge, weil ich da alles sein wollte. Ich habe es schon erzählt: Ich wollte die beste Geliebte sein, die beste Ehefrau, die beste Mutter, die beste Schauspielerin, die beste Versorgerin, alles auf einmal – und ich war es auch irgendwie. Aber es war dermaßen anstrengend, das kann man nicht lange durchhalten. Und wenn man das überstanden hat, ist es ein tolles Gefühl, da hat man schon etwas geleistet. Und dann kann das Leben eigentlich wieder von vorne anfangen, in einer ganz anderen, in einer ganz neuen Freiheit.

Wenn ich mir heute diese Mittelzeit meines Lebens vorstelle, bin ich manchmal ganz froh, dass ich in dieser Zeit beruflich nicht die ganz großen Aufgaben hatte. Das war zwar oft schmerzhaft für mich, aber ich hätte damals gar keine Zeit und Energie dafür gehabt. Das weiß ich jetzt.

Mein Lieblingsfoto, das ich jahrelang an jede Zimmerwand gepinnt habe

Mein erstes Autogrammfoto, das ich nicht so sehr mag

»Die endlose Nacht« –
Will Tremper erklärt mir eine Szene, 1962

Als Starlet Sylvia – in dem berühmten
Monica-Vitti-Spaghettiträgerkleid

Als Ala in »Tango« von Slawomir Mrozek, mit Helmut Griem; Münchner Kammerspiele 1966

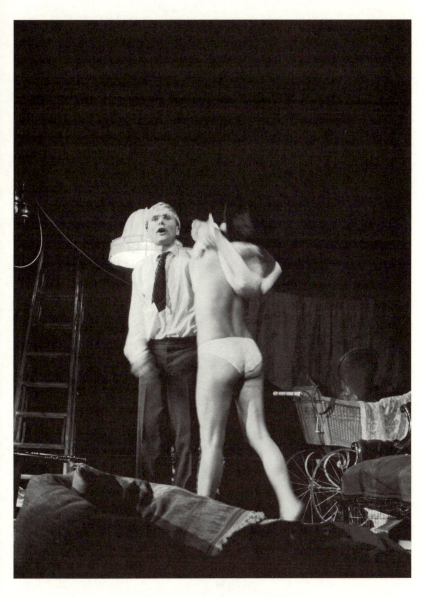

Bei einer Probe: Ala erschreckt Arthur

Auf der Bühne des Theaters am Kurfürstendamm
in »Vater einer Tochter«

Meine erste Auszeichnung – die Goldene Kamera, 1972

Mit meinem Bruder Berndi, Kameraassistent von Charly Steinberger bei der Simmel-Verfilmung »Der Stoff, aus dem die Träume sind«

»Die Reise nach Wien«
Elke Sommer und ich als Toni und Marga

In einer Drehpause von »Der Sturz«:
Oben mein Filmpartner Franz Buchrieser und Ausstatter Winfried Hennig,
unten auf der Treppe Klaus Pohl, Alf Brustellin und ich, 1978

Alf und ich, bei der Besprechung einer Szene

Baby Dominik, seit kurzer Zeit auf der Welt

Auf dem Foto in der Mitte zeigen wir uns
gegenseitig unsere Hauer

Mutter und Sohn

Glücklich in Eze sur Mer

Von Alf fotografiert

Als Maria Ward – bei einer Drehbuchdiskussion
mit den Generaloberinnen der Englischen Fräulein
in Regensburg, 1984

Eine tot-normale Frau auf der Bühne des TAT in Frankfurt, 1996

Das Autogrammfoto von Jim Rakete für »Die Kommissarin«
Til Schweiger und ich stellen einen Mörder.

Das internationale Filmplakat zu »Die Unberührbare«

Sehr junge Frau mit Persianer –
Que sera, sera, what ever will be, will be

Im richtigen Blick

Man kann das Unterschiedliche einer Regiearbeit zur anderen nicht als Unterschied generell festmachen, auch was die Freiheit für Schauspieler betrifft, weil jeder Film, jede Rolle ein ganz eigenes Universum ist. Bei dem Film »Die Unberührbare« zum Beispiel hat der Regisseur Oskar Roehler, der mir seelenverwandt ist, manchmal einfach nur zugeschaut – das ist ein sehr sensibler Vorgang, man wird davon beeinflusst und getragen, wenn ein Regisseur richtig zuschaut. Bei »Alles auf Zucker!« hat Dani Levy, der Regisseur und Autor, ganz anders eingegriffen. Vielleicht auch weil er selbst Schauspieler ist. Er hat mich zu mehr Tempo angetrieben und mir ziemlich genau vorgegeben, wie ich manche Szene spielen soll.

Manchmal brauche ich gar nichts. Bei der »Unberührbaren« ist die Figur der Hanna Flanders einfach über mich gekommen. Sie war einfach da. Ich habe mir die Augen geschminkt, diese Perücke aufgesetzt und ich war die Schriftstellerin Hanna Flanders beziehungsweise Gisela Elsner. Oskar Roehler stand oft nur da, hat geschaut und gestaunt. Wenn einer richtig hinschaut, wird man geleitet und getragen. Es hat etwas mit großem Vertrauen zu tun und ich war schon lange nicht mehr mit Regisseurinnen und Regisseuren zusammen, zu denen ich kein Vertrauen habe. Und da jeder anders sieht und empfindet, bin ich das Medium sowohl für die Rolle als auch für den Regisseur oder die Regisseurin, auch für die Kamerafrau oder den Kameramann. Und wenn er oder sie sagen, das war es jetzt, das ist es, muss ich sagen können: Okay, ich vertraue euch.

Der richtige Blick ist das Wichtigste. Man muss sich wohlfühlen in einem Blick. Früher habe ich mich manchmal geschämt, ich wollte mich nicht herzeigen. Da kann man dann auch nicht gut sein, man muss sich schon zeigen und hingeben wollen. Dafür braucht man das Gefühl, dass man richtig angeschaut wird, liebevoll, auch zärtlich, auch erkennend, kritisch und sezierend. Das hat wirklich etwas mit Liebe zu tun und mit einem ganz großen Vertrauen.

Alles ist immer wieder neu, ich muss mich annähern. Ob ich das kann, ob ich eine Rolle wirklich verkörpern kann, muss ich herausfinden, während ich es tue. Und deshalb ist wichtig: Wer ist dabei? Wer sind meine Verbündeten? Wer führt Regie, wer führt die Kamera, wer hat das Drehbuch geschrieben? In welchem Umfeld bin ich? Bin ich unter Wohlgesinnten? Dieses Wohlwollen, das brauche ich. Gegen irgendwelche Abneigungen kämpfen möchte ich nicht mehr. Ich möchte willkommen sein in der Umgebung, in der ich arbeiten soll.

Und wenn man sich dann entschieden hat, den Film zu machen, dann fängt das Abenteuer ja erst an, weil die Frau, die man spielt, erst einmal ein ganz fremdes Wesen ist, das man erkennen und finden muss, in sich selbst oder in seiner Kunst.

»Alles auf Zucker«

Ich lese das Drehbuch, lache mich tot, finde es fantastisch, hasse es, eine Frau zu sein – am liebsten will ich ein Mann sein, weil ich einfach diesen Zucker spielen will, den spielt aber Henry Hübchen.

Die Rolle der Marlene, die mir Dani Levy angeboten hatte, hat mich erst mal nicht so angesprungen, ich fand sie etwas langweilig, aber es war mir egal, ich wollte dabei sein, weil dieses Drehbuch einfach ein Wunder war.

Aber wir mussten noch zwei Jahre warten, bis gedreht werden konnte. Warum, konnte ich kaum verstehen. Manuela Stehr und Stefan Arndt, die Produzenten der X-Film-Produktion, hatten große Mühe, die Finanzierung auf die Beine zu stellen. Einige der Fernsehgewaltigen, die sich an der Produktion beteiligen sollten, hatten sogar gesagt: »Wir machen keine Filme für Minderheiten.« Man kann es nicht fassen, aber es ist wahr.

Nach diesen zwei Jahren rief Dani Levy plötzlich an und sagte, es ist so weit. Und ich sagte, was für ein Glück, dass ich gerade Zeit habe, denn es war ziemlich knapp. Er bat mich, zu ihm ins Büro zu kommen, um Henry Hübchen zu treffen, weil wir uns noch nicht persönlich kannten. Ich kam also ins Büro, setzte mich neben Henry auf das Sofa, er guckte ziemlich mürrisch und ich musste sofort lachen. Ich lachte ihn eigentlich die ganze Zeit an und aus und sagte: »Was ist denn mit dir los?«

Er schaute mich schief an und grummelte: »Ja, wie kann man nur so fröhlich sein, biste valiebt oder wat?«

Und ich sagte: »Ja, ich bin immer verliebt, ja.«

Und er: »Mein Gott, hast du's jut ...«

Und er jammerte nur rum und ich irgendwie, ich weiß nicht, warum, versuchte dauernd, ihn zum Lachen zu bringen. Irgendwann fängt Dani plötzlich an zu filmen, mit einer kleinen Kamera, und bittet uns, doch mal diese eine Szene zu spielen, in der Marlene ihren Mann rausschmeißt. Und Henry spielt: »Also, Marlene, bitte! Ick bin doch dein Mann!« Und sie sagt: ›Nu übertreib ma nich.‹«

Diese Szene haben wir Dani in allen möglichen Variationen vorgespielt, mal ernst, mal heiter, mal dramatisch, mal komisch. Und uns dabei totgelacht, es war sehr lustig. Dann kam Dani mit verschiedenen Perücken an, die ich probieren sollte. Meine Haare sollten anders sein, grau oder blond oder heller oder rot – wir haben uns dann erst mal auf ein etwas versifftes Blond geeinigt. Dani sagte, also, blond oder grau. Und du musst berlinern! Ich sage, Dani, um Gottes willen, ich komme aus Bayern, wenn ich an Dialekt denke, dann spreche ich bayrisch, ich kann nicht berlinern! Und er sagt, Hannelore, es muss sein.

Und ich, die ich schon längst gefangen bin und begeistert spüre, dass das etwas Großartiges und Aufregendes wird, frage ihn in meinem Leichtsinn: Sag mal, Dani, ich kann nicht berlinern, ich bin nicht blond. Meinst du nicht, dass es besser wäre, die Rolle mit einer Berliner Schauspielerin zu besetzen, die blond ist und die auch berlinern kann? Warum willst du unbedingt mich?

Und Dani sagt ganz knapp: »Ich will deine Wärme.«

Das hat mich umgehauen. Jetzt war ich glücklich.

Ich habe berlinern gelernt, fast wie eine Fremdsprache, in meinem Drehbuch stand nicht »Hast du, kannst du, weißt du«, sondern »haste, kannste, weeste und vastehste«, in Lautschrift. Es war wunderbar, ein großes Erlebnis mit diesem Dialekt. Man wird anders mit einem Dialekt. Auch die blonde Perücke machte etwas mit mir. Ich fühlte mich so flirty, so flirrend, wie eine zerzauste Marilyn Monroe. Und ich habe gemerkt, dass das Berlinern auch schneller macht.

Dani hat immer gesagt, schneller, schneller, schneller. Ist das nicht zu schnell?, fragte ich ihn. Nein, sagte er, noch schneller.

Dani war fantastisch, ich brauchte mich ihm nur anzuvertrauen. Und Henry Hübchen sowieso. Morgens im Maskenraum saß er weiter mit seiner grummeligen Laune herum – ich muss heute noch darüber lachen, weil ich sicher bin, dass diese Griesgrämigkeit nur gespielt war, damit wir uns alle um ihn kümmern. Haben wir auch getan, wir Mädels aus dem Maskenmobil.

Beim Drehen waren wir ernst. Nein, nicht ernst, sondern konzentriert. Wir hatten eine ganz glückliche Laune, es war immer eine Heiterkeit da. Das ist die Magie der Komödie. Und wenn wir zusammen gespielt haben, unser ganzes Ensemble, dann war das auch magisch. Henry und ich sahen aus wie ein Mann und eine Frau, die seit dreißig Jahren verheiratet sind, sich immer wieder trennen wollen und nicht voneinander lassen können, weil sie einander lieben. Es macht mich fröhlich zu sehen, wie ich diese Ehefrau verinnerlicht hatte. Wie wir da am Flughafen stehen und unsere jüdische Familie erwarten, und ich als Marlene dauernd an meinem Ehemann rumzupfe, damit er ordentlich aussieht. Das stand nicht im Drehbuch, das ist einfach so über mich gekommen als Marlene. Oder wie ich da im Bett sitze und sage: »Ick bin doch keene Schauspielerin, ick bin Schneiderin«, und Rotz und Wasser heule.

Diese kurze lange Zeit mit der Familie der X-Filmer war für mich ein großes Glück und ein Geschenk. Und dann war der Film auch noch ein Erfolg bei Kritik und Publikum. »Alles auf Zucker«, ein kleines Wunder. Über eine Million Zuschauer, viele Auszeichnungen, das ist schon großartig.

»Krieg und Frieden«

Als mir die Rolle der Gräfin Rostova in der vierteiligen, internationalen Fernsehproduktion angeboten wurde, war ich ein wenig unsicher, ob ich zusagen sollte, weil sie in den Drehbüchern sehr episodenhaft dargestellt war. Eine relativ kleine Rolle für drei Monate Arbeit. Ich rief den Regisseur Robert Dornhelm an und fragte ihn: »Glauben Sie wirklich, dass ich diese Rolle spielen soll?« Und er sagte: »Ja, ja, natürlich, das glaube ich sehr.« Ich kannte Dornhelm nicht persönlich, ich wollte seine Stimme hören, wollte hören, ob er *mich wirklich meint*. Das war das Wichtigste für mich.

Und dann spürte ich, dass er mich gemeint hat. Er hatte sich viele Gedanken gemacht über die Rolle und sagte: »Ich möchte von Ihnen diese Wärme haben, diese Ausstrahlung von Wärme, von Liebe und Zuneigung, dieses Mütterliche, Positive.« Das alles, was bei Tolstoi so überschwänglich und weit beschrieben ist, sollte ich als Mutter dieser fürstlichen Familie darstellen. Das hat mich ein bisschen stolz gemacht. Diese Lebenswärme, diese Sinnlichkeit und Fröhlichkeit zu verkörpern, fand ich wunderschön.

Bei den Dreharbeiten in Vilnius hatte ich mir das Geschenk gemacht, den Roman von Tolstoi noch einmal zu lesen, in einer neuen Übersetzung. Es gefiel mir sehr, die Gräfin Rostova zu spielen und neben meinen Drehbüchern gleichzeitig diesen großartigen, epischen, dicken Roman zu lesen, in dem sie so freisinnig und unbeschwert dargestellt ist; dieses warme, mütterliche, lebenszugewandte, fröhliche und ein bisschen leichtsinnige Prinzip im Gegensatz zu dem lebensverneinenden, kalten, fast bösartigen Prinzip der Bolkonskis, der anderen Fürstenfamilie.

»Krieg und Frieden« ist episch und groß erzählt, und ich habe es geliebt, diese vielen Wörter zu lesen, weil sie so schön sind, weil sie mir guttaten. Aber natürlich kann selbst eine vierteilige Fernsehproduktion nicht alles zeigen, was diesen Roman ausmacht. Nicht annähernd. Sie hatten sich entschieden, vor allem den Kontrast zwischen den beiden fürstlichen Familien herauszuarbeiten. Und natürlich den Krieg.

Die Drehbücher waren auf Englisch geschrieben. Es war eine internationale Produktion, Schauspielerinnen und Schauspieler aus ganz Europa waren beteiligt. Franzosen, Italiener, Russen, Spanier, Litauer, Engländer, Deutsche – jeder sprach mit seinem jeweiligen Akzent Englisch. Das war manchmal ziemlich lustig. Der italienische Schauspieler Andrea Giordana zum Beispiel, der meinen Mann, den Grafen Rostov, spielte, sprach ein sehr, sehr italienisches Englisch ... und der russische Star Dmitri Issajew, der meinen Sohn Nicolai darstellte, sprach seine englischen Texte so russisch aus, dass es mich schon fast wieder versöhnte. Tolstoi auf Englisch fand ich grotesk. Natürlich, auf Deutsch ist es nicht weniger grotesk, aber in der eigenen Muttersprache empfindet man die Übersetzungen nicht als fremd.

Eigentlich hatte ich wenig Zeit zum Lesen. Morgens um 5.20 Uhr wurden wir abgeholt, ein ewig langer Weg durch Kälte und Dunkelheit, die Fahrt zum Set dauerte vierzig Minuten. Es war die Hölle, ich bin ein Nachtmensch. Die armen Menschen, die dort alles vorbereiten mussten. Auch die vielen Komparsen, sie mussten alle noch viel früher aufstehen. Dann ging's um sechs Uhr in die Garderobe, gegen sieben in die Maske, 8:15 Drehbeginn. Bei dem großen Aufwand, der da betrieben wurde, mit all den Pferden, Kutschen, Bataillonen von Soldaten, Bergen von Kostümen und Perücken, Dutzenden von Wohnwagen und Aufenthaltszelten, muss man früh anfangen.

Das war die ganz große Maschinerie. Mir sind die kleinen Maschinerien lieber.

Wir mochten uns alle sehr. Meine Filmtochter Natascha, die süße Französin Clémence Poésy, die wunderbare englische Schauspielerin Brenda Blethyn, die Italienerin Valentina Cervi und die rumänische Schauspielerin Ana Catarina Morariu. Wir saßen oft zusammen, spät abends nach dem Drehen, in einem kleinen gemütlichen litauischen Restaurant, und sprachen Englisch, Französisch und Italienisch durcheinander. Aber man musste sich immer schnell entscheiden: Bleibe ich lieber im Hotel oder gehen wir noch ein wenig aus? Wir waren dauernd in Hetze, chronisch müde. Wenn man um 5:20 abgeholt wird, muss man spätestens um halb fünf aufstehen. Halb fünf ist 4:30 – ein Albtraum!

Meistens verkneife ich mir die Sehnsucht nach irgendwelchen Ablenkungen. Da bin ich ganz in meinem Drehbuch, sitze abends im Hotel, lerne den Text und entdecke immer wieder etwas Neues darin. Das sind dann meine Entdeckungen, nicht irgendwelche Sehenswürdigkeiten.

Kirschblüten betrachten

Eines Tages rief mich Doris Dörrie an: »Du musst ganz schnell ein Drehbuch lesen und mir am nächsten Tag Bescheid sagen: Ja oder Nein.« Und ich las das Drehbuch für den Film »Kirschblüten – Hanami«. Ich war begeistert und sagte: »Ja! – Ja natürlich will ich die Trudi spielen, ich will nur nicht so früh sterben.«

Doris Dörrie sagte nur: »Das muss sein!«

Molly von Fürstenberg, die Produzentin, schickte mir sofort per Fax eine Art Vorvertrag, in dem ich mich verpflichten sollte, *die Rolle der Trudi ungeschminkt zu spielen, mit einem bayerischen Akzent, und ohne Garderobiere, ohne Maskenbildnerin.* Ich musste so lachen und rief Molly an: »Hast du gedacht, ich würde diese bäuerliche Hausfrau Trudi mit falschen Wimpern und grünem Lidschatten spielen wollen?« Und ich habe sie ein bisschen ausgelacht.

Ein paar Tage später fuhr ich nach München. Wir probierten Kostüme und Doris Dörrie erzählte mir etwas über den Butoh-Tanz, der in ihrem Film eine so große Rolle spielen sollte. Wir malten in mein Gesicht die Butoh-Maske, mit dicker, weißer Paste, die Augen kohlrabenschwarz; und ich tanzte sofort eine Art Butoh-Ausdruckstanz für das kleine Daumen-Kino, das für den Film vorproduziert werden musste. Irgendwie hatte ich diesen japanischen Tanz, den Trudi so liebte und den ich in zwei Szenen des Films mit Rudi tanzen sollte, mit meiner Seele und meinem ganzen Körper sofort begriffen. Später, bei den Dreharbeiten in Japan, durften Elmar Wepper und ich mit Tadashi Endo, dem Butoh-Meister, der unser Team begleitete, mehr erfahren über den »Tanz der Dunkelheit«. Eine beglückende Erfahrung, auch für Elmar Wepper, der den Rudi so großartig spielte, Trudis Mann.

Ich denke immer, es gibt keine Zufälle: Zwei Jahre zuvor hatte ich einen Dokumentarfilm gesehen über den fast 100-jährigen Kazuo Ohno, den großen Butoh-Meister und Mitbegründer dieses modernen japanischen Ausdruckstanzes. Er tanzte noch immer und stellte seinen Butoh-Tanz auf der ganzen Welt vor, vor allem in Paris. Ich sah ihn zum ersten Mal in diesem Film und war total begeistert von diesem meditativen Tanz, von diesem Menschen, von diesem zarten Mann, der in seiner Bewegung Freude und Trauer zugleich verkörpern konnte. Ich erkundigte mich sofort nach dem Regisseur dieses Dokumentarfilms und bekam von ihm eine kleine Postkarte mit dem berühmten Foto von Kazuo Ohno – weiß geschminkt, in Frauenkleidern, eine Papierblume anbetend –, und er schrieb mir, wo ich den Film bekommen könnte.

In München bei den Kostümproben zeigte ich Doris Dörrie meinen Kazuo Ohno. Es war eine freudige Überraschung: Sie hatte dieselbe Dokumentation gesehen, am selben Abend zwei Jahre zuvor, war genauso begeistert wie ich, hatte sich auch nach dem Regisseur erkundigt und die gleiche Postkarte bekommen.

Wir zeigten uns beide unsere Kazuo-Ohno-Postkarten und waren fassungslos und beglückt über diese »zufällige« Übereinstimmung.

Und dann flogen wir nach Tokio. Ich war noch nie in Tokio. Trotzdem hatte ich das Gefühl, dass ich Tokio kenne, weil ich alle Romane von Haruki Murakami gelesen hatte. Vieles war mir vertraut. Ein bisschen wie damals bei meiner Amerika-Reise mit Alf, als ich zum ersten Mal in New York war und auch dachte, ich kenne das alles, aus Woody-Allen-Filmen, aus John-Cassavetes-Filmen, auch aus vielen Romanen. Literatur führt einen überall hin. Manchmal denke ich, dass man eigentlich gar nicht mehr selbst reisen muss.

Tokio war groß und aufregend, und ganz still, und auch ganz laut. Lärmend und leise. Ich sah die Menschen auf der Straße in ihren verschiedenen Verkleidungen, die vielen Jugendlichen, mangamäßig angezogen, die schönen Frauen, zart und stark zugleich; in einigen Restaurants diese speziellen geschlossenen Esszimmer, in die man durch ein kleines Glasfenster in der Tür schauen konnte: ein langer Tisch nur im Raum, mit schneeweißem Tischtuch – und an dem Tisch sitzend nur mittelalte japanische Männer in weißen Hemden und schwarzen Hosen, trinkend und betrunken. Ein komischer Anblick.

Nach zwei Tagen Tokio fuhren wir zum Fuji. Zu Herrn Fuji, Fujisan, wie die Japaner ihn nennen. Eine ziemlich öde Touristengegend. Unser Hotel, das aussah wie ein DDR-Plattenbau, war vor allem von chinesischen Touristen bevölkert. Die Zimmer waren so klein, dass ich dachte, es kann überhaupt nur ein so kleiner Mensch wie ich darin wohnen. Mit ganz viel Technik; Licht, Wasser und Fernseher mussten mit einem kleinen Computer gesteuert werden, die Klospülung und Dusche per Fernbedienung.

Herr Fuji war natürlich *nicht* zu sehen. Er ließ sich nicht blicken und alle sagten: »Fujisan zeigt sich ganz selten. Es ist ein großes Glück, wenn er sich zeigt.«

Wir warteten zwei Tage lang. Während dieser Zeit saß ich meistens oben unterm Dach des Hotels in einem dieser Badebecken, riesengroß wie ein kleines Schwimmbad, mit lauwarmem, flachem Wasser. Nachdem ich mich nach japanischer Tradition gründlich eingeseift, geschrubbt und abgespült hatte, saß ich wohlig da drin, schaute in die nebeligtrübe Wolkenlandschaft, hinter der sich der schöne Herr Fuji verbarg, und wartete darauf, dass er endlich erscheint.

Plötzlich hieß es, dass sich am nächsten, frühen Morgen die Wolken verziehen würden. Um drei Uhr nachts schminkte Tadashi Endo mir und Elmar die weiße Butoh-Maske ins Gesicht, und morgens um fünf waren wir an dem kleinen See am Fuße des Fuji. Der königliche Berg stand mit seinem weißen Kegel in der Morgensonne, und spiegelte sich in dem klaren See. Es war eisig kalt. Endlich konnten wir drehen.

Elmar Wepper, Rudi, in einem Kimono und ich in einem dünnen, kleinen Nachthemd führten unseren Totentanz auf, seinen Todestanz, denn Trudi war ja schon tot und ist Rudi in seinem Tanz begegnet.

Einen Tag lang hatte ich mit Tadashi Endo den Butoh-Tanz geübt. Er erklärte mir, dass Butoh auch ein Zwiegespräch mit den Toten ist, dass man *seine* Toten in sich findet, und dass eigentlich *alles* Butoh ist, was man mit Achtsamkeit macht, selbst den Boden kehren oder einen Tisch decken, sich die Haare kämmen oder eine Blüte anschauen. »Hanami« heißt: »die Kirschblüten betrachten«. Das hat mit Vergänglichkeit zu tun. Denn sie blühen ja nicht lange, höchstens zwei Wochen. Und wenn man sie nicht gesehen hat oder nicht achtsam betrachtet hat, dann ist alles vorbei.

Wie mit Herrn Fuji, der nach drei Stunden wieder im Nebel verschwunden war, sofort nach unserem Tanz am See.

Diesen Butoh-Tanz, den wir getanzt haben unter dem großen Fuji, haben Elmar und ich noch einmal verkörpert, als wir an der Ostsee drehten. Trudi fordert ihren Rudi auf, sich zu bewegen, innerlich und äußerlich, um ihn wieder ein bisschen zum Leben zu erwecken, weil sie ja dachte, dass er stirbt. Sie wollte ihn beleben.

Das ist meine Lieblingsszene. Weil ich finde, dass in dieser Szene dieses gemeinsame Leben der beiden sichtbar wird, auch die frühe Jugend und ihre erste Liebe und ihre Zuneigung zueinander. Auch die Aufmerksamkeit, die Trudi ihrem Rudi geschenkt hat, ihr ganzes Leben lang. Und mit Elmar, den ich schon so lange kenne, war dieses Erlebnis einfach wunderbar.

Alles zu verkaufen

Um eine Rolle wie die der Hanna Flanders in dem Film »Die Unberührbare« zu verkörpern, muss man schon so lange gelebt und gearbeitet haben wie ich – davon bin ich überzeugt. Es gibt diesen wunderbaren Film von Andrzej Wajda, »Alles zu verkaufen«. Es ist die Geschichte eines Films im Film. Ich erinnere mich noch genau an die Szene, in der der Filmregisseur eine sehr junge Schauspielerin an einen Tisch mit älteren Schauspielerinnen zerrt und zu ihr sagt: »Schau genau hin, so ein Gesicht musst du bekommen haben, so ein Leben musst du gelebt haben, dann wird das erst was mit der Schauspielerei.« Lebenserfahrung und Berufserfahrung sind für mich allmählich ein und dasselbe geworden. Und ich denke, dass diese ganzen Trainings- und Lehrjahre, die Freude, auch die Enttäuschungen, die ich erlebt habe, mir helfen, etwas von mir verschenken zu können. Das heißt, so durchlässig zu werden, dass ich Menschen wirklich berühren kann, statt ihnen einfach nur irgendetwas vorzuspielen. Um das zu schaffen, muss man schon sehr transparent geworden sein.

Wenn ich Sterben spiele, finde ich das eigentlich immer ganz angenehm, weil es etwas sehr Meditatives hat. Wenn ich es spiele, stelle ich mir Sterben schön vor. Spirituell. Mystisch. Sehr hell und licht. Und mit überirdischen Visionen. Eins werden mit dem Universum.

Manchmal war ich aber auch nur damit beschäftigt, als Tote lange genug die Luft anzuhalten und meinen Brustkorb nicht zu bewegen. Besonders stolz bin ich auf mein Sterben in dem Film

»Ende der Saison« von Stefan Krohmer, wo ich, nachdem der Tod eingetreten war, während der minutenlangen Kamerafahrt nur mit viel Disziplin und Yoga-Atmung regungslos ausharren konnte.

Ich weiß auch nicht. Ich habe ja schon so oft gesagt, dass ich bei manchen Rollen froh bin, dass ich das spielen darf und nicht leben muss.

Aber das Sterben muss man ja irgendwann doch leben. Wahrscheinlich.

Inzwischen, in meiner langen Zeit, in der ich jetzt in diesem Beruf bin, habe ich Übung darin, mir andere Leben vorzustellen. Und es macht mich reich, diese Vorstellung von so vielen verschiedenen Leben. Manchmal habe ich sogar das Gefühl, dass ich in der Drehzeit eines Films drei Leben auf einmal lebe. Da habe ich mein privates Leben, das Leben am Drehort mit dem Team, und ich habe das Leben in der Rolle. Eine lange Zeit, viel Zeit.

Die Möglichkeit, dass ich auch andere Leben haben könnte, ist das Verlockende. In einer anderen Welt zu sein, in einer anderen Zeit. Das habe ich als Kind so oft gespielt. Wenn ich mich verkleinert habe, mir vorgestellt habe, ich sei so klein wie eine Ameise und würde wie Alice im Wunderland in den Gräsern leben, die in meiner Fantasie zu riesigen Wäldern, zu exotischen Landschaften wurden. Oder in meinen Tagträumereien, wenn ich auf der Burg herumgestrichen bin und die Erwachsenen wahrscheinlich dachten, ach Gott, die ist ja wieder mal gar nicht bei sich! – Dabei war ich nur in einer anderen Möglichkeit von mir.

Man kann sich nicht fragen, warum man das macht. Warum bin ich Schauspielerin geworden? Keine Ahnung. Wahrscheinlich, weil ich das einfach bin. Vielleicht, weil es dieses Bedürfnis gibt, sich zu transzendieren, sich zu verwandeln oder auch

Träume zu verwirklichen. Wenn man sich in jemand anderen hineinversetzt, oder wenn man die anderen, die in einem selbst sind, ein wenig herauslässt – wir haben ja viele andere in uns –, wenn man die herauslassen will, kann das schon ein Bedürfnis sein.

Im Grunde ist alles, was ich hier über mich erzähle, über meine Kindheit, meine Gefühle, über die Trauer, den Schmerz, die Angst, das Glück und die Freude, eingeflossen in meine Rollen. Alles ist sichtbar. Ich habe das alles benutzt und genutzt. Bewusst und unbewusst. So wie ich mein Gesicht, mein Körper, meine Sprache bin.

Ich wünschte mir öfter Leichtigkeit. Durch das Lampenfieber wird alles schwer. Ich habe ja immer noch Todesangst. Manchmal kann ich über mich lachen, denke, verflixt noch mal, jetzt lass doch mal, sei doch mal *easy*, leicht, stell dich einfach hin und mach was! In solchen Momenten wünsche ich mir, dass ich eine Jazzsängerin wäre, bilde mir ein, dass das leichter wäre, weil es so leicht aussieht, möchte einfach dastehen, singen und von der Musik getragen sein.

Das werde ich wahrscheinlich in meinem nächsten Leben: eine ganz berühmte Jazzsängerin. Weil das so swingt und alles so leicht ist und weil es gut klingt. Und weil ich das Gefühl habe, dass dann alles in einem perlt. Das wäre doch was: Jazzsängerin sein!

Nicht nur Jazzsängerin, ich könnte natürlich auch Klavier spielen, ganz klar. Wie eine Göttin. Und Cello würde ich gerne spielen können. Cellospielen, Klavierspielen, ganz toll singen, nie heiser sein, nie einen Kloß im Hals haben, nie Angst haben, dass einem die Stimme wegbleibt. Das wäre der Traum.

Ich denke, ich bin schon sehr demütig in meinem Beruf. Ich denke, es gibt die Rollen für mich – ich will sie nicht suchen, ich will nicht kämpfen. Meine Ellbogen brauche ich für mein privates Leben. Die Rollen finden mich, sie kommen zu mir. Ich bin da, ich bin bereit. Das ist fast mystisch. Ich glaube auch daran, weil die Rollen, also das, was ich verkörpere, und ich selbst inzwischen eins geworden sind, ein Kosmos. Deshalb möchte ich glauben, dass die Schicksale, die ich zu verkörpern habe, mich finden, zur richtigen Zeit. Das glaube ich einfach.

Wenn ich jetzt knallhart bin, denke ich mir, na ja, das ist schon eine sehr romantische Vorstellung von diesem Beruf.

Aber es gefällt mir.

Bei dem Film »Die Unberührbare« war das wirklich ein Gefundenwerden. Ich bekam dieses Drehbuch zugeschickt mit dem Vermerk, das sei von einem unbekannten Regisseur und wollen Sie das mal lesen? Ob bekannt oder unbekannt, war mir sowieso egal. Ich habe die ersten Seiten aufgeschlagen, und mein Herz fing an zu klopfen, sofort, und ich dachte: Oh Gott, was ist das denn? Das bin ja ich! – und habe das Buch gleich wieder zugeschlagen. Ich drehte gerade »Die Kommissarin« und wusste, dass ich Zeit brauchen werde, um dieses Buch in Ruhe zu lesen. Es war viel zu kostbar, um es einfach mal so durchzulesen. Die anderen warteten dringend auf eine Antwort, aber ich hatte erst in vier Wochen Zeit zu lesen. Danach war ich sicher: Das ist meine Rolle. Die Figur der Hanna Flanders – das will ich spielen, das bin ich.

Nach dem Film erst habe ich erfahren, dass ich das Ganze beinahe vertrödelt hätte, weil ich gar nicht auf die Idee gekommen bin, dass noch andere Schauspielerinnen gefragt worden waren – weil ich einfach so sicher war, dass diese Rolle mich gefunden hatte.

Man kann sich alles Mögliche ausdenken, wie das so ist mit dem Leben. Bei manchen Rollen bin ich wirklich froh, dass ich das spielen darf. Ich bin überhaupt froh, dass ich so viel spielen darf und es dann – vielleicht – nicht leben muss.

Wenn ich einen Film drehe, schaue ich mir keine Muster an. Keine Fotos, möglichst gar nichts, während ich mittendrin bin im Prozess. Ich würde dann anfangen, mich zu kritisieren, oder mich nicht zu mögen – das will ich nicht. Ich will mich nicht von außen sehen, sondern nur von innen.

Als ich zum ersten Mal »Die Unberührbare« sah, war das unglaublich für mich. Ich habe alles, was ich gefühlt und gedacht hatte, während ich die Rolle spielte, *gesehen*. Es war alles da. Und weil alles da war, habe ich ganz vergessen, dass ich es bin, die da auf der Leinwand zu sehen ist.

Wie oft habe ich erlebt, dass ich so viel gefühlt, gedacht, dargestellt hatte in einer Rolle – und dann sehe ich den Film und nichts davon ist da. Ich glaube, dass man gemeinsam atmen muss, miteinander, Kamera, Regie, wir Schauspieler. Wir müssen zusammen atmen und den Rhythmus einfangen. Wenn das zerhackt ist, erkennt man sich nicht, findet man das, was man erlebt hat, nicht wieder. Dann muss man sich neu orientieren und sagen, ja, so ist es auch okay. Aber es fehlt mir so viel, es fehlt mir mein Herz, ich sehe es nicht, und ich weiß genau, dass ich mein Herzblut hineingegeben habe.

Bei dem Film »Die Unberührbare« habe ich wirklich mein Herz gesehen, das erste Mal, alles, auch die Abgründe, in die ich mich begeben hatte, die Untiefen, in denen ich war. Ich hatte mich schon in einige Schluchten begeben mit diesem Film. Und das habe ich gesehen, das war da.

»Die Unberührbare« – ein Gespräch über Kriegerinnen und Magie

((Gasthof Mutz am Wörthsee in Oberbayern, ein kühler, verregneter Augusttag.
Aufzeichnung eines Arbeitsgespräches mit der Lektorin Stephanie Kratz. Hannelore Elsner liest einen Text vor, den sie vor zehn Jahren zu ihrer Rolle in dem Film »Die Unberührbare« geschrieben hat.))

»Ich bin süchtig nach Wahrhaftigkeit. Einen falschen Ton kann ich nicht ertragen. Ein verlogenes Lächeln kann mich zur Furie machen. Das verbindet mich mit Hanna Flanders, der ›Unberührbaren‹, und ihrem Vorbild, der Schriftstellerin Gisela Elsner. Gisela Elsner kommt aus dem katholischen Bayern, wie ich, sie ging zur Klosterschule, wie ich. Da wird man entweder Klosterschwester oder Anarchistin, man bekommt einen ausgeprägten Freiheitsdrang. Als ich das Drehbuch zum ersten Mal gelesen habe, habe ich sofort begriffen, was für ein Schatz das ist, was für ein Kleinod. Ich wusste sofort, das ist mein Drehbuch. Hier musste ich kein Wort ändern, nichts nach meinem Blick zurechtmachen, keine Figur erfinden, deren Erfahrungen ich nicht in mir vorfinden konnte. Ich meine nicht die Erfahrungen der Tablettensucht, unter der Hanna leidet, sondern die Erfahrungen des Schmerzes, der Enttäuschung, der Desillusionierung, die schwer auszuhalten sind. Ich war unendlich dankbar, dass man mir so ein Drehbuch angeboten hatte. Ich fühlte mich erkannt, und das war für mich das Allerschönste. Dass so ein Buch so spät zu mir gekommen ist, das ist einerseits ein Glück und andererseits auch traurig. Natürlich schmerzt es, dass man so lange auf eine Traumrolle warten muss, dass es an Kontinuität fehlt im deutschen Film. Dass man, wenn man gut ist, zu wenig Chancen für eine gute Rolle bekommt und einen Film, in dem alles stimmt.

Gisela Elsner habe ich persönlich nie kennengelernt, ich hatte von der schönen Schriftstellerin, der ›schreibenden Cleopatra‹ gehört, Mitte der Sechzigerjahre, hatte ihren Roman ›Die Riesenzwerge‹ gelesen und später ›Abseits‹, das Buch über den Selbstmord ihrer Schwester. Als ich Oskar Roehler zum ersten Mal traf, schaute er mich an und sagte: ›Aber du bist so lebendig, so geschmeidig, meine Mutter war so steif und verhärtet.‹ Ich habe ihm geantwortet: ›Ich bin Schauspielerin, ich kann das spielen.‹ Eine Tablettensüchtige kann nicht entspannt dasitzen. Wenn man starr ist, zieht man automatisch die Schultern hoch, alles wird eng. Ich musste mich abends nach dem Drehen immer ausschütteln.

Ich wollte aber nicht Gisela Elsner nachspielen, ich wollte Hanna Flanders für mich neu erfinden, in mir finden. Ich habe mir deshalb lange überlegt, wie sehr ich mich auf die wirkliche Gisela Elsner einlassen soll. Ich hatte Fotos, Zeitungsartikel, Ausschnitte aus einer Talkshow mit ihr und eine WDR-Dokumentation über sie. Erst zwei Tage vor Drehbeginn habe ich mir alles ganz kurz angeschaut, ganz selektiv, um meine Vision von Hanna Flanders nicht zu stören. Einige aus dem Filmteam, es war ein sehr junges Team, sagten immer, dass sie eine alte, böse, kaputte, halsstarrige Frau sei. Die wollte ich nicht spielen. Ich hatte eine andere Vorstellung von ihr. In der WDR-Dokumentation über Gisela Elsner gibt es ein Bild, wie sie in London, ganz jung, mit 24 oder 25 Jahren, aus der U-Bahn kommt, scheu in die Kamera guckt und dann mit einem Lächeln die Augen niederschlägt und weitergeht. In diesem Augenblick habe ich mich in sie verliebt. Da habe ich ihr Herz gesehen, dieses Zarte, Beschützenswerte und Verletzbare. Das wollte ich zeigen. Gisela Elsner ist oft verletzt worden, sie hat sich nie angebiedert, sie wurde später als Schriftstellerin einfach fallen gelassen. Von den Auszeichnungen, die sie bekam, hieß es hinterher: Ja, die hat sie gekriegt, weil sie so schön ist, unsere schreibende Cleopatra. Es ist damals nicht so einfach gewesen, einerseits einen intellektuellen Anspruch zu haben und andererseits die schöne Frau zu sein. In einem Interview, das Gisela Elsner in den Siebzigerjahren gegeben hat, als sie aus London nach Deutschland zurückgekehrt ist, sagte sie, man könne hier eigentlich überhaupt nicht überleben. Es sei hier kein Platz für sie frei. So wurde sie zur gnadenlosen Polemikerin, ideologisch völlig fixiert. Ich habe Hanna Flanders aus dieser Erstarrung zu lösen versucht. Ich wollte sie gern haben. Für mich ist sie keine böse, alte, realitätsblinde Frau, sondern, wie Günter Herburger einmal über Gisela Elsner gesagt hat, eine Prinzessin, eingenäht in Echsenhaut, die sich irgendwann einmal ihre eigene Welt geschaffen hat und darin verharrt ist. Sie hat etwas unglaublich Kindliches und dabei wahnsinnig Schönes. Eine Prinzessin bleibt immer jung und unabhängig. Sie hat keine emotionalen Bindungsfesseln, keine Verantwortung. Sie ist niemandem etwas schuldig. Sie ist frei.

Hanna Flanders lässt sich nicht demütigen, das wollte ich darstellen. Sie ist ohne Vorurteile, ganz unvoreingenommen. Das zeigt auch die Szene mit dem Callboy. Sie ist unverschämt, buchstäblich, ohne Scham, sie traut sich was und ist eben nicht verlogen. Sie glaubt, was man sagt, und meint, was sie sagt. Das unterscheidet sie von den Papa-Männern wie dem Verleger oder dem Lehrer in der Kneipe und deren bloßem Gerede. Man sieht ihre manchmal anrührend kindliche Hoffnung, die immer wieder enttäuscht wird, in jeder Begegnung. Wenn sie ihre Familie besucht, ihren früheren Mann, berührt werden will und als Unberührbare geht, um nicht weiter verletzt zu werden. Und sie geht ohne Vorwürfe, sie lamentiert nicht.

Dazu gehört Mut, Klarheit. Ohne Kompromisse zu sein und dafür als Kriegerin durch die Welt zu ziehen. Ihr Make-up ist eine Kriegsbemalung, ihre Perücke eine Rüstung. Sie will provozieren, auffallen, will die Feinde anlocken. Sie versteckt sich hinter dieser Maske, schaut die anderen an und demaskiert sie. Der Blick der Hanna Flanders ist nicht böse, nicht wahnsinnig, nur genau. Die Raketen, die am Anfang des Films beim Jubel über den Mauerfall 1989 in den Himmel steigen, sind für Hanna Flanders Blendwerk, sie sieht die Wühltische in den Kaufhäusern dahinter, die Sehnsucht nach Coca Cola, Bananen, Westtampons. Da beschließt sie zum ersten Mal zu sterben, aber das wäre zu einfach, sie muss auf ihrer Reise durch Deutschland erst erfahren, dass die Welt überall aus den Fugen ist, im Westen wie im Osten.

Die Verzweiflung der Hanna Flanders ist ausweglos, ihren Selbstmord sehe ich als Freitod. Als eine Entscheidung, ganz selbstbestimmt. Der Film zeigt aber auch andere Lösungen, sich zu befreien. Kleine Gesten der Menschlichkeit, vor allem zwischen Frauen. Versuche, Hanna, die keine Heimat hat, ein Zuhause zu geben, wenn auch nur vorübergehend. Aber Hanna genügt das nicht. Sie geht zugrunde, weil sie den Dingen allzu sehr auf den Grund geht. Wenn man nur auf das Furchtbare in der Welt schaut, geht man zugrunde. Sie hatte nicht die Fähigkeit, woanders hinzuschauen – oder ihren Blick zu ändern. Sie konnte all die scheinheiligen Menschen nicht ertragen, sie wollte niemandem zur Last fallen. Sie war ein Alien, und wenn man kein anderes Alien trifft auf dieser Welt, muss man allein bleiben.

Ich wollte, dass man dem Gesicht von Hanna Flanders alles ansieht, ihr Schicksal, ihr Leben: Kraft, Mut, Überleben, Freude, Schmerz, Elend, eben alles. Ungeschminkt, nicht mit dem Mut zur Hässlichkeit, sondern mit dem Mut zur Wahrhaftigkeit. Ohne mein Leben hätte ich das nicht spielen können. Ich bin genauso direkt wie Hanna Flanders, genauso verletzbar, nur passe ich ein bisschen besser auf mich auf. Ich sehe auch das ›Monströse im Alltag‹, und das erschreckt mich. Aber ich schaue schneller wieder weg. Das muss man sich beibringen. Man muss auf sich aufpassen. Es ist leichter, diese Erfahrungen zu spielen als zu leben.«

Hannelore, wie ist das für dich, wenn du jetzt nach fast zehn Jahren diesen Text über Hanna Flanders, den du damals geschrieben hast, wieder liest?

Ich lerne wieder neu über mich, ich sehe eigentlich, dass es schon immer so war mit mir: Ich beschreibe hier Hanna Flanders, aber eigentlich beschreibe ich mich, und zwar komplett, von vorne bis hinten. Auch wie ich mit meinem Beruf umgehe, wie ich versuche, die Figuren, die ich darstellen soll, in mir neu zu finden und zu erfinden, wie ich mit dieser Verwandlung umgehe, mit dieser An-Verwandlung. Das ist manchmal wirklich Alchemie: Ich mache aus mir, aus dem, was ich in mir finde, diese Figur. Oder aus der Figur mache ich mich. Und dann bin ich total wahrhaftig, mit dem Schutz der Rolle traue ich mich, aus mir herauszugehen.

Das habe ich dir, glaube ich, schon einmal gesagt: Dass meine Kunst eine Barriere ist, ein Schutzwall um mich herum, dass ich, auch wenn ich über mich erzähle, eine bestimmte Sprachmelodie brauche, damit ich mich nicht völlig hingebe, nicht vollkommen ausleere und bloßstelle. Die Schauspielerei ist ein Schutz für mich, genau wie für Hanna Flanders ihre Perücke und ihre Maske. Wahrgenommen werden will ich schon, ich will mich auch zeigen, aber eben nicht so direkt, weil ich sonst viel zu angreifbar und zu verletzbar wäre. Um mich zu zeigen, brauche ich diesen schützenden Abstand durch die Gestaltung, durch einen bestimmten Klang, eine bestimmte Melodie, eine bestimmte Ausstrahlung, eine bestimmte Atmosphäre. Es ist so schwer zu sagen: Ich brauche einfach einen Schleier vor mir.

Der aber wahrscheinlich nichts verschleiern soll?

Ich will nichts verschleiern, nein, nein. Ich will mich nur nicht so direkt anschauen lassen, auch nicht so direkt zeigen. Wenn ich über mich rede, über das, was mich ausmacht, darüber, wie ich die Welt sehe, brauche ich einfach diese Melodie, diese Gestaltung, um mich auch wieder von außen anschauen zu können.

Wenn alles stimmt, dann kann man gar nicht mehr sagen, wer wen darstellt? Dann gibt es nicht hier die Rolle der Hanna Flanders und da Hannelore Elsner, die die Rolle darstellt, sondern dann ist alles ineinander verwoben?

Ich mache aus Hanna Flanders nicht etwas anderes, sondern das, was ich mit ihr machen möchte, zum Beispiel sie aus dieser Erstarrung zu lösen. Ich schreibe ja: Ich wollte sie gern haben. Für mich war sie keine böse, alte, realitätsblinde Frau, wie eine andere Schauspielerin sie vielleicht dargestellt hätte, was ja auch gestimmt hätte. Für mich war sie eben diese Prinzessin, eingenäht in Echsenhaut. Dieses Bild von Günter Herburger hat mir sehr gefallen. Auch die Idee, dass eine Prinzessin immer jung bleibt, und unabhängig.

Wir haben beide, Oskar und ich, irgendwann mal gesagt: Es sieht so aus, als wäre seine Mutter gleichsam über mich gekommen. Oskar war nicht nur völlig einverstanden mit dem, was ich in Hanna Flanders gesehen habe – er mochte es auch. Ich hatte die Wahl, sie so oder so oder so zu sehen und darzustellen. Meine Aufmerksamkeit galt dieser zarten, beschützenswerten und verletzbaren Hanna Flanders. Und die andere, die sie vielleicht auch war, habe ich von alleine stattfinden lassen, habe das aber nicht besonders betont.

Im Grunde wollte ich zeigen, was aus jemandem werden kann, der zu sehr allein ist auf der Welt. Und das Bild, dass sie eine Kriegerin ist und eine Rüstung trägt, das gefällt mir sehr, das ist etwas Archaisches.

Manchmal denke ich über mich selbst, dass ich auch eine Kriegerin bin.

Ich habe zum Beispiel auch Maria Ward, die Urmutter der Englischen Fräulein, die ich in dem Film »Zwischen Galgen und Glorie« gespielt habe, als Kriegerin und Mystikerin gesehen, nicht so sehr als Klosterfrau und Nonne. Bei der Suche nach dem richtigen Gang für sie kam mir Don Juan in den Sinn, der Don Juan des Anthropologen Carlos Castaneda. Ich hatte seine Bücher über die Lehren des Don Juan gelesen, des großen Zauberers und Mystikers, der sich verwandeln konnte in einen Adler oder in einen Löwen und der an mehreren Orten gleichzeitig sein konnte. Und der sich selbst als Krieger bezeichnet hat, als Alien.

Aber schau, jetzt versuche ich gerade, das alles besser zu erzählen. Aber das geht nicht besser. Genauer kann ich es nicht sagen. Außerdem mag ich es, über mich zu sprechen, indem ich über meine Rollen spreche, natürlich vor allem, indem ich sie spiele. Das bringt mich ja manchmal zur Verzweiflung, dass die Leute trotzdem nicht zufrieden sind, weil sie wollen, dass ich es ausspreche und sage: Ja, ich meine mich, ja, ja, ich meine mich. Sie akzeptieren die Feinheiten nicht, dieses leicht Indirekte, was überhaupt nicht verlogen ist, sondern einfach nur nicht so direkt. Sie akzeptieren meinen Schutz dann nicht.

Alles, was ich hier über Hanna Flanders bzw. Gisela Elsner sage, sind natürlich Behauptungen von mir, Eindrücke, Gedanken. Man kann sie sicher auch ganz anders beschreiben, man kann diese Rolle sicher auch ganz, ganz anders spielen. Ich werde nie vergessen: Wenn ich bei den Dreharbeiten morgens schon in meiner Garderobe saß und mein Drehbuch las, Oskar hereinkam und mich von hinten mit dieser Perücke sah – da traf ihn jedes Mal fast der Schlag, er war wahnsinnig erschrocken, weil ich für ihn in diesen Momenten seine Mutter war. Wie er damit umgegangen ist, weiß ich nicht. Ich habe ihn auch nicht gefragt, weil diese Feinheiten, diese ganz eigenen Gefühle, die immer im Raum waren, auch dieser Schreck, all das durfte nicht ausgesprochen und angerührt werden. Da war ich mit allen guten Regisseuren und Regisseurinnen immer einig: Es gibt Dinge, die darf man nicht aussprechen und totquatschen, weil wir sie brauchen, das ist das Material, das in uns ist. Das ist der Zauber, wie im Märchen, das ist Alchemie: Die Dinge, die man verwandelt, darf man nicht dauernd mit Worten bloßstellen.

Die Atmosphäre, in der wir bei dem Film »Die Unberührbare« waren, war so, wie ich das mag, unendlich konzentriert, wir waren ganz, ganz bei uns. Irgendwie ging alles von alleine. Das ist ja das Magische, dass ich fast immer auf dem richtigen Weg zu einer Figur bin, wenn ich bei dem Versuch, mich ihr zu nähern, ganz bei mir bin, wenn ich nur darauf warte, was sie mit mir macht. Und wenn ich dann bei den Dreharbeiten ihre Kleider trage, wenn ich auch äußerlich so aussehe, dann kann mir eigentlich gar nichts mehr passieren, dann bin ich in diesem Leben drin. Natürlich unter dem Blick des Regisseurs, in diesem Fall unter dem Blick von Oskar, in seinem Auffangnetz. Ich hatte vollkommenes Vertrauen zu ihm, auch das Vertrauen, dass er mir schon zeigen oder sagen wird, wenn etwas für ihn nicht stimmt.

So wie er mich anschaut, so werde ich dann sein. Das ist auch etwas Unausgesprochenes, dass so ein Blick mich hält, mit diesem Blick meine ich alles: Vertrauen, Nähe, Liebe, Einverständnis, Zustimmung, in kleinsten Facetten. Jegliche Art von kleinster Kritik, jede Abwandlung sehe und spüre ich sofort – und das ist, ja, das ist wie Magie. Es entsteht dann sofort das andere. Das sind ganz feine Bewegungen, die man eigentlich gar nicht beschreiben kann.

Und während ich das jetzt versuche, habe ich das Gefühl, ich zerrede alles.

Entschuldigung, da muss ich jetzt drauf bestehen: Das ist kein Zerreden!

Es ist natürlich auch nicht immer so, manchmal ist alles auch ganz praktisch und ganz klar, weil die Dinge einfacher sind.

Weißt du, zum Beispiel bei Maria Ward: Ich hatte überhaupt keine Lust, einfach nur eine Klosterfrau darzustellen. Das war sie für mich auch nicht, sondern sie war eine Heldin, sie war – ich sage jetzt das große Wort – eine Kriegerin Gottes. Ich hatte ja nur dieses Kinderwissen über sie, als Kind hatte ich nur diese anderen Klosterfrauen erlebt. Dieses Bigotte. Als Erwachsene, während ich den Film drehte, habe ich dann über Maria Ward gelesen, über die Namensgeberin all dieser Klosterschulen, in denen ich war. Da hat sie mir dann schon sehr viel besser gefallen, Mary Ward, die katholische Adelige aus England, die schon als Kind Visionen hatte, dass sie Gott dienen soll. Aber dass sie die Botschaft Gottes auch unter die Menschen bringen soll und nicht wie die Frauen damals vor 400 Jahren entweder hinter Klostermauern oder in einer Ehe, also in der Küche, verschwinden. Davon handelt der Film, wie sie ihren Orden gründete, dessen Regeln den Nonnen erlaubten, sich außerhalb der Klausur frei zu bewegen, und wie sie mit ihren Mitstreiterinnen zu Fuß nach Rom ging, um sich dem Papst zu unterwerfen, und dort die ersten Mädchenschulen gründete. Den Papst spielte Mario Adorf und er sagte mit seiner Mario-Adorf-Stimme: »Was haben diese Englischen Fräulein denn für komische Hüte auf?«

Du findest in vielen deiner Figuren Kriegerinnen, oder?

Ja, das stimmt. Mary Ward hatte etwas Strahlendes für mich, etwas Starkes. In der Zeit der Dreharbeiten bin ich ganz hell geworden, die Rolle hat mir viel geschenkt. Es war eine schöne Erfahrung, wie mein Körper und mein Geist so klar und rein und stark wurden. Meditiert habe ich sowieso schon immer, da kannte ich mich aus. Mary Ward ist in mich eingedrungen, gleichsam, diese Kraft des Glaubens zu spüren war ein sehr schönes Gefühl.

Und weil wir jetzt von Kriegerinnen sprechen: Den Film »Maria Ward – Zwischen Galgen und Glorie« nannten wir »Maria Ward zwischen Hängen und Würgen«, weil die Dreharbeiten oft ziemlich schrecklich waren. Drei Monate haben wir gedreht, Dominik war drei Jahre alt und ich hatte ihn und ein Kindermädchen überallhin mitgenommen. Der Film wurde zu einem großen Teil von der katholischen Kirche finanziert. Als wir in Regensburg drehten, besuchten uns die abgesandten Frauen der Congregatio Jesu am Drehort. Sie hatten so klirrende Namen wie Provinz-Oberin, General-Oberin. Sie waren sehr freundlich und sagten mir, sie seien so glücklich, dass ich Maria Ward spiele, sie könnten sich gar keine andere vorstellen. Und während sie das sagten und so vor mir standen, bekam ich sofort wieder mein Kindertrotzgefühl: »Ja, meinen Sie wirklich? Aber – ich bin aus der Kirche ausgetreten, schon lange, und ich habe ein uneheliches Kind – hier, da steht es.«

Die General-Oberin war grandios, sie ließ sich nicht beeindrucken, schaute mir in die Augen und sagte: »Sie sind die Richtige.«

Das fand ich schon toll.

Noch etwas habe ich als Mary Ward ausprobiert. Wir waren in Rom und durften als erste Filmproduktion überhaupt, glaube ich, im Vatikan drehen. Wir durften sogar in diese große Kirche da ... mir fällt der Name gerade nicht ein ...

Petersdom?

Petersdom, ja, natürlich. Oh Gott! Du siehst, ich kriege sofort eine Amnesie, wenn ich über das alles rede, das ist ganz komisch; so wie ich auch das Vaterunser nicht mehr kann.

Also Petersdom, ihr durftet da auch drehen.

Also, ich gehe über das Gelände des Vatikans, da, wo auch die Priester herumlaufen. Ich bin als Mary Ward verkleidet und trage diese wunderschöne Nonnentracht. Mir kommen junge italienische Priester entgegen und ich, als Klosterfrau, denke, so, das will ich doch jetzt mal wissen. Ich fange an, einen jungen Priester anzuflirten, mit den Augen, und er flirtet dermaßen zurück – es war unglaublich, ich war schockiert, diese Italiener! Zum Beispiel sitze ich in einem Auto, als Klosterfrau, fahre von einem Drehort zum anderen, schaue aus dem Fenster, und die Männer, die einen Blick von mir erhaschen, flirten alle mit mir. Und ich denke, das ist ja eine Unverschämtheit! Die können doch nicht wissen, dass ich keine Klosterfrau bin. Mit mir könnten sie ja flirten, aber doch nicht mit einer Nonne!

Das ist natürlich auch eine Erfahrung, die man nicht alle Tage machen kann ...

Aber ich habe auch empfunden, zum Beispiel, was für ein Schutz diese Kleidung ist. Oh Gott, das müssen wir googeln, ich weiß nie, wie das heißt, diese Nonnentracht oder Uniform oder Ornat oder was auch immer. Ich meine, jetzt könnte man natürlich viel übers Kopftuchtragen reden, aber ganz ehrlich: Diese Kleidung ist ein unglaublicher Schutz. Und diese Kleidung hat Mary Ward damals entworfen, vor 400 Jahren. Und sie ist nicht so kompliziert wie manch andere Schwesterntracht, sondern sie ist einfach und klar, einfach anzuziehen und es ist leicht, sich darin zu bewegen.

Und vielleicht tatsächlich etwas Kriegerisches? In Anführungsstrichen?

Ja, ja, Mary Ward – das kommt ja in dem Film vor – ist im Dreißigjährigen Krieg aufs Schlachtfeld gegangen, hat die Verwundeten und Pestkranken gepflegt und hatte keine Angst; und das alles in dieser Tracht.

Im Grunde genommen ist diese Schwesterntracht genauso ein Schutz, ebenso eine Rüstung, ja, eine Rüstung, wie Hanna Flanders sie hat mit ihrer Perücke und ihrer Kriegsbemalung. Ich nenne das ja nicht Schminke, sondern Kriegsbemalung. Und das habe ich ja auch selbst empfunden, als ich als Hanna Flanders auf der Straße mitten in München gedreht habe. Was das für ein Schutz war. Ich hatte das Gefühl, ich habe eine Maske auf und hinter der Maske kann ich alle anderen beobachten. Und nicht nur die anderen mich.

Obwohl man ja durch eine Maske auch besonders ausgestellt ist.

Ja, und trotzdem ist man nicht berührbar für die anderen durch diese Rüstung, man ist unberührbar. Das ist schon toll. Man gehört nicht dazu. Das ist zwar manchmal ein bisschen einsam, aber man wird nicht so aufgesaugt.

Es ist ja ein fast unglaublicher Zufall, dass du Mary Ward spielen konntest.

Ja, verrückt, dieser »Zufall« – jetzt wirklich mal in Anführungsstrichen –, dass ich diese außergewöhnliche Frau darstellen durfte, deren Namen ich als Kind so oft gehört hatte. Ich will ihren Nachfahren kein Unrecht tun, aber ich finde schon, dass sie nur ein Abklatsch von ihr waren. Ich kann es natürlich nicht verallgemeinern, aber die Klosterfrauen, die ich erlebt hatte, hatten mit Mary Ward nicht so viel zu tun.

Und diese einfache Geschichte, dieses Staunen als Kind über die Tracht: Haben die jetzt eine Glatze unter der Haube oder haben die Haare? Haben die eine Frisur, kurze Haare, lange Haare? Sind die nicht muffig, die Haare da drunter? Waschen die sich? Und wie hält dieser Schleier? Wie ist der festgemacht? Wir Kinder haben immer ganz genau geguckt, aber es war einfach nichts zu sehen, es war alles immer ganz perfekt. Und dann stehe ich über dreißig Jahre später in London bei der Anprobe in dem großen, berühmten Kostümausstattungshaus, man passt mir die Nonnentracht an und ich erfahre endlich, wie das mit den Haaren, den Häubchen, den weißen Stirnbändern und den schwarzen Schleiern funktioniert.

Ich habe die Lebensgeschichte der Mary Ward von ihrem 15. Lebensjahr bis zu ihrem Tod mit sechzig gespielt. Als ich die

15-Jährige spielte, hatten wir überhaupt kein Problem. Die Maskenbildnerin machte mir eine Mädchenfrisur mit langen Haaren, und ich dachte, ach, ich weiß noch genau, wie ich mit fünfzehn war, habe mein Körpergedächtnis aktiviert – schon war ich fünfzehn. Nur mit der Sechzigjährigen – ich war damals 42 – haben wir ein solches Theater gemacht und gedacht, um Gottes willen, wie sieht denn eine Sechzigjährige aus, die muss ja wahnsinnig alt aussehen. Vor allem auch in dieser Zeit. Die Maskenbildnerin und ich dachten uns die tiefsten Falten und Flecken aus und mein Gesicht wurde mit unheimlich viel Klebemasse verunstaltet. Lustig, wie wir uns damals vorgestellt haben, wie eine Sechzigjährige aussieht.

Als sie noch die adelige Dame in England war und gegen den Erzbischof von Canterbury kämpfte, den Bernhard Wicki gespielt hat, hatte Mary Ward noch ihren Ring mit dem prächtigen Diamanten. Und jedes Mal, wenn einer, der gefoltert, geköpft, gehängt werden sollte, mit ihrer Hilfe aus dem Kerker entkommen war, ritzte sie mit diesem Ring ihre Initialen an das Fenster des anglikanischen Bischofs. So ist es auch überliefert. Sie war wie Robin Hood. So was gefällt mir.

Als ich damals in einer Fernseh-Talkshow war und der Moderator natürlich den vorhersehbaren Spruch brachte: »Frau Elsner, wieso spielen ausgerechnet Sie eine Nonne?«, habe ich nur geantwortet: »Weil ich schon immer starke Frauen gespielt habe.«

Ich möchte schon, dass nicht nur ich meinen Rollen etwas gebe, sondern dass die Rollen auch mir etwas geben. Da will ich schon etwas haben. Und das nehme ich mir dann auch.

Wie machst du das denn, wenn dir eine Rolle angeboten wird und du überlegst, ob du das spielen willst?

Wenn ich ein wirklich gutes Drehbuch bekomme, ist der Anfang für mich das Allerwichtigste, ich lese es in höchster Konzentration. Da werde ich gleichsam eingeweiht, ich muss mit all meinen Sinnen dabei sein, ich achte auf jede Bewegung. Das ist meine erste Intuition für die Rolle. Bei mir muss alles aus der Tiefe kommen, aus meiner Tiefe. Ich muss meiner Intuition genau folgen. Da darf man überhaupt nicht leichtsinnig sein, es muss einfach stimmen. Aber man muss auch vorsichtig sein. Man kann einen Regisseur und sich selbst auch verführen mit der ersten Intuition, das kann gefährlich sein, man nimmt gleich das Erste, was man in sich findet, und irgendwann merkt man, dass man so nicht weiterkommt.

Aber eigentlich ist mir das zu theoretisch, wenn ich ehrlich bin. Ich denke da nicht so viel nach. Ich weiß ganz genau, was ich mit einem Text anzufangen habe. Ich weiß auch, was er in mir anrichtet, was er mit mir macht. Diese Achtsamkeit, diese Aufmerksamkeit muss sein, ganz klar und ganz genau. Und diesen ersten Hinweisen und Wegweisern muss man dann trauen und auch folgen.

Ja, verstehe. Glaube ich zumindest.

Ich meine, man liest doch überhaupt nichts, ohne dass es etwas mit einem macht. Jedes Buch macht doch etwas mit einem. Nein? Mit mir schon. Da entdecke ich dann bestimmte Räume, da spüre ich, will ich da reingehen oder will ich da nicht reingehen? Will ich mich da einlassen? Habe ich das schon erlebt? Will ich das wieder erleben? Weiß ich genug darüber? Macht mich das neugierig? Kann ich dabei etwas lernen, kann ich damit anderen etwas zeigen? Aber das ist kein bewusster Vorgang.

Könntest du ihn denn trotzdem beschreiben?

Das sind Rituale und auch Geheimnisse, die soll man gar nicht so genau beschreiben und zerreden, eigentlich soll man das gar nicht. Ist wirklich wahr.

Aber es kommt dir doch nicht abhanden, weil wir hier reden, oder?

Nein, es kommt mir nicht abhanden, ganz bestimmt nicht. Das meine ich nicht. Es heißt auch nicht, dass ich das nicht teilen will. Aber es gibt Dinge, die darf man nicht aussprechen. Wie ein Mantra. Es gibt geheime Mantren, die darf man nicht laut aussprechen.

Aber wo ist das Geheime eigentlich? Ach Gott, da winde ich mich immer, wenn ich erklären soll, wie ich eine Rolle gespielt habe und warum. Als wäre ich in dieser kurzen Zeit, in der ein Film realisiert wird, nicht schon in ganz anderen Universen und Jahrtausenden unterwegs gewesen, um das in mir zu erfahren. Und dann soll ich es auch noch in Buchstaben fassen. Das geht nicht, verstehst du?

Ich will dir überhaupt gar kein Geheimnis entlocken.

Nein, ich merke nur, wie sich alles in mir sträubt und wie schwierig es ist, das in Sprache zu fassen. Das heißt für mich, dass man es eigentlich nicht sagen darf. Da bin ich halt ein bisschen zauberisch. Ein Zauber muss schon dabei sein, und zwar am besten der ganz eigene Zauber, die ganz eigene Hexerei. Also man muss ... Oh Gott. Und schau mal, im Grunde genommen kann ich doch auch über die Regisseure gar nicht reden. Wir sind ja alle in einem Boot. Wie ein Regisseur oder eine Regisseurin das mit mir macht, ist ja fast immer ihr eigenes Geheimnis. Da frage ich nicht. Ich ziehe ihnen auch nicht alles aus der Nase. Das sind alles unterschwellige Bewegungen, und das, was man braucht, ist die Begabung, diese Atmosphären aufzunehmen. Diese Begabung muss man schon haben, und zwar beide Seiten.

Jetzt verschlucke ich mich gleich. Wenn du nicht loslässt, kann ich noch viel Unsinn erzählen. Und irgendwann, wenn man nicht aufpasst, werden es nur noch Sprachspiele. Die klingen vielleicht ganz gut, aber wenn man sie hinterfragt, dann ist das einfach nur heiße Luft. Das gibt es auch.

Ja, das stimmt. Die kann ich aber, glaube ich, auch erkennen.

Das können wir zum Beispiel reinschreiben in das Buch: Dann haben wir den Kritikern schon jedes Dings aus dem ... Wie heißt das?

Wind aus den Segeln

Ja, genau.
Also pass mal auf, dieser Satz »Man muss seiner Intuition folgen«. Das ist ja wirklich – und darüber kann man streiten – auch eine philosophische Frage. Ich kann auch sagen: Das ist alles Quatsch, das stimmt so überhaupt nicht. Es ist nur eine Idee, ein Entwurf. Ich meine, wie soll ich erklären, dass ich sage, man muss genau seiner Intuition folgen, aber auch, dass die erste Intuition gefährlich sein kann?
»Man nimmt gleich das Erste, was man in sich findet, und irgendwann merkt man, dass man so nicht weiterkommt« – das stimmt schon irgendwie. Aber wenn wir lange genug darüber reden, kann das auch reiner Humbug sein. Gebläse.
Ich mag eh nicht so viel reden. Ich hasse das, so herumzureden, also theoretisch. Da gab es zum Beispiel bei »Die Unberührbare« diese Liebesszene mit Vadim Glowna, der Bruno, den Ex-Mann von Hanna Flanders, spielte. Diese Szene fanden wir schwierig, da stand fast nichts im Drehbuch. Nur: *Sie lieben sich*. Tja, wie sollst du das machen? Vadim nahm mich und Oskar in der Drehwohnung beiseite und sagte: »Ich will darüber sprechen. Lasst uns in die Küche setzen und reden.« Und ich: »Was willst du da reden? Was sollen wir darüber reden? Text ist sowieso keiner da.« Vadim wusste eigentlich auch nicht so genau, was man da jetzt reden soll, eigentlich gab es nur technische Dinge zu besprechen, wie man das macht, wie nackt, im Liegen, im Stehen, wie genau ... Schwierig alles. Und Oskar wusste es auch erst mal nicht so recht. Wir einigten uns, nicht so viel zu reden, sondern die Szene einfach mal zu versuchen.

Bei der ersten Probe knieten wir beide auf dem Bett, knieten uns gegenüber, beide in weißen Bademänteln, jeder schon mit dem schrecklichen Gefühl im Nacken, dass wir beim Drehen gleich nackt sein müssen. Wir proben, dass Vadim, als Bruno, vor mir, als Hanna, onaniert, während wir uns in die Augen schauen. Bruno und Hanna sind sehr vertraut. Wir waren ja schließlich verheiratet – also nicht Vadim und ich, sondern ….

Ja klar, die Figuren.

Ja, und dann wurde gedreht. Alle Leute, die nicht direkt damit zu tun hatten, wurden aus dem Raum geschickt. Nur Oskar und unser wunderbarer Kameramann Hagen Bogdanski blieben. Und der Dolly-Fahrer natürlich, der die Kamera fährt. Ein schöner, junger Mann mit schwarzen Haaren und ganz blauen Augen, der mir sehr gefiel. Ausgerechnet er ist mit im Zimmer. Wir knien also auf diesem Bett, irgendwann sagen Vadim und ich, jetzt los, und wir ziehen die Bademäntel aus, weil wir einfach mal anfangen müssen. Ich knie also nackig auf dem erhöhten Bett, schräg rechts unter mir kniet der schöne Dolly-Fahrer, ich schaue so an mir runter und versuche irgendwie den Bauch einzuziehen, eine instinktive Geste, schaue rechts runter, zu ihm – und der Dolly-Fahrer kniet da, schürzt seine Lippen und schenkt mir ein Luftküsschen.

Aber das Allerschrecklichste war, dass wir die Szene am nächsten Tag noch einmal drehen mussten. Es war wirklich schrecklich: Es war uns so peinlich und es war auch so lächerlich, was da passiert war … weil … aber das kann man alles gar nicht schreiben.

Was? Was kann man nicht schreiben?

Na ja, also gut: Vadim hatte da rumgemacht, und er war wahrscheinlich stolz auf seinen Riesenschwanz, ich habe ihm aber stur in die Augen geguckt. Ich dachte: Den Gefallen tu ich dir nicht, dass ich den anschaue. Und dann ist einfach ein Unglück passiert. Die Nachttischlampe, die das Onanieren verdecken sollte, stand irgendwie falsch. Deshalb war später in den Mustern, ganz vorne, groß im Bild, der Penis und immer diese Hand zu sehen, die sich da auf und ab bewegte. Das ging natürlich nicht. Also mussten wir das Ganze noch einmal drehen.

Du kannst mir doch nicht so etwas erzählen und mir gleichzeitig erklären, dass du das nicht schreiben kannst. Das ist wirklich gemein.

Ja. Mal sehen.

Aber dadurch, dass wir alles noch mal drehen mussten, wurde die Szene viel besser. Wir waren zwar immer noch verzweifelt, wir hatten noch immer keinen Text und wussten immer noch nicht, was wir machen sollten. Und während wir schon drehen, überkommt es mich, meine Perücke abzunehmen und sie ihm aufzusetzen und ihn auszulachen und zu sagen: »Jetzt siehst du aus wie ich.«

Da hatte die Szene etwas. Und der Schwanz war auch verdeckt.

So viel zu der ganzen Theorie und Besprechung einer Szene.

((Beide lachen))

Das ist wirklich komisch. Ich muss an »Alles auf Zucker« denken. Ich weiß noch, ich kam aus dem Kino und dachte, mein Gott, ich wusste ja gar nicht, wie komisch Hannelore Elsner sein kann. Für mich war das eine Entdeckung. Aber du hast es selbst gar nicht so gesehen?

Nein, für mich war das die Rolle, verstehst du? Die Rolle der Marlene ist von sich aus komisch, also ich finde es zum Beispiel total komisch, wenn sie ihn rausschmeißen will und er sagt: Na hör mal, ick bin dein Mann. Und sie sagt: Nu übertreib mal nich. Ich finde das wahnsinnig komisch.

Na klar, ist es.

Ich meine, da kann jeder komisch sein.

Was?

Ja, denk ich mir.

Das glaub ich nicht.

Also dazu kann ich nichts sagen, das kann ich nicht kommentieren, weißt du Stephanie? Es gibt schon ein paar Sachen, die müssen dann die anderen über mich sagen. Ich kann nicht alles selbst über mich sagen.

Musst du gar nicht.

Ich meine, ich habe mich gefreut über die guten Kritiken, klar. Und allmählich ist es ja ganz lustig, dass ich bei jedem Film fast neu entdeckt werde. Das ist ja eigentlich gar nicht so schlecht.

Ich weiß nicht, manchmal denke ich auch, warum traut man uns deutschen Schauspielern eigentlich nichts zu? Meryl Streep traut man doch auch Komisches zu, und sie spielt auch komische Rollen. Oder Helen Mirren, die ist in manchen Szenen wahnsinnig komisch als Sofia Tolstoja. Oder Robert de Niro – der kann doch auch total komisch sein.

Verstehst du? Ich will mich jetzt nicht mit Meryl Streep oder Helen Mirren vergleichen, aber ich glaube, gute Schauspieler können auch komisch sein. Es ist schon ein bisschen typisch deutsch, dass man in so Schubladen gesteckt wird. Und nach »Die Unberührbare« haben sie eh alle gedacht, ich bin die große Drama-Tante.

Die Drama Queen.

Drama Queen, genau.

Jetzt schau dir das an, da vorne wird es ganz schwarz und hinten scheint die Sonne. Das ist ja oft so hier in Bayern, der Himmel wird plötzlich pechschwarz, man muss schauen, dass man sich schnell irgendwo unterstellen kann, und nach einer halben Stunde ist alles wieder vorbei.

Jetzt guck dir das an.

Wahnsinn. Und gleich kommt der Regenbogen.

Ach, den müssen wir sehen. Unbedingt.

Ja, ich weiß nicht, kann gut sein, weil die Sonne scheint.

Unbedingt. Auf jeden Fall kommt jetzt ein Regenbogen, auf jeden Fall.

((Sie entfernen sich vom Mikrofon und sprechen über den Regenbogen, leise und unverständlich))

Ich glaube, wir müssen rausgehen.

Ja, können wir machen.

Ich friere total!

Oh Gott, ja!

Ich frier jetzt wirklich total, das ist halt so, wenn ich so viel rede, da schuddert's mich dermaßen. Warte mal, ich komm gleich, ich muss mir noch meinen Schal holen.

Ja, ja.

((Elsner kramt))

Mein letzter Film – Verwandlungen

Wenn man mit dem Regisseur oder der Regisseurin und den Schauspielern zusammensitzt und das Drehbuch liest, dann ist das eine Gemeinschaft. Es haben sich Komplizen getroffen, es haben sich Gleichgesinnte versammelt. Es ist glücklicherweise nur selten so, dass ein Team so zusammengewürfelt ist, dass man sich überhaupt nicht versteht. Und es ist schön, dass dann ein Gleichklang eintritt. Natürlich reibt man sich, streitet sich, aber wo wirklich etwas nicht stimmt, stocken alle an der gleichen Stelle und denken darüber nach. Es geht oft nur um einen Rhythmuswechsel, um eine kleine Synkope, um ein einziges Wort. Manchmal ist es ein Wunder, wie sich der Sinn umdreht, wenn man ein winziges Wort hinzufügt oder weglässt oder an eine andere Stelle verschiebt.

An solchen Tagen redet man sich das Herz aus dem Leib, am Abend ist man völlig ausgelaugt. Aber man hat die Sätze durchdrungen, mit allen Sinnen, man hat erlebt, was sie mit einem anstellen. Man setzt sich Wirkungen aus. Nackt und bewusst. Ich will die Wörter spüren. Mein Körper muss sich das merken.

In dem Kinofilm »Mein letzter Film« erzählt eine Schauspielerin in einem neunzigminütigen Monolog vor einer Videokamera ihrem Ehemann ihre Version des gemeinsamen Lebens, als Abschiedsgeschenk. Hubertus Meyer-Burckhardt, der Produzent, hatte Bodo Kirchhoff beauftragt, diesen wunderbaren Monolog für mich zu schreiben. In Hubertus hatte ich den idealen Produzenten, er hat den richtigen Rahmen für mich gefunden, hatte die richtigen Menschen zusammengebracht, wir waren ein eingeschworenes Team. Oliver Hirschbiegel war der ideale Regisseur, er machte mir Mut und ich fühlte mich sicher in seinem genauen Blick auf mich. Denn ich hatte natürlich auch Angst. Wir bewegten uns auf dünnem Eis, das Ganze war empfindlich, es war ein absolutes Experiment.

Während der Dreharbeiten saß ich jeden Abend in meinem Hotelzimmer und bereitete mich auf den nächsten Tag vor. Sechs Stunden lang. Ich habe mich aufs Bett gesetzt und erst einmal zwei Stunden lang den Text gesprochen, so wie ein Klavierspieler Klavier übt, nur um den Text in die Schnauze zu kriegen, damit der Mund die Wörter kann. Die nächsten zwei Stunden habe ich die Sätze gedreht und gewendet, hinter jedes Wort geguckt, den verschiedenen Bedeutungen nachgespürt, versucht, die Wörter wirklich zu begreifen, und sie nach allen möglichen Wirkungen untersucht, nach außen und nach innen. In den nächsten zwei Stunden – es waren wirklich sechs Stunden – habe ich versucht, das Ganze von meinem Kopf in den Bauch zu packen, das heißt, ich habe die Sätze irgendwo in mir versteckt, damit sie am nächsten Morgen, wenn sie da sein müssen, gleichsam aus mir entspringen und ich sie neu wiederentdecken kann.

Ich esse meinen Text, ich fresse ihn auf.

Viele dachten, ich hätte bei »Mein letzter Film« improvisiert. Aber das stimmt nicht: Kein einziges Wort ist improvisiert, jedes einzelne Wort ist bedacht und bearbeitet. Vor Drehbeginn hatten wir uns vier Tage nach Mallorca zurückgezogen, der Regisseur Oliver Hirschbiegel, der Kameramann Rainer Klausmann und ich. Es war wunderbar. Von morgens zehn Uhr bis spät in die Nacht saßen wir zusammen und haben den Text bearbeitet, gekürzt, geändert, umgestellt. Bis uns der Hintern wehtat. Wir waren ein fantastisches Team.

Und danach kam der lange Prozess des Lernens, ich brauchte Zeit und meine Technik, diesen besonderen Text zu lernen und zu verinnerlichen. Und natürlich brauchte ich meine Erfahrung mit den einfachen Dingen des Lebens wie Glück und Schmerz, und Leben und Tod. Das sind ja die einfachen Dinge des Lebens.

Mein Beruf ist der beste, der schönste, der allerschönste für mich, den ich mir vorstellen kann. Dieser Beruf, der am Anfang nur ein Job war, ist mir längst zur Berufung geworden. Wenn ich nicht spielen kann, ist mir das Leben zu ernst. Ich muss spielen, um lebendig, um flüssig zu bleiben. Die Verwandlungen, das Sich-hineinversetzen-Können in jede Freude, in jeden Schmerz, die Möglichkeit, die eigenen versteckten Geheimnisse hervorzuholen, sie in eine Rolle hineinzulegen und sie damit manchmal auch loszuwerden, sie aus-zu-tauschen – das ist fast körperlich wohltuend. Man wird sich bewusst, wie viele Möglichkeiten man hätte oder sogar hat.

Ohne Spiel ist mir das Leben einfach zu ernst. Man muss spielen, sich verwandeln, andere Gedanken zulassen können.

Merkwürdigerweise kommt mir jetzt mein Vater in den Sinn. Und dass ich zu seiner Beerdigung einen geliehenen schwarzen Mantel trug, der mir viel zu groß war, und wie ich aufstehen musste vor der Klasse und von der Lehrerin gesagt wurde, dass mein Vater gestorben ist. Dieses Gefühl, als sie das sagte, weiß ich noch ganz genau: Ich war von einer unglaublichen Trauer erfüllt, zwar, aber diese Empfindung war so groß, ich stand da und ich war absolut stolz. Ich war ein absolut stolzes Kind, weil mir etwas so Großes widerfahren ist wie der Tod meines Vaters. Ich habe das auf einmal als ein überirdisches Ereignis empfunden. Erhaben fühlte ich mich. Stolz und erhaben, fast heilig. Und so ernst. Und so, ja, irgendwie gezeichnet, auch ausgezeichnet.

Damals habe ich mich als Kind wahrscheinlich dazu entschlossen, nicht in Trauer unterzugehen oder mich totzuweinen, sondern diesen Schmerz anzunehmen. Trauer ist ein ganz großes Gefühl. Das darf man nicht klein machen dadurch, dass man glaubt, man zerbricht daran und dass man dann nichts mehr ist. Ich denke, man müsste wachsen können an der Trauer. Man sollte es versuchen.

Warum fällt mir das gerade jetzt ein? Wahrscheinlich weil es um die Gnade des Verwandelns geht, um die Möglichkeit eines anderen Ausdrucks, die Möglichkeit, Gefühle zu verwandeln, um Transformation. Darum, dass man jemand anderes wird.

Der Film »Kirschblüten – Hanami« war so ein Glück für mich, weil ich in der Rolle der Trudi mir und meiner Kindheit so nah kam. Während ich das gespielt und gedreht habe, habe ich das gar nicht gemerkt. Als ich den fertigen Film sah, habe ich gedacht: Mein Gott, ich bin ja wie meine Oma. So war sie, meine geliebte, bayerische Oma, genau so, so zart und so stark gleichermaßen, so demütig im stolzesten Sinne, so hellsichtig und weise und trotzdem so lebendig und auf dem Boden, und so gütig. Das war meine Oma.

Ich habe meine Oma verkörpert.

Die Rolle war für mich ein Geschenk. Etwas ist mit mir geschehen. Es war magisch, wie mich dieser bayerische Dialekt getragen und mich hineingeführt hat in meine Kindheit. Und Elmar Wepper als Rudi und ich als Trudi waren wirklich seelenverwandt, finde ich. Obwohl ich nur im ersten Teil vorkomme, habe ich nie das Gefühl, ich sei im zweiten Teil verschwunden. Bin ich auch nicht. Ich bin nicht verschwunden, sondern in die Seele von Rudi gewandert. Und Doris Dörrie war einfach wunderbar: so ein Buch zu schreiben und so Regie zu führen, mit dieser unglaublichen, konzentrierten Zärtlichkeit für ihre Figuren.

Und sie wusste so viel um alles, sie wusste alles über Leben und Tod.

Sündenangst

Ich weiß nicht, was mit mir passiert ist.

Ich war im Kloster. Ich war von morgens bis abends in der Kirche, ich kannte die katholischen Rituale, alle Gebete, den Rosenkranz, die Mariengebete, ich kannte die Messen, die Liturgien, das Hochamt, alles. Später kenne ich nichts mehr, kann kein Vaterunser mehr beten, weiß nicht mehr, wie eine Messe stattfindet. Fast vergessen sind die Geschichten aus der Bibel, die ich als erwachsener Mensch nicht mehr in die Hand genommen habe. Alles ist weg, wie gelöscht. Nur die ewigen Schuldgefühle sind geblieben. Schamgefühle, Sündenangst.

Verstörend.

Mit 19 bin ich aus der Kirche ausgetreten. Ich sollte ungefähr 50 DM Kirchensteuer bezahlen und die hatte ich nicht. Ich schrieb einen höflichen Brief an die katholische Gemeinde und teilte ihnen mit, dass ich 50 DM zu viel fände und im Moment nicht zahlen könne. Als Antwort kam eine strenge Mahnung vom Finanzamt, sonst nichts. Ich war empört. Da schreibe ich einen netten Brief und die führen sich so auf. Ich bekam Herzklopfen und ein Brausen in den Ohren und bin aus der Kirche ausgetreten.

Wann war ich zum ersten Mal in Venedig? Ziemlich spät, mit dreißig, glaube ich.

Ich gehe in den Markusdom wie eine Touristin, bekreuzige mich aber sorgfältig mit Weihwasser. Oben, unten, links, rechts – im Namen des Vaters, des Sohnes und des Heiligen Geistes – und ich versuche einen halbherzigen Kniefall im Angesicht des Allerheiligsten da vorne. Es ist wie ein Zwang.

Der Kniefall wird ein verwirrter, alberner Knicks und ich schäme mich. Trotzdem bin ich von Andacht erfüllt. Ich stehe weit hinten im Dunkel der höhlenartigen, archaischen Basilika. Es wird gerade eine Messe zelebriert. Das vertraute Gemurmel, die Rituale. Die Menschen drängen nach vorne zur Kommunion. Ich spüre das Heilige. Ich stehe da und habe das innige Verlangen, mitzugehen. Aber ich darf nicht mitgehen, weil ich aus der Kirche ausgetreten bin. Etwas in mir sagt, Hannelore, wenn du das jetzt willst, dann tu es. Du bist aus der Kirche ausgetreten, na und? Ist doch völlig egal. Aber da ist noch etwas anderes in mir, ganz tief: Nein, du darfst nie mehr mitgehen, das wäre eine *Todsünde*, du bist *ausgetreten* aus der Kirche, du bist schuldig.

Ich traue mich nicht.

Der Priester legt den Gläubigen die heilige Oblate in die Hand. Das ist neu. Ich bin neidisch. Als ich klein war, wurde sie mir auf die ausgestreckte Zunge gelegt. Der Leib Christi. Ich habe die Heilige Kommunion als erwachsener Mensch nie mehr empfangen. So tief ist das in mir drin, das Schuldbewusstsein.

Katholischsein mochte ich nur mit meiner Oma.

Meine Oma – von ihr habe ich meinen Glauben.

Etwas in mir hat sich so verstellt, dass ich mich nicht erinnern kann. Die Gebete, die ich als Kind von morgens bis abends gebetet hatte, sind mir abhandengekommen. Ich kann kein Vaterunser, kein Ave Maria mehr, nur Bruchstücke. Ich erinnere und fühle nur noch diesen Rhythmus, diese summende Leier, das Stakkato des *Bitt für uns,* den beruhigenden wohltuenden Singsang. Das macht mich glücklich. Dann bin ich mit meiner Oma in der Maiandacht und wir beten gemeinsam den Rosenkranz, tief und innig und kraftvoll. Und so gläubig und inbrünstig glaubend wie die Heiden.

Heilige Maria Mutter Gottes *bitt für uns*

Ave Maria voll der Gnaden

Gebenedeit seist du unter den Weibern
Und gebenedeit sei die Frucht deines Leibes Jesu Amen

Und vergib uns unsere Schuld

Heilige Maria Mutter Gottes bitte für uns Sünder
jetzt und in der Stunde unseres Todes Amen

Ich musste ja auch glauben, als Kind, denn verstanden hatte ich nichts. Was ist das, die Frucht deines Leibes? Wieso sind wir alle Sünder? Bin ich schuldig? Die Stunde des Todes – gut, die kannte ich schon.

Und – *gebenedeit seist du unter den Weibern* – diese Wörter liebte ich schon immer und ich konnte ihren Sinn fühlen als Kind. Heute heißt es *gebenedeit seist du unter den Frauen*. »Weiber« darf man nicht mehr sagen. Das finde ich lustig.

Ich glaube, in meinem Inneren bin ich eine echte Heidin. Ich kann in allem das Lebendige, das Göttliche sehen und spüren. Ich kann auch einen Baum umarmen. Auch einen Felsen. Das, was ich unter dem Göttlichen verstehe, ist sowieso einfach da. Das ist in mir, das ist außerhalb von mir, das ist überall.

Und es ist vor allen Dingen – obwohl ich so erzogen worden bin – nicht griesgrämig, verlogen keusch, lebensfeindlich und strafend, Angst und Scham einflößend, sondern es ist etwas unglaublich Helles, Fröhliches und wahnsinnig Schönes. Tröstendes und Verzeihendes. Es ist das Leben.

Wenn ich daran denke, werde ich ganz heiter. Trotzdem. Wenn ich mich da hineinversenke, finde ich alles, alles, alles nicht mehr so schlimm. Das habe ich auch von meiner Oma, dass das Leben schön ist. Ums Verrecken.

Den Buddhismus mag ich sehr. Weil es dort keine Wertung gibt, und keinen Unterschied. Wir unterscheiden andauernd, zwischen gut und schlecht und heiß und kalt und groß und klein. Damit machen wir einen Unterschied zwischen uns und den anderen, distanzieren uns. Das ergibt Neigung und Abneigung. Und diese Wertungen sind schwierig. Die Lehre eines buddhistischen Meisters, statt »Ich bin ›eins‹« »Ich bin ›nicht zwei‹« zu sagen, finde ich wunderbar. Wenn man sich trennt von allem, wenn man sich absetzt, wenn die anderen nicht zu mir gehören, dann ist man »eins«. Zu sagen »Ich bin ›nicht zwei‹« statt »Ich bin ›eins‹« heißt, ich trenne mich nicht, ich setze mich nicht ab von den anderen. Wenn ich eins bin mit der Welt, dann bin ich »nicht zwei«. Oh Gott, ich glaube, es ist wie ein komplizierter Taschenspielertrick.

Das sind Gedanken, die ich manchmal mit mir alleine übe, dann verrenkt sich mein Gehirn und ich höre auch wieder auf. Aber ich finde es ein ganz schönes Spiel. Irgendwann werde ich das verstehen. Ich muss mir Zeit lassen. Es muss sich setzen. Schwierige Gedanken muss man in sich hineinversetzen, damit sie weiterwachsen können.

Manchmal denke ich, man sollte nur spazieren gehen.

Einmal hatte ich einen Traum.

Oskar Roehler und ich sind in einer großen holzgetäfelten leeren Aula. Oskar freut sich sehr, mich zu sehen, erzählt mir von seinem neuen Film und fragt mich, ob ich mitspielen möchte. Ich bin sehr zurückhaltend und sage: »Ich weiß nicht genau, ob das geht.«

Ich habe ein schneeweißes Kleid an, ein riesiges Kleid, das an allen Ecken und Enden, auch an Bauch, Busen, Po und auf dem Rücken, so merkwürdig aufgebauscht ist. Es beult hier, es beult dort, überall wabern Aufplusterungen und Auswüchse, als hätte ich unter dem Stoff ganz viele Sachen versteckt.

Und ich sage zu Oskar, dass ich ja gerne mitspielen würde, aber jetzt monatelang dieses Kleid tragen müsse, nur dieses eine Kleid. Das sei unabwendbar, ich könne dieses Kleid unmöglich ausziehen. Daher könnte ich die Rolle nur in diesem Kleid spielen.

Oskar lächelt fein und sagt leicht spöttisch: »Ja, das ist natürlich ein Problem. Aber ich finde es auch interessant. Vielleicht hast du unter dem monströsen Kleid deine verschiedenen unentdeckten Begabungen versteckt, deine dunklen Seiten und Untiefen, die du so lange nicht zeigen konntest, weil du immer viel zu brav gewesen bist. Und zu feige.«

Anfangen

Ich habe schon ewig lange diese Sehnsüchte in mir: die große Sehnsucht zu malen zum Beispiel. Ich weiß nicht, von wem oder was der Impuls kommt, aber die Sehnsucht ist da, auch die, zu schreiben, also mich auszudrücken, um meine Gedanken, meine Träume festhalten zu können. Vielleicht auch, um mich und mein Leben klarer zu sehen.

Zu Michael, dem Leiter eines Zenklosters in San Francisco, sage ich, ich wollte immer schon malen. Er sagt: »Dann tun Sie es doch.« Und ich: »Ich kann doch jetzt nicht einfach malen. Ich weiß, dass ich es nicht kann. Also – was macht man da?«

»Anfangen«, sagt Michael

Anfangen. So hat er das gesagt. Und er hat gesagt: Jetzt.

Im Januar 2009 war ich in San Francisco, bei dem Filmfestival des Goethe-Instituts »Berlin & Beyond«, auf dem auch »Kirschblüten-Hanami« lief. Da Doris Dörrie mit dem Zen-Center San Francisco sehr verbunden ist, aber bei der Premiere nicht da sein konnte, trug sie mir Grüße auf an das Publikum und an die Mönche des Zenklosters, die sich ganz sicher ihren Film ansehen würden. Von der Bühne des Castro Theatre grüßte ich also auch die Zen-Mönche von Doris. Michael, der Zen-Meister, war tatsächlich im Publikum. Am nächsten Tag fand er mich über das Goethe-Institut und lud mich ein, ihn im Zen-Center zu besuchen. Diese Einladung war etwas Besonderes für mich, ich fühlte mich geehrt und angenommen.

Nach unserer gemeinsamen Meditation sehe ich überall an den Wänden schöne Schwarz-Weiß-Bilder, vom Meister selbst gemalt, mit dicker, schwarzer Tusche. Wir stehen an einem langen Tisch, auf dem weiße Blätter liegen, dünn wie Butterbrotpapier. Er reicht mir ein Schälchen mit schwarzer Farbe und einen großen Pinsel und sagt: *Anfangen*. Ich nehme den Pinsel, tauche ihn in das Schälchen und denke, oh Gott, das ist doch alles viel zu kostbar. Ich fange an, in einem Schwung die schwarze Farbe aufzutragen, und horche auf das kratzige Geräusch auf dem Papier. Und Michael sagt, das ist gut. Das ist klar und direkt.

Dann soll ich benennen, was das Bild darstellt. Und ich sage: »Das bin ich.« Es sieht aus wie eine Figur aus den Zwanzigerjahren, vielleicht ein wenig wie die »Unberührbare«, zusammengekauert. Es sieht aus wie ein Ei aus einem einzigen Pinselschwung. Und ich gucke aus dem Ei heraus und habe eine Feder auf dem Kopf wie Peter Pan. Und ich sage noch einmal: »Das bin ich, ausschlüpfend gerade, aus dem Ei ausschlüpfend.«

Dann nehme ich ein neues Blatt, denke beim Malen an meinen Sohn Dominik und es überkommt mich die Erinnerung an einen Pandit, einen indischen Gelehrten, den weisen Mann, der mir vor zehn Jahren einmal erzählt hatte, Dominik sei reich beschenkt, er sei wie ein Topf voller Gold, aber da sei der Deckel drauf, weil Rahu, ein Ungeheuer aus der indischen Mythologie, dessen Aufgabe es ist, den Mond zu verfinstern und die Dinge festzuhalten, auf dem Topf hocken würde.

Damals war Dominik 17 und wir waren beide ein bisschen verzweifelt, weil das Leben gerade so schwer war.

Ich habe den Pandit gefragt, wann der Deckel denn verschwinden würde. In seinem 28. Lebensjahr, antwortete er. Und wie überleben wir bis dahin?, wollte ich wissen. Er sagte: Mit Mutterliebe. Na gut, dachte ich, liebe ich halt noch mal zehn Jahre, obwohl ich nicht genau wusste, wo noch mehr Liebe herkommen sollte.

Nach einem großen Pinselschwung schaue ich genauer auf das Blatt und ich hatte diesen Topf gemalt, mit geöffnetem Deckel. Ich schreibe als Titel »Pot with gold, open« darunter. Der Topf mit Gold ist offen, der schwere Deckel ist weg, endlich.

Und Michael malt Barack Obama. Obama war gerade Präsident geworden, in San Francisco ist die Hölle los und die Menschen weltweit sind voller Glücksgefühle. Ich will auch Obama malen, denke an ihn, und male zwei Augen und eine Nase und einen Mund. Es sieht wirklich ein bisschen wie Barack Obama aus. Und dann das Rund des Gesichtes, die Haare – und es ist leider nicht mehr Obama.

Irgendwie gefallen mir alle drei Gemälde. Michael sagte mir, dass das, was da so gelungen ist, etwas Direktes, Tiefes, Ursprüngliches ist, etwas Kreatives. Und dass es wirklich etwas bedeutet. Man dürfe überhaupt nicht nachdenken, man dürfe nicht »schön« malen wollen.

Aber – weil man ja immer meint, so etwas ginge ganz leicht – diese Momente haben mich unglaublich angestrengt. Nach den drei Bildern war diese kreative Kraft, dieser Fluss aus dem Herzen verschwunden. Das habe ich aber erst hinterher begriffen. Und ich dachte, so, jetzt mach ich mal etwas »Richtiges«. Denn ich fand natürlich, das sei alles nichts. Aber das »Richtige« missglückte total. Es war eine langweilige, nichtssagende Oberfläche, es war weder verrückt noch schön, es war einfach nichts.

Und dann sagt Michael: Jetzt machen wir eine Pause.

Nachdem wir schweigend Tee getrunken hatten, sagt er nach einer Weile: Wir malen jetzt zusammen.

Jeder von uns nimmt einen Pinsel, er zählt – eins, zwei, drei –, wir malen gleichzeitig zwei schnelle Bewegungen auf das Papier und es wird ein Tänzer daraus. Eine wunderschöne tanzende Figur. Und ich schreibe darunter: »Bhuto«. Ein Bhuto-Tanz wie in »Kirschblüten – Hanami«. Wir haben das Bild Doris Dörrie geschenkt.

Zuletzt male ich ein Selbst-Bildnis. Das wird ein Monstrum. Ich gebe ihm den Titel »Amazone«. Ich sehe aus wie eine Art Waldschrat, aber sehr stark. Ich bin eine ganz merkwürdige Figur, mit wirren, hochfliegenden Haaren, aus der linken Brust springt ein großer, glänzender Fisch heraus, die rechte Hand zeigt nach oben in den Himmel und in der linken Hand trage ich eine durchsichtige, gläserne Kugel.

Zum Abschied schenkt er mir ein Bild, das er schon früher gemalt hatte, mit dem Titel »Painting in search of a painter«, und ein riesiges Kuvert mit diesen Butterbrotpapieren, einen Pinsel und schwarze japanische Tinte. Und er spricht die Einladung aus, eine Zeit lang in seinem Zenkloster zu wohnen.

Ich weiß noch nicht, ob ich das tun werde. Manchmal habe ich ein großes Bedürfnis danach, dann denke ich wieder, ich habe das sowieso alles irgendwie in mir.

Meine Zen-Bilder, fotografiert von Dominik Elstner

NachgeDANKen

Mit ihrer Ordnung, ihren Fragen, ihrer Geduld stand sie mir bei. In langen Tagen bis tief in die Nacht, in denen es fast nur Suppe gab – und manchmal Grauburgunder –, hat sie mir geholfen, Struktur in meine stürmischen Gedanken zu bringen. Und wenn wieder einmal alles viel zu viel war, schmissen wir uns im eingeschneiten Schlosspark Neuhardenberg in die Wiese und wirbelten Schneeadler in den frischen Schnee. Sie einen großen, ich einen kleineren.

Oder wir trampelten im Sommer mit dem blauen Plastiktretboot auf dem stillen bayerischen Wörthsee herum. Eine ernstheitere, konzentrierte, fröhliche, intensive, kratzige Buch-Zeit. Dank an meine Lektorin, danke Stephanie Kratz.

Und Dank an Helge Malchow, meinen Verleger. Er ließ mich nicht entwischen mit meiner Scheu und meinem Zweifel. Ohne ihn wäre das Buch nicht da.

Von Herzen danke ich allen Menschen, an die ich mich erinnern durfte, auch denen, die ich hier nicht erzählt habe.

Bildnachweis

Privatarchiv: S. 103, 104, 105, 106, 107, 108, 109, 110, 111, 112, 113, 114, 115, 116, 117, 118, 237, 242, 244, 245, 246, 247 unten, 248, 249 oben, 250 unten, 252

Peter Brüchmann: S. 235

Hilde Zemann: S. 236

Deutsches Theatermuseum München, Archiv Hildegard Steinmetz: S. 238, 239

Harry Croner: S. 240

Rudolf Alert: S. 241

Eberhard Aug: S. 243, oben und unten

Peter Eising: S. 247 oben

Wonge Bergmann: S. 249 unten

Jim Rakete: S. 250 oben

Bavaria Film: S. 251

Moritz Rinke. Der Mann, der durch das Jahrhundert fiel.
Roman. Gebunden

»Klug und zum Versinken witzig.« *Bücher*

»Rinke verknüpft seine erfundene Familiengeschichte auf geschickte Weise mit der Historie des realen Kunst-Worpswede.« *Die Zeit*

»Das Besondere und Sympathische an seiner Geschichte sind die liebevoll ausgemalten Details und die große Zahl origineller Charaktere.« *Die Welt*

www.kiwi-verlag.de

Julie Orringer. Die unsichtbare Brücke. Roman. Deutsch von
Andrea Fischer. Gebunden

»Die unsichtbare Brücke« erzählt die ergreifende Geschichte
der ungarisch-jüdischen Familie Lévi vor dem Hintergrund des
Zweiten Weltkriegs. Paris und Budapest sind die Schauplätze
dieses mitreißenden Romans, in dessen Zentrum eine außergewöhnliche, immer wieder gefährdete Liebe steht.

»Ein Geniestreich.« *Michael Chabon*

»Umwerfend. Wie Tolstoi und Stendhal schildert Orringer die
Umbrüche in der europäischen Geschichte, episch und persönlich zugleich.« *Entertainment Weekly*

www.kiwi-verlag.de

Alina Bronsky. Die schärfsten Gerichte der tatarischen Küche.
Roman. Gebunden. Verfügbar auch als eBook

Die Geschichte der leidenschaftlichsten und durchtriebensten Großmutter aller Zeiten. Alina Bronsky gelingt eine Glanzleistung: Sie lässt ihre radikale, selbstverliebte und komische Hauptfigur die Geschichte dreier Frauen erzählen, die unfreiwillig und unzertrennlich miteinander verbunden sind – in einem Ton, der unwiderstehlich ist. Durch drei Jahrzehnte und diverse Schicksalsschläge führt sie die ungleichen Frauen, und der Leser folgt ihr atemlos.

Kiepenheuer & Witsch

www.kiwi-verlag.de

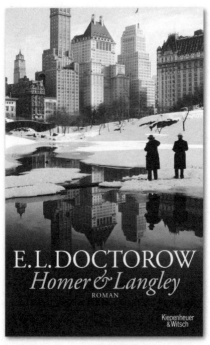

E.L. Doctorow. Homer & Langley. Roman. Deutsch von
Gertraude Krueger. Gebunden. Verfügbar auch als eBook

Inspiriert durch eine wahre Geschichte erzählt E.L. Doctorow von den Brüdern Homer und Langley, die ihr Haus an der New Yorker Fifth Avenue mit Objekten ihrer Sammelwut vollstellen und nach und nach ihre Verbindungen zur Außenwelt kappen. Die jedoch klopft in Form von Besuchern immer wieder an die Haustür. Mit einem grandiosen Kunstgriff lässt Doctorow die Geschichte der ersten achtzig Jahre des letzten Jahrhunderts Revue passieren: berührend, witzig und einzig und allein aus der Perspektive der beiden exzentrischen Einsiedler.

Kiepenheuer
& Witsch

www.kiwi-verlag.de

Uwe Timm. Freitisch. Novelle. Gebunden

München in den frühen Sechzigern: Vier Studenten sitzen am Freitisch einer Münchner Versicherung und ereifern sich über Gott und die Welt und Arno Schmidt. Vierzig Jahre später begegnen sich zwei von ihnen wieder – zwei Lebensläufe prallen aufeinander. Eine geistreiche, gewitzte, glänzend geschriebene Novelle.

Kiepenheuer & Witsch

www.kiwi-verlag.de